Dirk Heinrichs

Da hab ich nur noch Rot gesehen

Dirk Heinrichs

Da hab ich nur noch Rot gesehen

fredeboldundfischer
derdeutscheautorenverlag

1. Auflage April 2008

fredeboldundfischer
fredebold&partner gmbh
schaafenstraße 25, 50676 köln

Copyright © 2008 fredebold&partner gmbh
Originalausgabe: „Da hab ich nur noch Rot gesehen"

Titelabbildung: Mauritius Images
Umschlaggestaltung: Roland Pecher, Köln
Satz: D.I.E. Grafikpartner, Köln
Druck und Bindearbeiten: CPI – Ebner & Spiegel, Ulm
Printed in Germany
ISBN 978-3-939674-14-6

www.fredeboldundfischer.de

Für meine Frau

Inhalt

Warum ich dieses Buch geschrieben habe

Gewalt ist eine Weltgeißel, die das Gefüge von Gemeinschaften zerreißt und Leben, Gesundheit und Glück von uns allen bedroht.
(aus: WHO Weltbericht Gewalt und Gesundheit, 2003)

Jener weit zurückliegende Abend in der Disco war damals ein Schlüsselerlebnis für mich. Ich war 18 Jahre alt, kein großer Tänzer, kein draufgängerischer Aufreißer und an diesem Abend auch noch schlecht gelaunt. Plötzlich entdeckte ich meine Ex-Freundin im Gedränge auf der Tanzfläche, und nur wenig später fielen mir diese fünf Typen auf, die andere Gäste anpöbelten. *Ich hatte sie sofort gefressen.* Die sollten mir bloß keinen Anlass geben, sie in die Schranken weisen zu müssen! Innerlich war ich schon zum Kampf bereit, auch wenn ich nach außen hin noch versuchte, ruhig zu bleiben.

Ein Auge auf meine Ex-Freundin, für die ich mich immer noch verantwortlich fühlte, das andere auf die Krakeeler gerichtet, wurde der Abend zusehends unentspannt. Und als sich zwei der Typen „meinem" Mädchen näherten, klingelten bei mir alle Alarmglocken. Das Adrenalin schoss mir durch die Adern, und es fehlte nur noch ein Funke bis zur Explosion. Bisher hatten sich Aggressionen bei mir immer in Drohgebärden und verbalen Angriffen kanalisiert. Bisher ... Denn der Funke zündete, passenderweise in Form einer brennenden Zigarette, die plötzlich vor meinen Füßen landete. Einer der Randalierer hatte die Kippe absichtlich in meine Richtung geschnipst.

Damit war die Einladung ausgesprochen. Ich stand fünf,

sechs Stufen unterhalb des Treppenabsatzes, auf dem sich die Typen versammelt hatten und mich hämisch angrinsten. Langsam ging ich die Stufen zu ihnen hoch und wusste nicht wirklich, wie ich reagieren sollte. Oben angekommen, wandte ich mich an den scheinbar Stärksten von ihnen und fragte ihn, was das mit der Zigarette sollte. Ich glaubte immer noch, die Burschen mit meiner Unerschrockenheit beeindrucken zu können. Doch zur Antwort tippte mir ein anderer auf die Schulter, und als ich mich umdrehte, fuhr er mir mit den Fingernägeln übers Gesicht.

Es war das erste Mal in meinem Leben, dass es jemand gewagt hatte, mich zu schlagen oder zu kratzen. Einen Moment lang war ich völlig perplex. Doch die Vorstellung, jemandem mit der Faust ins Gesicht zu schlagen, entsprach so wenig meinem Naturell, dass ich auch jetzt nicht unmittelbar zum Schlag ausholte, sondern den Angreifer packte und ihn die Treppe hinunterstieß. Ich sprang hinterher, und kurz darauf waren wir auch schon ineinander verkeilt. Bald war klar, dass er keine Chance gegen mich hatte, und so versuchte er auch bloß, sein Gesicht so gut wie möglich vor meinen Fäusten zu schützen. Ich aber spürte nicht einmal mehr, wie mir der Zigarettenschnipser mit seinen Cowboy-Stiefeln auf den Rücken sprang und mir seine Absätze in die Muskeln bohrte. In diesem Augenblick kannte ich nur noch ein Ziel: den Angreifer unschädlich zu machen. Und plötzlich wurde ich trotz all meiner Rage so ruhig, dass ich jeden weiteren Hieb förmlich planen und genau dort platzieren konnte, wo ich ihn haben wollte. Ich hatte buchstäblich Blut geleckt und spielte mit diesem großmäuligen Kerl, bis uns endlich das Personal der Disco trennte.

Ganz ruhig stand ich ihm und seinen Kumpels gegenüber, die wüste Drohungen gegen mich ausstießen. Der Angreifer, der zum Opfer geworden war, hatte diverse Blessuren davongetragen. Für mich waren sie Trophäen: ein Zeichen meiner Macht.

Als man die fünf Männer kurz darauf aus der Discothek verwies, mir aber keinerlei Vorwürfe machte, weil sie schon den ganzen Abend über unangenehm aufgefallen waren, ging ich ihnen noch nach und suchte sie draußen auf der Straße. Ich wollte die Sache endgültig klarmachen. Aber sie waren glücklicherweise verschwunden.

Wenig später kam dann das große Erschrecken, und zwar über mich selbst. Ich hatte mich noch nie zuvor in einem solchen Zustand erlebt und beschloss, es nie wieder so weit kommen zu lassen. Ich hatte mir meine Reaktion ja nur scheinbar aufzwingen lassen, in Wahrheit aber war ich innerlich schon längst zu dieser Prügelei bereit gewesen. Ich hätte auch jederzeit entscheiden können, anders zu handeln, die fünf Typen einfach zu ignorieren, den Laden zu wechseln und so weiter.

Bei allem Verständnis für Wut, Zorn und Enttäuschung, für Machtlosigkeit und Sehnsucht und vor allem Angst wusste ich jedoch: Es gibt keine Ausrede, die das Verletzen anderer rechtfertigt!

Ich habe an diesem Abend wahrlich keine Heldentat vollbracht, aber ich habe etwas begriffen, was ich seitdem in mein Leben integriert habe: Niemand zwingt mir auf, wie ich zu handeln habe. Es gibt immer eine Alternative zur zerstörerischen Konfrontation. Wie sonst lassen sich die Leere und das schlechte Gewissen erklären, das die meisten Menschen empfinden, wenn sie zugeschlagen haben und es danach bitter bereuen?

Wieso sind wir überhaupt zur Reue fähig und verspüren nicht mitleidlos Freude an Mord und Totschlag?

Übrigens hätte die beschriebene Szene gar nicht erst zur Schlägerei eskalieren müssen, wenn uns die Umstehenden früher getrennt und als Zuschauer dem Ganzen nicht auch noch Vorschub geleistet hätten. Ich selbst bin bei ähnlichen Situationen später oft dazwischengegangen, und es brauchte selten mehr als ein klares Wort, um die Kampfhähne, ohne dass es zu Tätlichkeiten zwischen ihnen kam, wieder auseinanderzubringen. Nie wurde ich danach selbst angegriffen. Die Annahme, dass, wer sich einmischt, oft als Nächster drankommt, ist häufig nur eine Ausrede, um sich die eigene Feigheit schönzureden.

Wenn zwei sich schlagen, begeben sie sich emotional in eine Ausnahmesituation, die ihrem rationalen Denken einen Riegel vorschiebt. Doch dieser Riegel lässt sich relativ leicht durch einen Impuls von außen wieder lösen. Dafür muss sich niemand in Gefahr bringen. Aber jeder sollte sich die Frage stellen, was er für sich erhoffen würde, befände er sich selbst in solch einer brenzligen Situation. Wie kann der Einzelne für sich auf Hilfe hoffen, wenn er selbst nicht bereit ist, Hilfe zu leisten?

Als ich 2000 die Rolle des Kommissars Lenny Winkler in der TV-Serie „Die Sitte" angeboten bekam, nahm ich sie vor allem deshalb an, weil mir an dieser Rolle die Geradlinigkeit des Kommissars im Einsatz für die Opfer so sehr imponierte. Gerne habe ich mich davon auch in meinem Privatleben inspirieren lassen, und ich begann, mir Gedanken über ein Projekt zu machen, bei dem ich mit meinen Mitteln, den Mitteln eines Schauspielers, etwas gegen die zunehmende Brutalität in der Gesellschaft und besonders unter Jugendlichen tun konnte. Ich finde, gerade Menschen, deren Arbeit stark im Licht der Öffentlichkeit steht, müssen sich ihrer Verantwortung besonders bewusst sein. Und so machte ich mich, als „Die Sitte" 2005 als Serie vom Sender eingestellt wurde, an die Umsetzung meines

Konzeptes mit dem Namen „Sprache gegen Gewalt". Das Konzept beruht im Wesentlichen auf der Erkenntnis, dass Sprachlosigkeit eine der Hauptursachen für die immer weiter um sich greifende Gewalt ist. Meinen Mitstreitern und mir geht es dabei hauptsächlich darum, anderen bei der Kommunikation zu helfen – denn wenn Sprache zu einem rudimentären Geröchel verkommt, wird Sprachlosigkeit meist durch Gewalt ersetzt. Und genau hier wollen wir ansetzen.

Wir wollen helfen, inneren Druck und Spannung durch das Ventil der Sprache abzubauen und den Jugendlichen auf diese Weise Selbstbewusstsein vermitteln, ihr Selbstwertgefühl stärken und dadurch kreative Möglichkeiten zur eigenen Lebensgestaltung eröffnen. In der Praxis geschieht das durch Theater- und Tanzworkshops an sozialen Brennpunkten wie beispielsweise Schulen oder in Jugendgefängnissen mit Filmvorführungen und eigenen Filmprojekten, aber auch durch Fortbildungsseminare und Projekttage zum Thema Gewaltprävention. Die Möglichkeiten sind vielfältig und noch lange nicht ausgeschöpft. Nur verstecken wir uns zu oft hinter der Ausrede, dass Veränderung deshalb nicht möglich ist, weil die anderen sich nicht verändern wollen. Dabei versteckt sich hinter dieser Aussage oft nur die Angst, durch ein Verstehenlernen des bislang Unverstandenen die Aufteilung in Gut und Böse nicht mehr in gewohnter Weise aufrechterhalten zu können.

Woher aber kommt Gewalt? Ist sie ein Teil von uns und betritt daher mit der Geburt eines jeden Menschen von Neuem die Welt? Oder lernen wir Gewalt als eine Möglichkeit menschlichen Handelns kennen, wird sie uns in unserer Gesellschaft förmlich beigebracht? Ist unsere Gesellschaft also gewalttätiger geworden? Und können wir überhaupt etwas gegen dieses Phänomen tun?

In dem vorliegenden Buch kommen Menschen zu Wort, die zu diesen Themen etwas zu sagen haben – sei es, weil sie Gewalt am eigenen Leib erfahren haben, sei es, weil sie sie gegenüber anderen ausgeübt haben und nun wegen Körperverletzung im Gefängnis sitzen, oder aber, weil sie in ihrer täglichen Arbeit immer wieder damit zu tun haben. Täter, Opfer und Sachverständige schildern ihre Erlebnisse zum Thema Gewalt. Die persönliche Sicht der Täter und Opfer ist dabei wichtig, denn nur, wenn wir verstehen lernen, warum Menschen gewalttätig handeln, können wir ihnen helfen und uns gleichzeitig vor Gewaltausübung schützen. Prävention und Opferschutz beginnen eben weit vor der Katastrophe.

„Jede Gewalt hat eine andere Geschichte", sagt zum Beispiel Lale, eine 19-jährige Frau, die mit den Morddrohungen ihres Vaters gegen sie leben muss. Und im „Weltbericht Gewalt und Gesundheit" der Weltgesundheitsorganisation WHO aus dem Jahr 2003 heißt es: „Gewalt ist ein äußerst diffuses und komplexes Phänomen, das sich einer exakten wissenschaftlichen Definition entzieht und dessen Definition eher dem Urteil des Einzelnen überlassen bleibt." Gewalt wird meist von denen ausgeübt, die während ihrer Kindheit und ihres Heranwachsens selbst immer wieder Opfer von Gewalt wurden, vor allem, wenn sie der Willkür und der Vernachlässigung ihrer Eltern oder anderer Erziehungsberechtigten ausgeliefert waren. Gewalt wird dabei nicht nur begrenzt als Ausübung von körperlichem Zwang und Verletzungen verstanden, sondern erstreckt sich auch auf die gesamte Klaviatur psychischer Grausamkeiten und sozialer Ungerechtigkeiten, wie Mobbing und Armut.

Wer auf den folgenden Seiten daher einfache Antworten erwartet, wird enttäuscht werden. Wer aber verstehen möchte, warum und wie sich Gewaltbereitschaft in Menschen über lange

Zeiträume hinweg aufbaut, sich dann urplötzlich entlädt und schließlich irgendwann zur Gewohnheit wird, der wird eine ganze Fülle von Erklärungen finden. Vieles lässt sich nur schwer verstehen oder nachvollziehen, aber man kommt dem Kern des Problems näher, wenn man bereit ist, sich den Tätern als – möglichst vorurteilsfreier – Mensch zu öffnen. Gewalt erzeugt Gewalt. Sie macht sprachlos – und ist zugleich Ausdruck der Sprachlosen und ihrer Sprachlosigkeit. Dieser Aspekt wurde auch in all meinen Gesprächen mit den Tätern überdeutlich. Gerade das Nicht-beschreiben-Können der eigenen Gewalttätigkeit war die schwierigste Hürde, die ich nehmen musste, wenn ich mich dem Thema Gewalt in meinen Interviews nähern wollte. Ich zeige dieses Dilemma im Buch allerdings nur an einem einzigen Fall gleich zu Beginn des Buches auf: Justin, ein 16-jähriges Gangmitglied, steht exemplarisch für viele Jugendliche einer Generation, die von Sprachlosigkeit geprägt ist. Alle anderen Gewalttäter traf ich in Gefängnissen, wo sie zum Teil seit Jahren einsitzen und nach einer Erklärung dafür suchen, was mit ihnen und ihrem Leben schiefgelaufen ist. Inwiefern sie mit ihren Schilderungen jeweils bei der Wahrheit geblieben sind, kann ich nur vermuten. Ich habe mir jedoch erlaubt, ihre oftmals schlechten Sprachkenntnisse in lesbare, flüssige Sprache zu transformieren, ohne dabei allerdings die Inhalte ihrer Aussagen zu verändern. Eine weitere Schwierigkeit bei meinem Unterfangen war, dass die meisten meiner Gesprächspartner anonym bleiben wollten – in der Regel, weil sie Angst hatten, die Namensnennung würde ihre gesellschaftliche Wiedereingliederung erschweren, aber auch, weil sie Ressentiments vonseiten ihrer Familien oder der Firmen, in denen sie arbeiten, befürchten mussten. Dadurch war ich andererseits aber auch dazu gezwungen, so manche Frage, die sich mir im Interview aufgedrängt hat, nicht zu stellen und bei manchen Antworten auch nicht weiter nachzuhaken, weil jede weitere Aussage womöglich eine Spur zur wahren Identität meiner Gesprächspartner gelegt hätte.

Das Thema „Gewalt" ist nicht so einfach zu begreifen und zu behandeln, wie es manche Politiker gerne möchten. In diesem Buch geht es vor allem darum, welche Ursachen die wachsende Gewaltbereitschaft und Gewalttätigkeit hat und wie man diesem Phänomen begegnen kann. Die einzelnen Interviews bieten dabei naturgemäß keine einfachen, geradlinigen Lösungen an, was sich auch im Aufbau dieses Buches widerspiegelt. Mein Anliegen war es außerdem vornehmlich, wie bei einem Mosaik oder einem Puzzle verschiedene Facetten des Themas von verschiedenen Seiten her zu beleuchten. Aus diesem Grund habe ich auch nicht nur Gespräche mit Tätern, sondern auch mit Opfern und Fachleuten geführt. Ausführlichere Zwischentexte an verschiedenen Stellen des Buches vertiefen und erläutern die in den Interviews angesprochenen Themen zudem so, dass am Ende ein möglichst klares Bild entsteht. In den Schlusskapiteln werden die Erkenntnisse noch einmal zusammengefasst, Schlussfolgerungen gezogen und letztlich auch Forderungen an die Politik, aber auch an uns alle gestellt.

Denn so nahe die Verurteilung von Gewalt liegt: Unsere persönliche Betroffenheit, unser Entsetzen über eine Tat darf uns nicht den Blick auf ihre Ursachen und die möglichen Lösungsansätze verstellen. Dass so viele Menschen heute das Gefühl haben, in einer gewalttätigen Zeit zu leben, entspringt auch der Annahme, an diesem Umstand nichts ändern zu können. Doch diese Einstellung führt dazu, einfach hinzunehmen, statt hinzusehen. Wir alle können jedoch mit einem Minimum an sozialer Aufmerksamkeit und mit Zivilcourage ein Maximum an lebenswertem Miteinander erreichen.

Und noch eines darf man nicht vergessen: Die sichtbare Gewalt, von der in diesem Buch so viel die Rede ist, hat auch etwas mit den verschlossenen Türen und den zugezogenen Vorhängen der unmittelbaren Nachbarschaft zu tun. Hätten wir doch alle nur früh genug hingesehen ...

Dirk Heinrichs

Justin, 16:
„Das kommt immer so, das Scheißebauen"

Ich kenne Justin seit beinahe einem Jahr, weil ich an der Schule, die er besucht, mehrere Schulklassen betreue. Er ist 16 Jahre alt, von muskulöser Statur und passt „idealtypisch" in das Schema eines zukünftigen Knastanwärters: pubertierender Junge, Förderschüler mit Hang zur Schulverweigerung, aus einfachen Verhältnissen stammend. Vor unserem Gespräch war Justin wegen seines aggressiven Verhaltens gerade erst wieder einmal Thema einer Schulkonferenz. Außerdem schwänzt er regelmäßig die Schule. Es ist daher fraglich, ob er in einem halben Jahr seinen Abschluss machen kann.

Eigentlich ist er ein herzensguter Junge, der am liebsten nicht erwachsen werden möchte. Die Zukunft macht ihm Angst, weil er weiß, wie schwer es für ihn werden wird, einen Beruf zu erlernen und seine Träume von einer eigenen Familie und einem Haus zu verwirklichen. Und so flüchtet er sich, anstatt sich anzustrengen und die Schule erfolgreich zu absolvieren, vor jeder Verantwortung in seine Tagträume, immer in der Hoffnung, jemand möge ihn retten. Aber selbst dieser Retter würde Gefahr laufen, von Justin abgewiesen zu werden, weil er es wahrscheinlich nicht für möglich hält, dass sich ein Mensch wahrhaftig für ihn interessiert und um ihn kümmert. Und so schaffen es weder seine Eltern noch seine engagierten Lehrer, Justin eine Richtung zu geben. Auf Druck reagiert er mit Flucht, auf Zuneigung mit Misstrauen. Dennoch ist Justin es wert, dass man so lange um ihn kämpft, bis er selber zu kämpfen beginnt.

Einmal habe ich ihn ins Gefängnis mitgenommen, um ihm zu

zeigen, dass Knast alles andere als „cool" ist. Bis dahin hielt er den Knast nämlich für eine „coole Sache". Am Ende seines Besuchs sagte er jedoch zu mir, dass er da nie wieder hin will.

Justin hatte mir in unseren Vorgesprächen immer von seiner Gang vorgeschwärmt. Und so hatte ich mich auch mit ihm und seiner Gang zum Interviewtermin verabredet. Doch als es so weit war, erschienen lediglich Justin und einer seiner Freunde, der sich obendrein weigerte, auch nur eine Frage zu beantworten. „Ich weiß nicht", war seine Antwort auf meine Frage, warum er nicht interviewt werden will.

Die Sprachlosigkeit und die Unzuverlässigkeit, die sich hier manifestieren, sind zwei der grundlegenden Probleme, sobald man mit gewalttätigen Jugendlichen konfrontiert wird und mit ihnen gemeinsam etwas auf den Weg bringen will. Sie halten Absprachen einfach nicht ein, sind antriebslos und zeigen selten einen auf irgendetwas gerichteten Ehrgeiz. Das geschieht keineswegs aus böswilliger Absicht heraus, sondern ist ein Zeichen ihrer erworbenen Hoffnungslosigkeit. Sie sind schlichtweg nicht in der Lage, eine Idee oder einen Gedanken länger zu verfolgen, weil sie einfach nicht daran glauben, dass es wirklich etwas geben könnte, was ihnen aus ihrer freudlosen Situation heraushilft. Und so rotten sie sich lieber in Gangs zusammen, um mit ihren Zukunftsängsten wenigstens nicht ganz allein zu sein.

Ich verschweige Justins wahren Namen, weil ich ihn weder als Mensch noch als Persönlichkeit vorführen möchte – obwohl ich ihn durchaus als Paradebeispiel für die Generation der Sprachlosen betrachte. Das Interview führen wir im elterlichen Wohnzimmer, während sein Freund neugierig, aber misstrauisch auf der Couch neben Justin Platz genommen hat. Das folgende Gespräch ist von mir absichtlich kaum überarbeitet worden, sondern spiegelt weitgehend den wortwörtlichen Verlauf wider.

Wie auch in den folgenden Gesprächen habe ich lediglich Anmerkungen, die Justins Aussagen und Reaktionen besser erklären und verdeutlichen, hinzugefügt und in Klammern gesetzt. Eine Methode, die ich auch bei den nachfolgenden Interviews beibehalten habe.

DH: Warum sind die anderen Jungs aus deiner Gang ... *(er schaut mich mit großen Augen an, und so frage ich vorsichtshalber noch mal nach)* Ihr bezeichnet euch doch als Gang, oder nicht?
Justin *(lacht und blickt zu seinem Freund, der sich neben ihn auf die Couch gesetzt hat):* Haha, „Gang" ...

DH: Oder ist das eher eine Clique und ihr bloß Freunde, die zufällig miteinander abhängen?
Justin: Ja, 'ne Clique kann man sagen.

DH: Ihr würdet euch also nicht als Gang bezeichnen?
Justin: Doch, bisschen schon, ja.

DH: Ein bisschen schon ... Kannst du mir vielleicht den Unterschied erklären?
Justin: Wir sind fast nie alle so zusammen. Immer einzeln da. Dann da, und so ... Mal sind es wenige, mal viele. Kommt ganz darauf an.

DH: Habt ihr feste Treffpunkte?
Justin: Nee, nee, wir sehen uns einfach so.

DH: Ihr lebt also alle im gleichen Viertel und begegnet euch auch nur hier. Richtig?
Justin: Ja.

DH: Aber ihr verabredet euch nicht zu bestimmten Tages-
zeiten.
Justin: Nö.

DH: Aber ihr stellt immer wieder zusammen Sachen an und
habt deshalb auch oft mit der Polizei zu tun?
Justin: Ja.

DH: Findet ihr das „cool", wenn ihr Besuch von der Polizei
bekommt?
Justin: Das ist nicht cool. Das ist nicht gut.

DH: Denkt ihr, bevor ihr kriminelle Sachen macht, an die
möglichen Konsequenzen?
Justin: Ja, da denken wir schon dran, aber wir machen das
einfach. Keine Ahnung, warum.

DH: Gibt es euch einen Kick, diese Verbrechen zu begehen?
Justin: Ja, genau so.

DH: Das Verbotene zu tun, gibt euch den Kick.
Justin: Ja.

DH: Du bist ein sehr kräftiger Typ. Prügelt ihr euch oft?
Justin: Nicht oft, aber kommt manchmal vor. *(Er grinst
vielsagend.)*

DH: Prügelt ihr euch dann mit anderen Gangs?
Justin: Das selten. Das selten so.

DH: Ist dabei auch Alkohol mit im Spiel, wenn ihr euch
prügelt?

Justin: Nee, nee.

DH: Trinkst du noch keinen Alkohol?
Justin: Manchmal.

DH: Hast du das Gefühl, in einer gewalttätigen Zeit zu leben?
Justin: Ja.

DH: Woran machst du das fest?
Justin: Früher war das nicht so schlimm, ich weiß das.

DH: Bedeutet das denn für dich, dass du dich eigentlich nur mit Gewalt gegen Gewalt wehrst?
Justin: So in der Art. Kann man so sagen.

DH: Haben die Jungs aus deiner Gang ihren Schulabschluss gemacht?
Justin: Ja. Die meisten gehen arbeiten.

DH: Wirst du auch deinen Schulabschluss machen?
Justin: Keine Ahnung. Ich weiß nicht. Ich weiß nicht, ob der mir gibt Abschluss.

DH: Glaubst du, dass du es in der Hand hast, deinen Abschluss zu machen?
Justin *(lacht):* Ich glaub nicht. Ich weiß nicht.

DH: Ist dir der Abschluss überhaupt wichtig?
Justin: Ja, ja, ist mir wichtig.

DH: Warum?
Justin: Für später arbeiten zu gehen.

DH: Was willst du werden?
Justin: Maler, Lackierer.

DH: Hast du etwa vor, deinen Schulabschluss im Knast zu machen?
Justin: Nö.

DH: Und die Ausbildung zum Maler und Lackierer möchtest du doch sicher auch nicht im Knast machen?
Justin: Nö.

DH: Und wieso gleitest du dann immer mehr in ein Verhalten ab, das dich dem Knast näher bringt?
Justin: Ich weiß nicht. *(Er grinst dabei.)*

DH: Du weißt doch, wie es im Knast zugeht?
Justin *(leise):* Ich weiß.

DH: Hast du davor keine Angst?
Justin: Keine Ahnung.

DH: Weckt das keinen Ehrgeiz in dir, nicht in den Knast zu kommen?
Justin: So denke ich schon, ich will nicht da rein, aber ... Das kommt immer so, das Scheißebauen. Ich will die ja selbst nicht machen, aber das kommt immer.

DH: Und du kannst nicht dagegen an?
Justin *(schweigt)*

DH: Du gehst einfach mit, wenn ihr etwas anstellt?
Justin: Ja.

DH: Das sagen die meisten, dass sie einfach nur mit dabei waren, aber von sich aus gar nicht auf die dummen Ideen gekommen sind.
Justin: Ja. *(Sein Computer gibt ein paar Töne von sich.)*

DH: Bist du gerade in einem Internet-Chat-Room?
Justin: Ja, das ist so Chat. Da kannst du mit Weiber schreiben und Freunde. Das macht Spaß.

DH: Lernst du über den Chat-Room viele neue Leute kennen?
Justin: Ja.

DH: Gibt es von dir auch Fotos im Internet?
Justin: Ja.

DH: Aber die Fotos haben dir Ärger eingebracht? *(Justin hat auf den angesprochenen Fotos mit Waffen posiert.)*
Justin: Ja. Ich hatte Fotos mit Waffen. Die Polizei hat das gesehen ... Habe ich Ärger gekriegt.

DH: Was hat die Polizei unternommen?
Justin: Die haben hier einen Durchsuchungsbefehl gemacht.

DH: Die haben die Wohnung deiner Eltern durchsucht?
Justin: Ja.

DH: Die Polizei stand also plötzlich vor eurer Haustür?
Justin: Ja.

DH: Was ist das für ein Gefühl, wenn die Polizei ohne Vorwarnung vor der Türe steht?
Justin: Nicht gut. Ich war am Schlafen.

DH: Und die Polizei kam am frühen Morgen zu euch?
Justin: Ja, sieben Uhr.

DH: Du kannst froh sein, dass das kein SEK *(Sondereinsatzkommando der Polizei)* vor deiner Tür war. Du hast schließlich mit Waffen auf den Fotos posiert.
Justin: Ja ich weiß. Das waren aber keine echten Waffen auf den Fotos. Soft-Air-Waffen *(Druckluftpistolen)* waren das.

DH: Was bedeutet es dir, mit Waffen auf einem Foto zu posieren und es danach auch noch ins Internet zu stellen?
Justin: Das sieht geil aus.

DH: Was heißt das? Findest du das männlich?
Justin: Nicht männlich. Das sieht gut aus. Ich weiß nicht, warum.

DH: Machen das auch Mädchen?
Justin: Die machen das zwar nicht, aber was soll ich machen, die Fotos sind gut.

DH: Und wie finden die Mädchen solche Fotos?
Justin: Scheiße ... Denken dann: „Voll der Asi!", so.

DH: Welche Konsequenzen hatte die Hausdurchsuchung?
Justin: Ich musste zur Polizei gehen.

DH: Du bist verhört worden?
Justin: Ja.

DH: Was war das für ein Gefühl?

Justin: War nicht schlimm. Die haben nur gesagt, das kann vor Gericht kommen ... Dies und das.

DH: Aber es ist noch offen, ob du tatsächlich vor Gericht erscheinen musst?
Justin: Ja.

DH: Hat man dir gesagt, welche Strafe du bekommen könntest?
Justin: Ja, die haben mir gesagt, auf jeden Fall gibt das Sozialstunden *(die Auflage, eine bestimmte Anzahl von Arbeitsstunden in einer sozialen Einrichtung zu arbeiten)*. Angeblich habe ich ein Mädchen bedroht.

DH: Hast du nicht?
Justin: Nein, hab ich nicht. Wir haben uns gegenseitig so am Telefon so beleidigt, so, und danach hat die angeblich gesagt, ich komme mit Waffen, so bei der nach Hause, deshalb haben die Bullen, also die Polizei, Verdacht.

DH: Das Mädchen hat dich also angezeigt?
Justin: Ja.

DH: Das war aber nicht das erste Mal, dass du mit der Polizei zu tun hattest?
Justin: Ich weiß.

DH: Hat dir die Hausdurchsuchung Anerkennung in deiner Gang gebracht?
Justin: Nein, nicht so. Da haben gesagt ... Die haben eigentlich nichts gesagt. Keine Ahnung.

DH: Die haben nichts gesagt?
Justin: Selber schuld. So. Ja, so in der Art. So.

DH: Wie wichtig sind Männlichkeit und Kraft für dich?
Justin: Eigentlich nicht wichtig. Mir ist das schon wichtig, falls einer kommt, dass ich mich wehren kann.

DH: Ihr habt euer Viertel – für jeden sichtbar – mit euren Tags *(kryptische Graffiti, die als Zeichen für eine bestimmte Gang stehen)* markiert.
Justin: Ich weiß. Wir sind ja hier groß rausgekommen. Deswegen wissen die, welche Leute hier rumlaufen.

DH: Du machst dir also einen Namen bei anderen Jugendlichen, wenn du Mitglied einer bestimmten Gang bist?
Justin: Ja, genau so.

DH: Ist dir das wichtig?
Justin: Ja.

DH: Denkst du bei allem, was du so anstellst, auch manchmal daran, dass deine Eltern darunter leiden könnten?
Justin: Ich weiß. Ich versuche aufzuhören, aber es geht einfach nicht.

DH: Bist du nach krummen Dingern süchtig?
Justin: Nicht süchtig. Aber es macht mir so Bock, das Leben. Ich weiß nicht.

DH: Du bist jetzt 16 Jahre alt. Glaubst du wirklich, dass du immer so weitermachen kannst?

Justin: Nee, ich weiß. Aber ich mach ja auch nicht mehr so viel Scheiße wie früher.

DH: Wie könnte man dir helfen, damit du nicht noch tiefer abrutschst?
Justin: Ich bin ja nur so, wenn mich einer beleidigt. Dann raste ich zu schnell aus, so. Da hat die Polizei gesagt, ich muss ein Antiaggressionstraining machen, wenn ich will. Ich weiß noch nicht, ob ich das mache. Aber ich weiß ganz genau, wie die bei so einem Training drauf sind. Die beleidigen dich richtig, und ich weiß, wie ich dann drauf bin.

DH: Wie bewertest du den Angriff der beiden Schläger in der Münchner U-Bahn gegen einen Rentner?
Justin: Das sind feige Leute gegen alte Leute.

DH: So etwas würdest du nie tun?
Justin: Nee.

DH: Nach welchen Kriterien suchst du dir deine Gegner aus?
Justin: Ich suche einen in meinem Alter, der sich wehren kann. So.

DH: Was machst du, wenn du Zeuge wirst, wie ein anderer zusammengeschlagen wird?
Justin: Ich weiß nicht.

DH: Was würdest du machen? Weggucken? Weitergehen?
Justin: Wenn ich den kennen würde, würde ich auf jeden Fall was machen. Wenn ich den nicht kennen würde ... Ich weiß es nicht, ob ich überhaupt hingeguckt hätte. Vielleicht wäre ich

weitergegangen, weil es mich nicht interessiert hätte. Keine Ahnung. *(Er muss unweigerlich lachen.)*

DH: Woher kommt die Gewalt?
Justin: Jeder will der Beste sein.

DH: Was müssten wir tun, damit die Gewalt wieder weniger wird?
Justin: Ich weiß nicht.

DH: Stört dich die Gewalt um dich herum denn gar nicht?
Justin: Doch, aber was soll man machen. Wenn ich hier *(gemeint ist seine Gegend)* bin, muss ich da durch.

DH: Glaubst du, dass Gespräche über Gewalt helfen können, die Gewalt zu reduzieren?
Justin: Bei manchen schon.

DH: Und was könnte dir helfen, aus deiner Situation herauszukommen?
Justin: Das fragt mich jeder ... Ich weiß nicht.

DH: Du lebst einfach in den Tag hinein und guckst mal, was passiert. Machst du dir keine Gedanken über das Morgen?
Justin *(lachend):* Morgen lebe ich wieder einfach in den Tag rein, mal gucken, was passiert.

DH: Du weißt, dass die meisten Gefangenen im Knast keinen Schulabschluss haben?
Justin: Ja, ich weiß.

DH: Womit hängt das für dich zusammen?

Justin *(lachend):* Mit der Straße. Die Straße hat sie runter-gezogen.

DH: Nimmst du Drogen?
Justin: Nee. Ich hasse das, so breit zu sein. Dann kommt man gar nicht mehr klar mit seinem Leben.

DH: Kennst du viele, die Drogen nehmen?
Justin: Ein paar Leute. Die kiffen.

DH: Ist Kiffen fast schon normal heute?
Justin: Ja. Aber das macht so schlapp. Deswegen hasse ich das.

DH: Verstehst du, dass deine Eltern sich Sorgen um dich machen?
Justin: Ja.

DH: Warum bist du anders als deine anderen Geschwister?
Justin: Bin in den falschen Freundeskreis geraten. *(Er lacht.)*

DH: Also wäre es gut, wenn deine Freunde wegziehen würden?
Justin *(protestiert):* Nein, nicht wegziehen!

DH: Deine Freunde sind dir sehr wichtig.
Justin *(sanft):* Ja. Sehr wichtig. Ich komm nicht auf neue Leute klar. Ich will keine neuen Leute kennen lernen.

DH: Können wir es schaffen, der Gewalt Herr zu werden?
Justin: Man kann es versuchen.

Cem, 21:
„Ich hab nur mit Angst und Wut gelebt"

Cem ist 21 Jahre alt und schon seit 25 Monaten in Haft. Insgesamt wurde er wegen Zuhälterei und vierfacher gefährlicher Körperverletzung zu dreieinhalb Jahren Gefängnis verurteilt. Ich habe den in Deutschland geborenen Türken im Gefängnis kennen gelernt, er besucht dort seit Monaten regelmäßig meine „Sprache gegen Gewalt"-Gruppe. Was ich an Cem bewundere, ist sein Wille, wirklich mit seinem alten Leben abzuschließen. Er ist zur treibenden Kraft in unserer Gruppe geworden und brilliert trotz seines starken Akzentes mit exzellenten Texten für unser Theaterstück. Auch sprudelt er vor lauter Inszenierungsideen nur so über, und ich frage mich manchmal, warum dieser Junge die achte Klasse in der Hauptschule einfach so abgebrochen hat, um sich danach auf der Straße, im wahrsten Sinne des Wortes, durchzuschlagen. Er hat den Wunsch geäußert, nach seiner Entlassung seinen Schulabschluss nachzuholen. Und weil ich an ihn glaube, habe ich mich dafür eingesetzt, dass er diese Chance auch erhalten wird. Um diese Chance zu wahren, wird seine wahre Identität in diesem Gespräch anonymisiert. Cems Geschichte zeigt fast exemplarisch die Folgen der so genannten „Schwarzen Pädagogik", die bei der Kindererziehung vor allem auf Härte und Einschüchterung setzt. Wie in vielen anderen Fällen, die in diesem Buch noch geschildert werden, stehen auch am Anfang seiner kriminellen Karriere traumatische Gewalterlebnisse in der Kindheit.

DH: Wenn du an deine Kindheit zurückdenkst, was ist dir da besonders in Erinnerung geblieben?

Cem: Als mein Vater und meine Mutter mich das erste Mal zum Fußball begleitet haben. Da hab ich ein Tor geschossen, und meine Eltern haben sich so gefreut. Das bleibt für immer in meinem Kopf. Da war ich zehn oder elf. Und meine Eltern waren noch zusammen. Das war einfach schön ... Wir sind dann Eis essen gegangen, wie eine Familie.

DH: Wann hast du angefangen, deine Probleme mit den Fäusten zu lösen?

Cem: Ich war nicht gut in der Schule. Ich war faul und ich hab mich gestritten, wie jeder andere auch. Schubsen und so ... Mit 15 bin ich mit meinem Vater in die Türkei gefahren. Wir haben mit meiner Oma eine Koranschule besucht, und ich hab gesehen, dass mein Vater voller Stolz auf die Schüler dort war, richtig stolz. Ich wusste aber, dass mein Vater auf mich nicht stolz war. Der hat mich nie so stolz angeguckt oder mir das Gefühl gegeben, dass er stolz auf mich ist. Und da hab ich mir gedacht, wenn ich auch Koranschüler werde, dann ist mein Vater auch stolz auf mich! „Mein Sohn, willst du echt hierbleiben?!“, hat er gefragt. Und ich hab gesagt: „Ja, Papa, ich bleibe hier und lerne.“ Und da war er so froh darüber und hat mich umarmt. Ich dachte mir: „Korrekt!“ Mein Vater hat dann mit dem Hodscha – das ist der Koranlehrer, der auch das Freitagsgebet hält – geredet, und sie haben sich geeinigt, dass ich ein Jahr dableibe und den ganzen Koran auswendig lerne. „Hafis“ nennt man das, wenn jemand den Koran auswendig kann. Man hat mir versprochen, dass ich am Wochenende immer zu meiner Oma gehen kann. Also bin ich dageblieben. Am ersten Wochenende hat mir der Hodscha aber verboten, zu meiner Oma zu gehen, und drei, vier Tage später ging es los. Der Hodscha kam zu mir und sagte: „Du lernst diese zwei Seiten auswendig." Ich hab's versucht und hab's nicht geschafft. Und so hab ich das erste Mal das Falaka *(ein Folterinstrument)* kennen gelernt. Jeder Türke kennt das. Das sind zwei Stöcke, die mit zwei Seilen verbunden sind. Damit werden die Füße festgebunden, damit man mit einem anderen Stock auf die Fußsohlen schlagen kann ... Das war krass! Natürlich hab ich geheult und bin dann in mein Bett. Von da an gab es keinen Tag ohne Schläge. Und weil ich aus Deutschland kam, hatte ich auch keine Freunde unter den anderen Schülern. Am ersten Tag wurden mir meine Adidas-Turnschuhe geklaut, weil alle nur in solchen Plastiklatschen rumlaufen. Die kosten einen Euro oder so. Dann haben sie mich „Almanci" *(abschätziger Ausdruck für Türken, die in Deutschland leben)* genannt, also Bastard, und beschimpft, weil ich Deutscher bin und kein richtiger Türke. Ich blieb ein Einzelgänger, aber eine Zeit lang ging es auch irgendwie gut ... Eines Tages musste ich Holz für den Ofen holen und hatte mich dabei schmutzig gemacht. Also ging ich duschen. Plötzlich kam der Hodscha rein und schimpfte: „Du duschst zu lange!" Er hatte eine Lederpeitsche dabei, an der so eine Art Hand festgemacht war. Und dann hat der mich geschlagen ... *(Die Erinnerung überwältigt ihn, seine Stimme versagt, und Cem unterbricht das Interview kurz.)*

Auch die anderen Mitschüler haben mich immer wieder geschlagen. Bis einmal der Moscheelehrer weg war. Der Stärkste der Gruppe hat dann den Hodscha gespielt und mich mit dessen Peitsche geschlagen ... Auf einmal hab ich nichts mehr gesehen ... Nur noch alles dunkel ... Und dann bin ich auf den drauf, hab ihn geschlagen. Er haute ab und flüchtete auf den Gebetswaschtisch, aber ich zog ihm die Beine weg und hab auf ihn eingeschlagen ohne aufzuhören. Er ist fast gestorben, und ich hab nur drauf und drauf ... Alles war voller Blut, meine Handknöchel waren wund, und er sagte nichts mehr. Da hab ich aufgehört ...

Seit dem Tag habe ich nicht mehr geheult, wenn man mich geschlagen hat, mit Stöcken, mit Eisen. Mehrere Hodschas sind auf mich draufgegangen. „Du deutscher Bastard", schrien die, „denkst, du kannst hier machen, was du willst ..." Die haben mich richtig kaputt geschlagen. Aber ich schwöre: keine Träne, ich hab nicht geheult! Nach dem Tag konnte ich nicht mehr heulen, so eine Wut hatte ich in mir. Ich bin dann zwei-, dreimal zu meiner Oma abgehauen. „Oma, ich bring mich um! Wofür soll ich noch leben? Bin ich auf der Welt, nur um Schläge zu kassieren?!" Meine Oma wollte das nicht glauben, und dann hab ich ihr meinen Rücken gezeigt. Überall blaue Flecken, aber richtig. Dann hat mich mein Onkel in die Schule begleitet und mit dem Hodscha gegen meinen Willen verabredet, dass ich noch ein paar Wochen dableiben müsste, und verschwand dann wieder ... Und der Hodscha kam zu mir und sagte: „Du willst gehen?" Und ich antwortete: „Ja, ich will gehen, ich will nicht mehr hierbleiben." – „Du bist ein Glaubensloser. Du kommst aus Deutschland, und da habt ihr sowieso keinen Glauben." Danach musste ich bei Eiseskälte auf das Minarett steigen und das Gebet lesen. Die anderen durften das vom Warmen aus mit dem Mikrofon machen. Aber ich hielt durch, hab mich konzentriert, bis mir wärmer wurde. Der Hodscha hat nur einen Grund gesucht, um mich richtig kaputt zu schlagen. Seine Augen waren voller Hass, aber ich war auch voller Hass ... Vielleicht war mein Hass sogar doppelt so groß wie seiner. Jedenfalls machte ich einen Fehler, und er zerschlug mir mit einem Heizungsrohr die linke Schulter. Die konnte ich dann nicht mehr bewegen. Am Morgen danach hab ich dann geplant, abzuhauen. Aber bevor ich weg bin, hab ich sein Büro kurz und klein geschlagen und bin dann durch den Wald geflüchtet. Bin gelaufen und gelaufen, und meine Schulter tat so weh. Ich bin dann zu meiner Oma und hab ihr gesagt, dass es vorbei ist. Dann hab ich die Waffe von meinem Onkel genommen: „Ich knall mich ab. Ich sterbe da. Ich will zurück nach Deutschland." Ich wusste, wenn die mich kriegen, schlagen die mich tot. Und so hat mir meine Oma geholfen ...

Als ich dann wieder nach Deutschland kam, war plötzlich alles noch schlimmer. Totalschaden. Ich dachte schon, ich wäre besser in der Türkei geblieben. Mein Vater war total enttäuscht von mir, und ich hab mich wieder so gefühlt, als ob ich eh nichts auf die Reihe kriege. Damals ging das alles los: Egal, wer mich schief angeguckt hat, ich hab draufgeschlagen ...

DH: Wie hat dich dein Vater vor deiner Zeit in der Koranschule erzogen?
Cem: Streng! Und ich meine streng ... Ich hab noch Narben von ihm, auch hier im Gesicht. Aber es war immer so. Ich hab viel Scheiße gebaut. Wenn ich zum Beispiel nicht zur Schule gegangen bin, gab's Schläge. Ich bin nichts anderes gewöhnt, ich bin mit Schlägen aufgewachsen. Aber dann hab ich halt geheult. Richtige Schläge, die hab ich erst in der Koranschule bekommen. Bevor ich in den Knast kam, hatte ich Albträume, bin nachts aufgewacht. Ich konnte das nicht verarbeiten. Auch jetzt, immer wenn ich daran denke, dann kommt das alles wieder hoch. Ich kann das nicht vergessen, aber ich kann jetzt damit umgehen.

Als ich aus der Türkei wiederkam, schickte mich mein Vater jedes Wochenende in die Moschee. Ich hatte schon bemerkt, dass mit meinen Eltern etwas nicht stimmte. Die Augen meiner Mutter waren anders. Und auf einmal holte nicht sie mich von der Moschee ab, sondern ihre Freundin. Meine Mutter fand ich zusammengeschlagen zu Hause im Bett vor. Mein Vater war das gewesen, und ich wusste nicht, was ich machen sollte. Ich bin aus der Wohnung und zur Freundin meiner Mutter gelaufen, aber die hat mich nicht reingelassen, denn die wusste, was passieren würde. Die hatte was mit meinem Vater ... Und dann hat sich meine Mutter vor uns ein Messer in den Bauch gerammt.

DH: Du warst dabei?!?
Cem: Ja, das war das Schlimmste, was mir in meinem Leben passiert ist ... Ich wusste nicht mehr, was ich machen sollte. Ich hatte so einen Hass auf meinen Vater, das war nicht mehr normal. Aber ich konnte meinem Vater nie was sagen, nie ... Nie! Egal, was er gemacht hat. Ich konnte meinen Mund nicht aufmachen. Ich weiß nicht, wieso. Heute kann ich ihm ein bisschen sagen, was ich denke. Früher hätte ich direkt eine reinbekommen.

DH: Deine Mutter hatte versucht, sich umzubringen, und dein Vater war mit einer anderen Frau zusammen. Warst du jetzt das Familienoberhaupt?
Cem: Ja, ja. Ich bin immer dazwischen, wenn meine Eltern sich geschlagen haben, und hab es dann abgekriegt. Aber auch ihren Frust haben sie auf mich abgeladen. Das war zu viel für mich. Ich war zu jung.

DH: Du warst 16?
Cem: Ja, 16. Das Problem war, dass ich keinen Ausweg mehr gesehen habe und keiner mir seine Hand gegeben hat. Ich bin

wie ein Amokläufer durch die Straßen, wie ein Wrack. Ich hab mich mit Älteren geschlagen. Ich wollte, dass die mich schlagen, und hab mich extra ins Gesicht schlagen lassen, damit ich noch wütender wurde. Das wurde von Tag zu Tag schlimmer. Da war keiner, mit dem ich reden konnte.

DH: Auch keine Freunde?

Cem: Doch, da gab es einen Freund, aber ... Einmal – meine Eltern hatten wieder Streit, und ich haute ab – traf ich ihn, und er wollte mich trösten und legte mir den Arm um die Schulter. Da hab ich ihm 'ne Kopfnuss gegeben: „Geh weg, ich will mit keinem reden!" Ich hab mich dann immer alleine unter eine Brücke gesetzt und geheult, meine Wut rausgeheult.

DH: Du hast immer nur dann geweint, wenn du allein warst?

Cem: Nur für mich, niemals vor anderen. Seit dem Tag in der Koranschule habe ich erst wieder hier im Knast meine Emotionen zeigen können. Aber vorher, vor anderen Leuten, da war ich eiskalt. Gott sei Dank ist nie mehr passiert, als dass ich Menschen schwer verletzt habe ... Ein falsches Wort hat gereicht, und es machte „klick" in meinem Kopf. Ich wusste nicht, wie ich damit umgehen sollte, nichts hat mir geholfen. Keine Gerichtsverhandlung, kein Antiaggressionstraining. Obwohl ich nie einen Tag gefehlt habe. Der Trainer sagte mir, dass ich eine Person brauche, die viel mit mir redet. Aber diese Person gab es nicht. Und auf einmal gab es diese Person. Ich lernte ein Mädchen kennen. Gül *(Name geändert)*. Da war ... Wie soll ich sagen ... Ich hab mit der über meine Probleme geredet. Das war unnormal.

DH: Wie hast du Gül kennen gelernt?

Cem: Über einen Kollegen. Ich kann nicht sagen, dass ich sehr verliebt war. Aber die hatte so was an sich ... Ich konnte mit der über alles reden. Die hat mir zugehört. Ich weiß auch nicht ... Wir haben von morgens bis abends telefoniert, haben uns getroffen, sind spazieren gegangen und haben so geredet. Das war ... Wie soll ich sagen ...? Ich hatte auf einmal keine Sorgen mehr und wollte einfach mein Leben nur noch in den Griff bekommen! Dann ist was passiert ... Ich hab sie verlassen und ging wieder in diesen Sumpf rein. Sie hatte was mit einem anderen und hat mir nicht die Wahrheit gesagt.

DH: Man hat dich unter anderem wegen Zuhälterei verurteilt. Wann hast du damit angefangen?
Cem: Das war vor Gül und auch nur eine kurze Zeit. Anderthalb Wochen nur. Das ging alles so schnell, mein Abrutschen, der Knast. Wegen Gül habe ich mit der Zuhälterei aufgehört. Da war ich 19. Meine Kollegen sagten: „Was machst du, Junge, da ist doch viel Geld dabei!" Ich wollte aber nicht mehr und bin zu Claudia *(Name geändert; Cems Freundin vor Gül, die er auf den Strich geschickt hat)* gegangen und hab ihr gesagt: „Ich mach nicht mehr mit." Als ich ging, kam mir ihre Freundin hinterher: „Wenn du nicht zurückkommst, wirst du sehen, was du davon hast!"

DH: Wie ist es dazu gekommen, dass du der Zuhälter von Claudia wurdest?
Cem: Ich war sehr bekannt in meinen Kreisen. Claudia kannte mich auch, ich aber sie nicht. Jedenfalls hat sie sich auf einer Hauptschulparty ziemlich betrunken, und ein paar Jungs haben das ausgenutzt und sie schlecht behandelt. Sie landete dann mit 'ner Alkoholvergiftung im Krankenhaus ... Und das hat sie mir erzählt, als ich sie über meinen Bruder kennen

lernte. „Kannst du mir helfen?", fragte sie mich, und ich rief einen der Typen an, die das gemacht haben sollten, und bestellte den ... Ich gab ihm 'ne Backpfeife und sagte ihm, dass er Claudia in Ruhe lassen soll. Claudia sagte ich dann, dass sie von diesen Typen nichts mehr zu befürchten hat. Sie fand das toll und wollte mich unbedingt näher kennen lernen. „Hast du eine Freundin?", fragte sie. Ich war zwar ein ziemliches Arschloch, ein richtiges Schlitzohr, aber da war kein Gedanke an Zuhälterei. Für mich gab es nur Kloppe, Schlägerei, Leute auseinandernehmen ... Das konnte ich sehr gut. Aber die Zuhälterszene, da hatte ich keine Erfahrung. Da kam ein Kollege zu mir und erzählte, dass Claudia schon mal kurz davor war, anzuschaffen „Da können wir 'ne Menge Geld machen", sagte er, und ich willigte ein. „Ich kann es ihr aber nicht sagen", sagte ich. Und da übernahm er das. Als ich abends zu Claudia kam, sagte sie: „Wir haben darüber geredet, Geld zu machen ..." – „Willst du das wirklich machen?", fragte ich. „Ja", sagte sie, aber sie wusste nicht, worauf sie sich da einließ. Der Typ hat ihr wohl einige Lügengeschichten erzählt, um sie zu überzeugen. Jedenfalls hat sie es dann einmal gemacht, und ich merkte sofort, dass sie das nicht mehr wollte.

Ich rede hier von anderthalb Wochen, länger dauerte das alles nicht. Wir zogen durch die Clubs, und ich war als Jüngster der Boss, weil ich alle anderen Kollegen aus der Gruppe schon mal geschlagen hatte. Ich war wie eine Maschine, egal, ob mein Gegner zwei Meter groß war. Ich hatte solche Spritzen, die hab ich mir in die Oberschenkel geballert, wenn es losgehen sollte.

DH: Was hast du dir gespritzt?
Cem: Das ist so was wie Testosteron. Davon gibst du dir drei

Stück, und dann ist's vorbei: Du spürst keinen Schmerz mehr. Dich kann ein Auto überfahren, die können dich mit zehn Mann zusammenschlagen, du gehst da rein, und die müssen dich schon umlegen, damit du nicht mehr aufstehst ... Oder dir die Beine brechen. So war das.

Ich hab Überfälle durchgezogen und vieles andere auch, aber mit dieser Zuhälterei konnte ich mich nicht identifizieren. Ein Mann mit Ehre macht so was nicht!

DH: Was war das für ein Gefühl, von einer Frau Geld zu bekommen, das sie gerade beim Vögeln verdient hat?
Cem: Zuerst war es ungewohnt, aber nicht unbedingt schlecht. Schließlich war es Geld ... Aber ich konnte Claudia nicht mehr anfassen oder sie küssen. Dann hab ich mit Claudia und der Zuhälterei Schluss gemacht. Daraufhin hat Claudia gesagt, dass sie mich anzeigt.

DH: Sie zeigt dich wegen Zuhälterei an, als du damit aufhören willst?
Cem: Genau.

DH: Wie alt war sie damals?
Cem: 18.

DH: Und dein Entschluss stand fest, nachdem du Gül kennen gelernt hattest?
Cem: Ja. Ich hab Claudia gesagt, dass es zwischen uns keine Beziehung mehr geben kann und dass ich auch nicht mehr will, dass sie auf den Strich geht. Sie wollte aber noch mit mir zusammenbleiben. Sie hat ziemlich viele Drogen genommen ... Jedenfalls ging sie dann zur Polizei und hat alles erzählt, was sie von mir wusste.

DH: Was passierte, nachdem Claudia dich angezeigt hatte?

Cem: Ich wusste, dass sie mich angezeigt hatte, aber es war mir egal. Eines Tages war ich in meinem Auto unterwegs, da hielt mich plötzlich die Polizei an. Es gab damals einen Haftbefehl für Jugendarrest gegen mich, weil ich Sozialstunden nicht gemacht hatte. Das war aber schon ein Jahr her, und ich bin friedlich mitgegangen. Als ich nur noch zwei Tage Arrest vor mir hatte, kamen zwei Kripobeamte zu mir und brachten einen Haftbefehl wegen Zuhälterei und schwerem Menschenhandel mit. Ich konnte das gar nicht verstehen und dachte nur: „Du hast die doch nicht gezwungen!" Aber heute denke ich mir, dass es viele Wege gibt, Menschen zu beeinflussen, und das hab ich gemacht. Es muss nicht alles mit Gewalt geschehen. Ich hab die nicht bedroht oder so, aber ich hab sie mit Lügen, mit Tricks dazu gebracht, dass sie angeschafft hat. Liebe vorgegaukelt ... Das hab ich dann erst im Knast kapiert. Aber draußen hab ich gemerkt, dass das nichts für mich ist, die Zuhälterei! Diese Menschen haben keine Ehre. Wenn ich überlege, einer würde dass mit meinen Cousinen machen ... Das passt nicht zu einem Mann der Ehre.

DH: Hat man dich noch mal freigelassen?

Cem: Nein, ich bin seit dem Tag im Knast. Vom Arrest direkt in den Knast. Sechzehn Monate U-Haft in Ossendorf *(ein Gefängnis in Köln)* und dann wieder hierher.

DH: Das mit Claudia und dann mit Gül, das ist alles in sehr kurzer Zeit passiert.

Cem: Das ist alles passiert, als meine Mutter für sechs Wochen in Kur war. Die Geliebte meines Vaters hatte sie mit dem Auto mitgeschleift ... Mit 19 kam ich dann in den Knast, als meine Mutter in Kur war. In der Zeit ist alles passiert! Wir sollten bei meinem Vater pennen. Aber schon am ersten Tag bin ich fast Amok gelaufen. Mit dieser Frau unter einem Dach, nach allem, was sie meiner Mutter angetan hatte ... Aber ich konnte nichts sagen. Ich kann doch nichts gegen meinen Vater sagen! Ich bin nach dem ersten Tag abgehauen und in die Wohnung meiner Mutter gegangen. Dann kam meine Mutter aus der Kur zurück, und es ging ihr sehr viel besser, Gott sei Dank. Meine Mutter hat so viel durchgemacht. Und jetzt hatte ich so viel Scheiße gebaut ... Da hab ich mir gesagt, dass ich mein Leben wegschmeißen kann. „Was lebst du für ein Leben?", hab ich mich gefragt. „Deine Ehre hast du gefickt, und kein anderer hat Schuld, nur du selbst. Du hättest auch nein sagen können, schließlich bist du kein kleines Kind und hast mitgemacht."

DH: Dass du nein hättest sagen können, hast du dir damals also schon gedacht?
Cem: Damals noch nicht. Da ist mir das Nein nicht in meinen Kopf gekommen. Da wollte ich kriminell sein.

DH: Du hast die Hauptschule in der achten Klasse geschmissen.
Cem: Ja. Und damals sagten mir meine Kollegen, dass die Schulden meiner Familie schnell bezahlt sein würden, wenn ich bei der Zuhälterei mitmachen würde. Das war verlockend. Mein Vater hat mich dafür verachtet und wollte mit mir nichts mehr zu tun haben, als ich im Knast landete. Beim ersten Besuch hat er mir gedroht, weil ich seine Ehre verletzt habe ...

DH: Bist du direkt in den Knast gekommen, oder hattest du vorher schon Jugendarrest?

Cem *(Er zeigt mir eine Liste mit seinen Straftaten):* Schauen Sie mal, das ging los, vier Wochen, nachdem ich aus der Koranschule geflohen war. Das hat auch der Richter gesagt: Vier Wochen danach kam die erste Anzeige wegen gefährlicher Körperverletzung.

DH: Und was wurde daraus?
Cem: Nichts. Zehn Sozialstunden *(er blättert in seiner Akte).* Ich hab versucht, das alles zu lesen, aber ich kann nicht. Was ich alles angestellt habe ...

DH: Überlege mal, wie oft da „gefährliche Körperverletzung" steht. Man hätte doch merken müssen, dass du nicht mehr richtig tickst und professionelle Hilfe brauchst!
Cem: Die Leute, die mit mir geredet haben, die haben mir nicht zugehört.

DH: Warum nicht?
Cem: Ich weiß es nicht. Ich weiß nur, das war der größte Fehler, dass keiner mit mir geredet hat. Ich hab das gebraucht, dass einer von Herzen mit mir spricht. Ich hab so viele Tage unter Brücken alleine geheult ... Meinen Brüdern hab ich versucht zu zeigen, dass sie stark sein sollen, auch wenn diese Familie so ist. So war ich zu Hause stark, und draußen ließ ich meine Gefühle und meine Wut raus. Wenn ich Scheiße gebaut hatte und nach Hause kam, wurde ich gefragt, was ich gemacht hatte, und dann gab es „bamm, bamm, bamm" und tschüss. So hab ich das gelernt.

DH: Und so hast du auch gehandelt.
Cem: Ja. Weil ich einfach nur gelernt habe, zu kassieren und auszuteilen. Dieser Tunnelblick war das Schlimmste: Ich sah

nur noch meinen Gegner, und der Rest der Welt war egal. Wie ein Blackout, wie damals in der Türkei, als es mir zum ersten Mal passiert ist. Ich war wie ein Tier, so eine Kraft, so eine Wut ...

DH: Deine Kumpels wussten offenbar genau, auf welche Knöpfe sie bei dir drücken mussten.
Cem: Genau. Ich war wie ein Hund, ein Pitbull. Einmal von der Leine gelassen und ich lief los ... Über 90 Prozent meiner Schlägereien hatten nichts mit mir persönlich zu tun, die hab ich für andere erledigt. Aber immer nur mit Fäusten. Handschuhe an und Spritzen rein.

DH: Also hast du auch sonst nichts dabei empfunden, wenn du zugeschlagen hast?
Cem: Nein, nie ... Doch, einmal. Ich hab einen Kollegen zusammengeschlagen, weil er was gemacht hatte. Und als ich abends zu Hause lag, konnte ich nicht schlafen. Ich hatte das Gefühl, als ob mich jemand erdrücken würde, und ich wurde das Gesicht von dem Kollegen nicht los. Ich bin dann zu ihm gegangen und hab ihn umarmt: „Bruder, tut mir leid. Bitte verzeih mir!“ Er hat mir verziehen, und ich konnte danach wieder schlafen ... Wenn mir einer früher die Hand gereicht hätte oder ich früher in den Knast gekommen wäre ... Mir hat keiner versucht zu helfen.

DH: Wann hast du das erste Mal versucht, dich umzubringen?
Cem: Zwei, drei Wochen, bevor ich in den Knast kam. Da war einfach so eine Situation ... Ich konnte nicht mehr, ich konnte einfach nicht mehr! Das war für mich zu viel, so richtig zu viel. Da dachte ich mir: „Junge, das geht so nicht mehr weiter“, und dann bin ich ins Auto gestiegen und hab so ge-

heult und bin los. Dann hab ich die Jim-Beam-Flasche zerschlagen und sie mir in die Pulsadern gerammt ... *(er zeigt mir die Narbe).* Hier war die einzige Stelle, an der ich die Ader auch getroffen habe. Dann bin ich ohnmächtig geworden. Später hat mich die Polizei ins LKH gebracht, und es tat gut, wie die mit mir geredet haben ... Meine Mutter hat mich angefleht, dass ich im LKH bleibe und mir helfen lasse. Ich hatte keinen Lebensmut mehr und war auf keinen Fall stolz auf das, was ich gemacht hatte. Wenn ich mich umbringen würde, würde ich mir selber schaden, aber wenigstens keinem anderen Menschen, dachte ich. Aber als ich die anderen Menschen im LKH gesehen habe – die waren so komisch. Da wollte ich wieder weg und bin gegangen.

DH: Als du kurze Zeit später in den Jugendarrest musstest, wurdest du da als selbstmordgefährdet eingestuft?
Cem: Nein, da saß ich 23 Stunden auf Zelle, ohne Umschluss *(ohne die Erlaubnis, andere Gefangene besuchen zu dürfen),* ohne Fernseher. Da hat keiner mit mir geredet. „Du verfickter Alter", habe ich gedacht, „wieso bist du nicht gestorben? Wieso will Gott, dass du so leidest?" Ich hab viel geheult.

DH: Obwohl die Polizei doch davon wissen musste, dass du einen Selbstmordversuch hinter dir hattest, hat sich keiner um dich gekümmert?
Cem: Keiner. Und als ich nach Ossendorf kam, hab ich es wieder versucht, hab Tabletten geschluckt.

DH: Und was haben die in Ossendorf daraufhin mit dir gemacht?
Cem: Ich bekam einen grünen Punkt an die Zellentür, damit jeder wusste, dass ich selbstmordgefährdet bin. Das nennt

sich „Beobachtungszelle". Und es gab Gespräche mit einem Psychologen und Tabletten.

DH: Wie waren die Gespräche mit dem Psychologen?
Cem: Gut. Und Herr Jünschke hat mir auch sehr geholfen *(der Sozialwissenschaftler Klaus Jünschke ist sehr engagiert im Jugendstrafvollzug. Er genießt hohes Ansehen bei vielen Gefangenen, sein Buch „Pop Shop" hat er zusammen mit Gefangenen der JVA Ossendorf verfasst).* Der hat mit mir über meine Probleme geredet, und ich muss ehrlich sagen, dass ich dadurch Kraft getankt habe. Das ist für mich etwas Neues, dass Menschen einfach mit einem reden ... Jetzt, Gott sei Dank ... Ich bin so froh, dass ich meine Freundin habe. Die ist so ein Halt. Ich weiß nicht, ohne die ... Ich liebe sie sehr, ja. Meine Mutter liebe ich auch sehr, aber das ist eine andere Liebe, die man mit gar nichts vergleichen kann. Mit meiner Freundin kann ich reden, die hört mir zu, mit der kann ich reden. Und ich bin glücklich, weil ich sehe, dass sie mir als Mensch diese Chance gibt. Die müsste das nicht, die weiß, was ich gemacht hab, wieso ich drin bin.

DH: Wie lange seid ihr zusammen?
Cem: Ich hab sie vor dem Knast kennen gelernt, hatte aber noch mit ein paar anderen Frauen etwas. Ich wollte nicht mit ihr zusammen sein. Dann besuchte sie mich, nachdem ich schon ein Jahr im Knast saß. Vorher hat sie mir Briefe geschrieben, aber ich habe nicht darauf geantwortet. Ich hatte einfach kein normales Leben, irgendwas ging bei mir immer schief. Ich wollte nicht, dass sie denkt, ich bin auf sie angewiesen. Nur aus Mitleid, das möchte ich nicht. „Halt dich von mir fern", hab ich gesagt. „Ich weiß, dass ich was gemacht habe und dafür im Knast sitze." Aber sie besuchte

mich, und die Gefühle kamen einfach, und ich hab gesehen, was das für ein Mensch ist. Dass sie so stark ist und mir Kraft gibt und hinter mir steht. Sie ist keine Türkin, und ich hab meinem Vater und meiner Familie gesagt, wenn sie meine Freundin nicht akzeptieren, dann akzeptieren sie mich nicht! Ich weiß nicht, wie ich es geschafft habe, das zu sagen ... Dann kam mein Vater mich zusammen mit ihr hier besuchen. Und jetzt sagt er: „Auch wenn du mein Sohn bist: Wehe, du brichst ihr das Herz!"

Jetzt hab ich ein Ziel vor Augen. Ich will raus und meine Schule nachmachen. Auf die Idee hat sie mich gebracht, dass ich das schaffen kann. Dann möchte ich arbeiten und Geld verdienen, und wenn alles schön läuft, ziehen wir zusammen. Sie ist die Frau, die ich auch heiraten will. Das ist so. Einfach ein schönes Leben, ohne wieder solche Probleme zu haben. Meine Mutter ist extra umgezogen, damit ich nicht wieder in meine alten Kreise gerate, und ich werde zu meiner Mutter ziehen. Arbeiten, Schule machen, Freundin und Familie, das reicht.

DH: Wie hat dich die Haft verändert?

Cem: Sehr! Anfangs musste ich Tabletten nehmen. Ich konnte nicht schlafen und war auch noch sehr aggressiv. Nach einiger Zeit fing ich an zu überlegen, da hatte ich meine Verhandlung noch vor mir. Ich hab mir überlegt, dass ich mich umbringen wollte und jetzt im Knast sitze, und jetzt fange ich an, mein Leben zu ändern. Und ich geb zu, ich hab die Gespräche in Ossendorf gebraucht, mit Herrn Jünschke, dem Psychologen, und einem tollen Beamten ... Ich bin diesen Menschen dafür so dankbar. Denn dadurch hab ich gemerkt, dass ich jetzt was tun muss. Um meinen Willen auszuprobieren, habe ich von heute auf morgen mit dem Rauchen aufgehört – und bis heute nicht mehr angefangen. Ich hab viel nachgedacht über das, was ich draußen gemacht habe und wie ich es hätte verhindern können. Aber dafür hätte ich Hilfe gebraucht, und die hatte ich nicht. Nur einen Menschen, der es ehrlich mit mir meint.

DH: Und deine Eltern?
Cem: Mit meinem Vater konnte ich nicht reden, und meine Mutter wurde direkt zu emotional. Trotzdem hat mich mein Vater im Knast zum ersten Mal wieder so umarmt, dass da eine Wärme war, und das nach so vielen Jahren. Ich dachte mir: „Junge, du bist zwar im Knast, aber das ist trotzdem schön." Mein Vater hat gesehen, dass jeder Mensch Fehler macht, jeder Mensch! Und jetzt spricht er auch mit meinem jüngeren Bruder. Seitdem ich im Knast bin, hat er nicht mehr die Hand gegen ihn erhoben.

DH: Traust du dir zu, deine Aggressionen draußen in den Griff zu kriegen?
Cem: Ja, denn ich hab es hier drin geschafft. Das steht auch in meiner Akte, dass ich Streit aus dem Weg gegangen bin. Ich weiß jetzt, wie sehr ich anderen Menschen geschadet habe, weil ich hier drin die Zeit hatte, darüber nachzudenken. Draußen habe ich das nicht geschafft, weil ich so viele Probleme hatte. Es gibt so viele Jugendliche, die haben zu Hause Probleme und gehen dann raus, in ihren Freundeskreis. Und wenn dieser Freundeskreis schlecht ist, dann zieht der einen rein. Denn man sucht dort Wärme, und man macht mit.

DH: Wenn du hier rauskommst, nimmst du dir professionelle Hilfe?
Cem: Ja, und die brauche ich auch. Ich hab eine harte Zeit

hinter mir. Viele Albträume und Panikattacken. Ich möchte hier nie wieder rein, und ich möchte meinen Brüdern zeigen, dass es auch anders geht. Und ich war meinen Brüdern ein so schlechtes Vorbild. Aber man muss nein sagen können zu schlechten Freunden, auch wenn man dann alleine ist.

Wenn mein Vater in Liebe mit mir gesprochen hätte und nicht mit Angst – alles wäre anders gekommen. Ich hab nur mit Angst und Wut gelebt.

Cem hat in der Zwischenzeit den Mut gefunden, den Dialog mit seinem Vater aufzunehmen. Auch das ein Zeichen für die Ernsthaftigkeit, mit der er versucht, seinem Leben eine Wende zum Guten zu geben. Er setzt sich dafür ein, dass sein Vater die an ihm begangenen Fehler nicht bei seinen jüngeren Brüdern wiederholt. Voller Stolz hat er mir erzählt, dass sein Vater sich nicht dagegen sperrt, sondern die Wünsche von Cem in die Tat umsetzt. Was Cem wiederum beflügelt, sich weiterhin neue Ziele für sein Leben zu setzen. Eines dieser Ziele ist es, seine Vergangenheit lückenlos niederzuschreiben. „Ich will mit all dem aufräumen", hat er mir gesagt und sitzt jetzt in seiner Zelle und schreibt. Auch hat er mir versprochen, mich zu begleiten, wenn ich gefährdete Jugendliche aufsuche, um ihnen die Wahrheit über den Knast zu erzählen: „Ich habe Ihnen mein Wort gegeben!"

Stichwort:
Die Bedeutung der frühen Kindheit

Nach wie vor gehen in der Wissenschaft die Meinungen darüber auseinander, was der wahre Grund dafür ist, dass ein Mensch gewalttätig wird. Die einen verweisen auf eine besondere genetische Veranlagung und die Bedeutung des Hormons Testosteron. Beides lässt manche Menschen anscheinend geradezu schicksalhaft zu Tätern werden. Die anderen sagen wiederum, es sei allein entscheidend, wie ein Mensch aufwachse, wie sein Umfeld mit ihm umgehe. Mit anderen Worten: Gewalt wird gelernt und ist nicht angeboren.

Doch weder mit dem einen noch mit dem anderen Modell lässt sich das Phänomen Gewalt schlüssig und vollständig erklären. Als gesichert gilt allerdings, dass die Früherziehung entscheidenden Einfluss auf die Entwicklung der Persönlichkeit hat. Wer demnach als Kind traumatische Gewalterfahrungen gemacht hat, wird – im besten Falle – lange darunter zu leiden haben. Und die Wahrscheinlichkeit, dass er selbst einmal gewalttätig wird, steigt erheblich an. Dabei ist es Untersuchungen zufolge gar nicht so wichtig, ob ein Kind selbst geschlagen wird oder häusliche Gewalt „nur" mit ansehen muss: Das Ohnmachtsgefühl bleibt in jedem Falle.

Bei den Interviews mit Tätern in diesem Buch fällt jedenfalls eines auf: Fast alle berichten von traumatischen Kindheitserlebnissen. Sei es in Form der als „normal" empfundenen Erziehungspraxis, die auf strenge Bestrafung durch Schläge setzt, sei es in so einer schockierenden Ausprägung wie jenem Aufenthalt in der Koranschule, von dem Cem berichtet. In allen Fällen aber sind die Gefühle spürbar, denen die Kinder ausgesetzt waren: solche des vollkommenen Ausgeliefertseins, der Ohnmacht und der völligen Ausweglosigkeit. Psychologen sprechen in solchen Fällen nicht nur von einem Verlust des Selbstbewusstseins, sondern der „Selbstwirksamkeit" – ein Begriff, der das Gefühl umschreibt, auch in schwierigen Situationen noch die Kontrolle zu haben und selbstbestimmt handeln zu können.

Es liegt auf der Hand, dass Eltern hier eine große Verantwortung haben und dass viele Eltern diese Verantwortung aus den unterschiedlichsten Gründen sträflich vernachlässigen. Es handelt sich andererseits aber auch um ein Problem der Gesellschaft im Allgemeinen. Denn wo Eltern versagen, muss die Gesellschaft eingreifen, und zwar durchaus im eigenen Interesse. Oft tut sie das erst dann, wenn es schon – fast oder tatsächlich – zu spät ist und das geschundene Kind längst zum Problemfall geworden ist. Dabei gäbe es durchaus Möglichkeiten, frühzeitig einzugreifen und zu helfen. Denn die wissenschaftlichen Erkenntnisse zeigen nicht nur auf, dass Gewalterlebnisse in der Kindheit später häufig zu Gewaltbereitschaft führen, sondern auch, dass sich im Nachhinein noch etwas daran ändern lässt, wenn die psychischen Schädigungen nicht allzu tief und schwer sind. Wenn die Kinder nämlich Gelegenheit erhalten, diese Erfahrungen in einem behütenden Umfeld zu verarbeiten, ja sie überhaupt erst einmal zu artikulieren.

Viele der Täter, die in diesem Buch ihre Geschichte erzählen, berichten wie Cem von der beglückenden Erfahrung, jemanden gefunden zu haben, der ihnen zuhört. Viele von ihnen erleben das zum ersten Mal im Gefängnis, also dann, wenn sie bereits mitten in ihrer Gewaltkarriere stecken.

Wirkliche Hilfe müsste also viel früher ansetzen. Doch wann? Das Fehlen kognitiver, emotionaler und kommunikativer Fähigkeiten wird heute bereits schon bei vielen Sechsjährigen, also zum Zeitpunkt der Einschulung, festgestellt – und hält offensichtlich lange an, wenn man sich etwa, ohne ihn deshalb denunzieren zu wollen, das Beispiel von Justin ansieht. Hier sind neue Konzepte gefragt, und Vorschläge gibt es schon eine ganze Reihe. Etwa die Einführung einer Ganztagesbetreuung für Kinder ab zwei Jahren, insbesondere an den so genannten „sozialen Brennpunkten". Hier wäre die Möglichkeit, schon in der frühen Kindheit ein anderes soziales Umfeld zu schaffen, in dem die Kinder eine Alternative zur Gewalt kennen lernen und in Freundeskreise hineinfinden können, in denen nicht die Mentalität der „Gang" herrscht.

Aber auch Kindertagesstätten nehmen vor diesem Hintergrund Aufgaben wahr, die sie allerdings heutzutage bei der derzeitigen Personalausstattung nur mehr höchst unzureichend erfüllen können. Notwendig wären etwa eine intensive Sozialarbeit und Sprachförderung schon in dieser frühen Phase, um Defizite rechtzeitig zu erkennen und abzubauen.

Die Realität sieht jedoch anders aus. Die Benachteiligten und Gefährdeten werden meist erst dann als solche erkannt, wenn ihr weiteres Schicksal schon vorgezeichnet ist. Und dann landen sie oft in Bildungseinrichtungen, die den leicht beschönigenden Namen „Förderschule" tragen. Leicht beschönigend deshalb, weil diese Institutionen trotz allen Engagements ihrer Lehrer oftmals nicht mehr in der Lage sind, ihren Bildungsauftrag zu erfüllen.

Die Schulleiter:
„Es gibt keine Hemmungen mehr"

Katharina Probst-Bauer und Klaus Edwards sind beide Direktoren von „Förderschulen Lernen", wie der Fachbegriff lautet. Probst-Bauer leitet die kleinste, Edwards die größte der Stadt. Die Förderschulen sind aus den früheren Sonderschulen hervorgegangen und werden in verschiedene Bereiche – LB (lernbehindert), SB (sprachbehindert), E (emotionales und soziales Lernen) – aufgeteilt. An beiden Schulen betreue ich Projekte gegen Gewalt und finde außerordentliche Unterstützung durch diese zwei besonders engagierten Pädagogen. Sie pflegen nicht die reflexartige Ablehnung gegenüber so genannten „Externen", durch die sich sonst leider sehr viele Pädagogen und Sozialarbeiter in ihrer Kompetenz beschnitten und bedroht fühlen. Beide wissen, dass Schule nur dann funktionieren kann, wenn sie auch eine Brücke zum außerschulischen Leben schlägt. Denn wenn die Eltern mit den Lehrern nicht am gleichen Strang ziehen, ist es beinahe aussichtslos, kriminell gefährdeten Kindern und Jugendlichen die Werte zu vermitteln, die unser Miteinander garantieren.

DH: Was ist die originäre Aufgabe von Schule?

Katharina Probst-Bauer: Schule hat verschiedene Aufträge. So haben wir etwa den Auftrag zu unterrichten, zu erziehen, zu verwalten, zu beraten, zu beurteilen, zu evaluieren und den Auftrag zu innovieren.

DH: So steht es im Gesetz geschrieben. Und, was muss Schule heutzutage darüber hinaus noch leisten?

Klaus Edwards: Also, in erster Linie übernimmt die Schule mittlerweile den kompletten Erziehungsauftrag, der von den Eltern zu einem großen Teil nicht mehr wahrgenommen wird. Damit versucht sie, überhaupt erst einmal die Basis zu schaffen, auf der Lernen und Unterricht möglich sind. Häufig gelingt uns das aber nicht einmal bis zum zehnten Schuljahr, weil der Schule vonseiten des Elternhauses oft jede Unterstützung fehlt oder die Eltern sogar entgegengesetzt zu uns arbeiten. Aber erst wenn diese Basis geschaffen ist, können weitere Aufgaben hinzukommen: etwa Lernen für die Zukunft als hehres und großes Ziel, bis hin zur Berufsorientierung und Eingliederung in den Beruf.

DH: Ist Schule denn finanziell und personell, vor allem was die menschliche Qualifikation vieler Lehrer betrifft, überhaupt darauf vorbereitet? Lernen ist für mich der Erwerb von geistigen, körperlichen und sozialen Kenntnissen und Fähigkeiten; die Verbindung von Fakten mit Emotionen, das Ganze vermittelt durch die Persönlichkeit eines Lehrers. Oder sehe ich das falsch?

Katharina Probst-Bauer: Nein.

Klaus Edwards: Nein, das ist vollkommen richtig. Und in dieser Hinsicht würde ich auch sagen, dass die personellen Ressourcen unserer Schule, gerade was Inhalte und die Persönlichkeitsstruktur jedes einzelnen Kollegen anbelangt, sehr gut sind. Zumindest in der Förderschule Lernen oder in meinem „System", wie wir unsere Schulen im Fachjargon jeweils nennen. Wenn es aber um die personelle Ausstattung geht – also darum, wie schwach oder stark wir besetzt sind, wie viele Lehrer wir also zur Verfügung haben –, ziehe ich gern einen Vergleich mit der freien Wirtschaft heran. Die freie Wirtschaft braucht 110 Prozent Personal, um zu 100 Prozent produzieren zu können, die zusätzlichen zehn Prozent Personal sind dabei notwendig, um den Krankenstand auszugleichen.

Von der Schule wird dagegen erwartet, dass sie mit 90 Prozent Personal 100 Prozent Ergebnis schafft. Das ist unser tägliches Brot. Jetzt, zur Weihnachtszeit, ist es sogar so, dass 15 Prozent der Kollegen an meiner Schule wegen Krankheit ausfallen. Das heißt, von unserer Schule mit einer nochmals verminderten personellen Ressource von 75 Prozent wird erwartet, dass sie 100 Prozent Leistung bringt. Das geht nicht! Das kann so einfach nicht funktionieren!

Katharina Probst-Bauer: Ich würde das gerne noch um einen weiteren Gesichtspunkt ergänzen. Wir brauchen zusätzlich nämlich noch ganz andere personelle Ressourcen. Wir brauchen über das „normale" Lehrpersonal hinaus noch Unterstützung durch Sozialarbeiter, die den ganzen Bereich des Sozialtrainings, der Sozialkompetenz, mit den Kindern trainieren. Denn diese Arbeit kann unmöglich noch nebenher von uns Lehrern mit übernommen werden. Das bedeutet auch, durch Hausbesuche den Kontakt zu den Eltern noch intensiver zu gestalten. Und wir brauchen so genannte „Handwerker" – Menschen mit Berufserfahrung –, die unsere schwierigen Schüler differenziert auf den Arbeitsmarkt und seine Anforderungen vorbereiten und sie mit diesem Arbeitsmarkt dann auch in Kontakt bringen. Man kann nicht so einfach sagen: „Was leistet Schule?" Wir müssen schon fragen:

as kann und muss unser Schulsystem leisten?" Denn wir
en ja immer mehr mit Problemkindern zu tun, die bereits
aus dem System herausgefallen sind. Die sind schon im Re-
gelsystem nicht mitgekommen, weil sie das Lernen verweigert haben, weil sie sich nicht an einen Sozialkompetenz-
rahmen halten können und emotionale, soziale Probleme
haben. Das sind die Kinder, die zu uns an die Schule kommen,
und für die brauchen wir dringend neue Konzepte, die über
das, was uns der Unterricht bislang abverlangt, weit hinausgehen müssen. So sehe ich das.

DH: Sind die Schüler denn gewalttätiger geworden?

Klaus Edwards: Ja, eindeutig. Also, ich bin jetzt seit 15 Jahren
in der „Förderschule Lernen" tätig. Das hat schon immer
bedeutet, in einem schwierigen Umfeld zu arbeiten, aber es
hat sich eindeutig noch einmal verschärft. Und zwar sind die
Erziehungsstrukturen, die zu Hause vermittelt werden sollten,
zwischenzeitlich fast auf null reduziert worden. Wir haben
spürbar mehr verhaltensauffällige Schüler in unseren Klassen
als noch vor zehn Jahren. Wenn ich die letzten zehn Jahre so
überblicke, sehe ich Klassen mit einer Stärke von circa 20
Schülern vor mir, mit denen man ganz normal Unterricht
machen konnte – normal in Anführungszeichen und nicht
vergleichbar mit der Hauptschule, von der oftmals Schüler
wegen Verhaltensauffälligkeiten oder wegen unzureichend
vorhandener kognitiver Fähigkeiten zu uns gekommen sind.
Aber es war durchaus so, dass man mit allen zusammen noch
Unterricht abhalten konnte. Heute bin ich dagegen schon bei
neun Schülern dazu gezwungen, die Klasse zu teilen, weil alle
neun Schüler zusammen in einem Klassenraum nicht mehr zu
unterrichten sind. Ich habe diese Schülerzahl bewusst ge-

wählt, weil ich derzeit tatsächlich ein Problem mit neun Schülern habe, die von unterschiedlichen Schulen kommen. Selbst mit zwei Lehrern im Klassenzimmer sind diese Kinder nicht mehr dazu in der Lage, vier Stunden Unterricht am Stück durchzuhalten. Folglich werden wir diese neun Schüler täglich stundenweise noch einmal in zwei kleinere Lerngruppen aufteilen müssen. Der Grund ist neben der mangelnden Konzentrationsfähigkeit der Kinder auch ihre extrem hohe Gewaltbereitschaft. Und diese Gewaltbereitschaft sehe ich wirklich mit Schrecken. Da gibt es überhaupt keine Hemmungen mehr. Entgegen der Hemmschwelle jeden Tieres treten die sogar noch zu, wenn der andere schon lange vor ihnen auf dem Boden liegt. Diese Kinder besitzen überhaupt kein Gespür mehr dafür, dass ein anderer das, was sie machen, nicht haben möchte. Das wird von ihnen dann grundsätzlich so dargestellt, als ob das Ganze „nur" ein Spiel wäre. Und wehe, der andere kommt auch nur auf die Idee, das anzuzweifeln ... Dann hat er im wahrsten Sinne des Wortes tatsächlich „ausgespielt".

Im Augenblick stellt die Gewalttätigkeit in den Pausen das größte Problem für uns dar. Ich bin deshalb schon durch die Schule gelaufen und habe den Schülern angekündigt, dass die Pausen abgeschafft werden, wenn sie so weitermachen. Ich hab's noch nicht getan, weil die Schüler daraufhin angefangen haben, ein wenig nachzudenken. Wir versuchen jetzt mit allen Lehrern gemeinsam eine Lösung für das Problem zu finden. Denn mittlerweile ist es – zumindest an unserer Schulform – so, dass wir Lehrer nach 90 Minuten Unterricht mit extremen Störungen und pausenlosen erzieherischen Maßnahmen einfach nicht mehr die Kraft haben, uns auf den Schulhof zu stellen, um 150 bis 300 Schüler im Zaum zu halten, von denen die Hälfte dazu bereit ist, dem Nächsten ein Bein zu stellen oder sich sonst wie tätlich abzureagieren. Das hat sich im Vergleich zu vor zehn Jahren deutlich geändert. Das war damals mit Sicherheit nicht so.

Katharina Probst-Bauer: Und das macht auch den Spagat deutlich, den wir permanent machen müssen. Wir sind eine Schule, wir haben eigentlich einen Bildungsauftrag. Aber der Erziehungsauftrag, der schon stattgefunden haben sollte, bevor die Kinder überhaupt an die Schule kommen, wird zunehmend mehr auf uns verschoben. Das Vermitteln von Sozialkompetenz hat, wie Klaus es gerade beschrieben hat, mittlerweile oberste Priorität für uns. Erst danach können wir über Rechtschreibung nachdenken. Zuvor ist gar kein Arbeiten, gar kein Lernen möglich, wenn so eine gewalttätige, aggressive Atmosphäre im Raum herrscht. Die Kinder sind häufig emotional so aufgeladen, dass man die ganze Bildungsvermittlung schlicht und ergreifend an die zweite oder dritte Stelle setzen muss.

DH: Macht sich diese Entwicklung bei Jungen wie Mädchen gleichermaßen bemerkbar?

Klaus Edwards: Bei Jungen stärker als bei Mädchen, aber grundsätzlich bei beiden Geschlechtern.

Katharina Probst-Bauer: Ich würde sagen, die Mädchen machen es einfach nur anders. Die reißen sich eher an den Haaren und beschimpfen sich mehr, und zwar nicht nur im Unterricht. Und da sind wir auch schon genau an dem Punkt angelangt, an dem wir uns einmal genau anschauen müssen, mit welchen Gewaltformen wir es zu tun haben! Da haben wir zum einen die Gewalt im Unterricht. Wir haben aber auch die Nachmittage, die die Schüler und Schülerinnen meist im Internet-Chat-Room verbringen. Was die da so alles an Lügen, Anschuldigungen, Beleidigungen und Intrigen anzetteln und verbreiten, ist wirklich unglaublich. Die Folgen davon werden in der Schule ausgetragen. Die Gewaltbereitschaft auf dem Schulhof zeigen Mädchen natürlich auch. Da sind Mädchen – so hab ich das wenigstens erlebt – kein bisschen besser als Jungen. Die beleidigen einander nicht nur, die werden auch handgreiflich, und das immer häufiger.

Klaus Edwards: Immer mehr, das stimmt. Wir sind ja mittlerweile sogar schon so weit, dass wir Beleidigungen kaum noch als eine Form von Gewalt begreifen, weil wir der körperlichen Gewalt kaum noch Herr werden. Die Maxime, die bei uns im Moment herrscht, lautet: „Solange ihr wenigstens noch miteinander redet, selbst wenn ihr einander nur beleidigt, kriegen wir das alles schon irgendwie hin." Wir konzentrieren uns doch alle nur noch auf den Moment, in dem einer der Schüler die Hand aus der Hosentasche nimmt, um zuzuschlagen. So läuft das im Augenblick bei uns. Wenn ich mich da auch noch um Beleidigungen kümmern würde, bliebe überhaupt keine Zeit mehr, um zumindest den Gipfel des Eisbergs abzutragen. Im Augenblick arbeiten wir nur am Gipfel. Wir müssten aber eigentlich ganz unten ansetzen.

Womit ich wieder aufs Elternhaus zurückkomme, denn die Kinder kommen mit dieser Einstellung und diesem Verhalten in die Schule! Und das haben sie nicht nur von der Straße, das haben sie auch vom Elternhaus. Was nichts anderes bedeutet, als dass zu Hause mit den Kindern genauso umgesprungen und geredet wird, wie die Kinder dann wieder ihrerseits miteinander in der Schule umgehen.

Katharina Probst-Bauer: Da möchte ich jetzt mal eine Art Systemvergleich zwischen großen und kleinen Schulen wagen. Mein „System" ist extrem klein, es umfasst gerade mal 70 Schüler. Und ich glaube nicht, dass es an mir oder den Konzepten, die wir fahren, liegt, dass ich mich intensiv um verbale Gewalt kümmern kann, sondern an der Größe meiner Schule. Wir haben so eine Art Jokersystem entwickelt, bei dem den Schülern nach der soundsovielten Beleidigung einfach eine Belohnung vorenthalten wird. Und ich plädiere hier jetzt einfach einmal für das kleine System, weil man die Kinder damit eher erreicht. Unsere Schüler sind jedem von uns namentlich bekannt. Wir haben den Überblick über jeden Einzelnen von ihnen. Die Klassen sind sehr klein, um die zehn Schüler herum. Und das ganze Kollegium arbeitet ganz konsequent mit nur ein, zwei Sozialkonzepten. Bei uns heißt es: „Wenn einer Stopp sagt, ist Schluss", und das setzt nicht erst auf der körperlichen Ebene an, wenn einer dem anderen wehtut, sondern bereits auf der verbalen. Und es bezieht auch Unterrichtsstörungen aller Art mit ein, wie das Werfen von Gegenständen, also alles, was verhindert, dass sich die Schüler dem Lernen widmen können. Und so haben wir Unterrichtsstörungen signifikant runterfahren können!

Klaus Edwards: Das klappt bei uns auch. Wir haben jetzt zum Beispiel, weil mehrere unserer Lehrer bei den herrschenden Zuständen einfach nicht mehr unterrichten konnten, in unserer großen Schule mit insgesamt 21 Klassen das „Trainingsraumsystem" eingeführt – einen speziellen Raum, in dem sozial verträgliche Verhaltensweisen eingeübt werden. Und es funktioniert hervorragend. In diesem Trainingsraum sitzt eigentlich so gut wie kein Schüler mehr, obwohl wir das Projekt erst nach den letzten Herbstferien eingeführt haben.

Es war von Anfang an ein voller Erfolg. Das heißt mit anderen Worten, dass im Unterricht so gut wie überhaupt keine Störungen mehr vorkommen. Paradoxerweise hat im Gegenzug die Gewaltbereitschaft in den Pausen eklatant zugenommen! Das bedeutet, dass die Schüler es jetzt zwar schaffen, die 90 Minuten Unterricht am Stück ohne Störungen durchzuhalten – weil sie definitiv nicht in den Trainingsraum wollen –, aber danach ist auch Schluss! Dann kommt die Pause, und in der muss dann all das raus, was sie sich vorher 90 Minuten lang verkniffen haben. Und zwar noch einmal um einige Grade mehr als früher. Davor hatten wir zwar mehr Störungen und Schlägereien während des Unterrichts, die wir leider nicht einmal mit Repressalien beilegen konnten, weil wir die Betreffenden ja nicht einfach aus dem Raum rausschicken konnten. Dafür hatten die Kinder aber bis zu den Pausen auch nicht so viel Aggressionen aufgestaut, weil sie die teilweise schon vorher abreagiert hatten. Jetzt reagieren sie sich nach einem störungsfreien Unterricht dafür umso mehr ab.

Katharina Probst-Bauer: Es bräuchte also umfassendere Konzepte, die die aufgestaute Aggressivität nicht nur während des Unterrichts, sondern auch in den Pausen kanalisiert.

Klaus Edwards: Da arbeiten wir gerade daran. Wir setzen zum Beispiel extrem viele Kollegen auf dem Schulhof ein. Da gibt es jetzt die „bewegte Pause" mit Spielangeboten, angefangen vom Fußball bis hin zum Seilspringen oder Klettergerüst. Das reicht aber leider nicht aus, um von der Gewalt wegzukommen. Es ist den Schülern einfach nicht genug, sich nur in Form von Laufen, Spielen oder Rennen auspowern zu können.

Katharina Probst-Bauer: Wir werden noch lange an der Gewaltbereitschaft arbeiten müssen.

Klaus Edwards: Ja, das müssen wir, weshalb wir im neuen Jahr auch alle eine umfassende Lehrerfortbildung zu diesem Thema machen werden, sonst kommen wir nicht weiter.

DH: Warum erzeugt das schlechte Vorbild von Eltern, Erwachsenen und Medien bei den Jugendlichen keine Trotzreaktion oder Wendung zum Positiven hin? Schließlich führt die Gewaltbereitschaft für die Schüler doch nur zu immer mehr Repressalien, wie zum Beispiel die Umgestaltung der Pause, oder, noch schwerwiegender, zur Verschärfung von Gesetzen und deren konsequenteren Anwendung.

Katharina Probst-Bauer: Dem Problem der Gewaltbereitschaft liegt mit Sicherheit ein ganzes Faktorenbündel, aber vor allem ein Gefühl von Ohnmacht zugrunde. Die Kinder fühlen sich als Person nicht wahrgenommen, nicht ernst genommen in den eigenen Bedürfnissen. Dieser Ohnmacht entspringt dann eben oft eine Allmachtsphantasie, etwa nach dem Motto: „So, jetzt zeige ich es euch allen. Ich schlag jetzt einfach alles kurz und klein!"

Ein weiterer Faktor kommt dazu, nämlich dass sie Gewalt als normales Verhaltensmuster gelernt haben. Zudem wird Gewalt auch noch in Computerspielen, in Filmen und in den Medien verherrlicht. Die Kinder haben jede Menge Bilder und Situationen vor Augen, in denen Gewalt positiv dargestellt und nicht bestraft wird, und nach diesem Muster reagieren sie und stumpfen dadurch in gewisser Weise auch ab. Jedes Tier, jeder Hund hört sofort auf, wenn der Gegner vor ihm auf dem Boden liegt ...

DH: Nur der Kampfhund hört nicht auf, denn dem haben die Menschen die natürliche Beißhemmung aberzogen!

Katharina Probst-Bauer: Genau. Und so ist das auch bei den Kindern. Denen ist ebenfalls ein natürlicher Instinkt kaputt gemacht und ausgetrieben worden.

Klaus Edwards: Du hast ja das Wichtigste dazu bereits gesagt, und so füge ich nur noch ganz provokativ hinzu, dass es sich schlicht und einfach so verhält – auch bei Jungs –, dass sie Wärme brauchen: eine Hand, die sich ihnen auf die Schulter legt, Zuneigung, Berührungen ...

Katharina Probst-Bauer: Genau. Akzeptanz, Respekt und Nähe.

Klaus Edwards: Natürlich können sie nicht sagen: „Ich brauch jetzt mal 'ne Berührung von dir", deshalb treten sie dem anderen auch lieber in den Hintern. Damit haben sie erstens ihre Berührung und zweitens eine unmittelbare Reaktion. Neulich haben einige Kollegen mit einer Klasse das Experiment gemacht, die Schüler einander vor der Pause ein wenig massieren zu lassen. Die haben zuerst einmal mit „Hilfe, ich bin doch nicht schwul!" reagiert, dann aber doch mitgemacht. Und tatsächlich: Danach hat es viele der „Aktionen" – ich nehme hier einmal bewusst das Wort Gewalt weg –, die es sonst immer während der Pausen gegeben hat, plötzlich nicht mehr gegeben. Auch andere Aktionen, aus denen heraus es oft zu Gewalttätigkeiten kam, ohne dass das von vorneherein beabsichtigt war, haben nicht mehr stattgefunden. Etwa wie: Ich tue etwas, habe dabei aber gar nicht bedacht, dass der andere darauf sofort reagieren und Gewaltbereitschaft zeigen wird oder meine Handlung als Gewaltakt ansieht. Ich hab dem doch einfach nur mal gegen die Schulter geboxt, weil ich die Berührung, die Reaktion haben wollte, weil ich ihm eigentlich nur damit sagen wollte: „Hör mal zu, ich find das knuffig, dich jetzt zu knuffen." Dass der andere das anders sieht, steht dann auf einem anderen Blatt. Aber durch dieses Massieren sind derartige Aktionen in dieser Klasse reduziert worden.

DH: Durch das Massieren ist also eine respektvolle Annäherung aneinander und das Erfahren von positiver Berührung entstanden. Brauchen nicht gerade Jungs Vorbilder, um sich den eigenen Gefühlen und Ängsten öffnen zu können?

Katharina Probst-Bauer: Genau, denn Gefühle wie Wut und Traurigkeit liegen ganz nah beieinander. Mir hat mal ein Junge voll in die Haare gegriffen und sich richtig darin festgekrallt, weil er so wütend auf mich war. Damals schoss mir auch der Gedanke durch den Kopf, dass Wut und Angst nahe beieinanderliegen, und so fragte ich ihn einfach: „Wovor hast du Angst?" Darauf fing er zu heulen an und ließ mich los, weil sich seine ganze Wut auf diesen Satz hin aufgelöst hat und er so traurig wurde. Dieser Zusammenhang ist übrigens auch neurobiologisch nachgewiesen. Aus diesem Bereich der Forschung gewinnen wir derzeit sowieso eine Vielzahl von Informationen, die uns helfen, Kinder und ihre Gefühle besser zu verstehen. Und wenn man ihre Gefühle anspricht und das Bedürfnis nach Wärme und Berührung thematisiert, dann, glaube ich, ist man schon ganz nah am Thema Gewalt dran.

DH: Wenn ich Schulklassen besuche und sexuellen Missbrauch thematisiere, dann senken sich häufig die Köpfe der Mädchen zu Boden, und ich gewinne immer mehr den Eindruck, dass sexuelle Belästigung und Missbrauch nicht nur im Elternhaus, sondern auch in der Schule unglaublich verbreitet sind.

Katharina Probst-Bauer: Ja.

Klaus Edwards: Ja, das ist so. Gerade jetzt habe ich wieder einen ganz aktuellen Fall.

DH: Sie haben vorhin erwähnt, dass die Gewaltbereitschaft in den letzten zehn bis 15 Jahren immer mehr zugenommen hat.

Klaus Edwards: Das hat sie eindeutig. Wir hatten immer körperlich starke Schüler an der Schule. Wir hatten auch immer mal wieder gewaltbereite Schüler, aber damals wusste jeder Bescheid und konnte damit umgehen. Ich erinnere mich noch gut an einen Schüler ganz zu Beginn meiner Berufslaufbahn, der haute jedem neuen Schüler erst mal in die Fresse und sagte dann: „Ich bin Elvis, und jetzt weißt du Bescheid!" Damit war die Hierarchiefrage ein für allemal geklärt. Er musste auch nie wieder schlagen und brauchte nicht einmal mehr zu drohen. Die Sache war für die anderen Schüler klar.

Katharina Probst-Bauer: Und wenn es einen zweiten Elvis gegeben hätte?

Klaus Edwards: Das ist ja gerade der Unterschied zu heute. Früher hatten wir nie mehr als einen Elvis in einer Klasse, heute haben wir dagegen vier oder fünf. Und das macht es so schwierig. Die Hierarchie ist ungeklärt, und pausenlos steht zwischen ihnen die Rivalität im Vordergrund. Keiner von denen will hinter dem anderen zurückstehen. Wir haben natürlich immer auch eine Menge Schüler, die von vornherein die Verlierer, die Opfer sind. Da ist schon vor der Schule das große Abzocken angesagt. Das sind immer die Gleichen, das sind immer die Großen beziehungsweise die Starken, denn die Starken sind ja nicht immer unbedingt auch die ältesten Schüler. Und: Es kommen ganze Banden mit ins Spiel, die gar nicht unmittelbar etwas mit unserer Schule zu tun haben. Wir haben so viele Banden, die außerhalb der Schule agieren. Da reicht es schon aus, wenn einer unserer Schüler nur Mitglied dieser Bande ist, um sich Respekt verschaffen zu können. In dem Moment – ich hab es erst vor zwei Wochen wieder erlebt –, wo auch nur eines ihrer Bandenmitglieder angegangen wird, hab ich keine zehn Minuten später eine ganze Mannschaft da draußen stehen, der ich nicht im Dunkeln begegnen möchte. In einer solchen Situation kann ich nur noch die Polizei rufen, die dann niemand mehr in die Schule rein- oder rauslässt. Danach geht es dann auch. Außerdem habe ich sogar ein oder zwei Telefonnummern von Bandenanführern, denen ich dann deutlich zu machen versuche, dass es besser wäre, ihre Jungs abzuziehen.

Katharina Probst-Bauer: Ich kenne das. Aber ich habe bislang immer nur mit einer Bande zu tun gehabt. Und diesbezüglich leistet die Polizei auch wirklich gute Präventivarbeit. Die Polizei kennt den harten Kern der Truppe und hat eine Strategie entwickelt, die beinhaltet, dass sie einmal die Woche zu denen nach Hause geht. Dort geben sie ihnen dann mit einem richtig großen Auftritt zu verstehen: „Wir haben euch im Blick, wir wissen genau, was ihr gestern Nacht gemacht habt. Die aufgeknackten Autos gehen mit Sicherheit auf euer Konto. Seid euch sicher, dass ihr hier zukünftig nicht mehr länger im Dunkeln arbeitet." Seitdem habe ich hier keine Bande mehr vor der Tür stehen gehabt, aber als ich hier angefangen habe zu arbeiten, habe ich auch noch die Polizei angerufen, weil man da im Prinzip gar nichts anderes mehr machen kann.

DH: Dennoch ist meine Erfahrung die, dass ein Großteil der Öffentlichkeit das, was Sie hier schildern, gar nicht zur Kenntnis nehmen will.

Klaus Edwards: Ja.

Katharina Probst-Bauer: Richtig.

DH: Haben die Kinder, über die wir hier sprechen, denn alle den gleichen sozialen Hintergrund? Kommen sie aus unteren sozialen Schichten?

Klaus Edwards: Bei mir vielfach ja. Aber da kann ich nur für meine Schule sprechen, die ein sehr großes Einzugsgebiet hat, und da kommen auch viele Schüler aus mittelständischen Verhältnissen. Allerdings stellen sie nicht die Mehrheit. Das tun eher die Schüler aus der so genannten Prekärschicht, von denen auch in erster Linie Gewaltbereitschaft ausgeht.

Katharina Probst-Bauer: Das kann ich nur bestätigen.

Klaus Edwards: Gewalt ist zu 90 Prozent mit Kindern und Jugendlichen aus der Unterschicht in Verbindung zu bringen. Wobei wir bislang noch gar nicht auf das Migrantenproblem zu sprechen gekommen sind. Kinder mit diesem Hintergrund haben es oft doppelt schwer. Sie wachsen in der Regel mit zwei Kulturen, zwei Sprachen und zwei Religionen auf. Ich möchte in diesem Zusammenhang aber nur näher auf den nicht aufgearbeiteten Bosnienkrieg eingehen, weil seine Folgen zunehmend Bedeutung für uns gewinnen. Wir haben extrem viele Jugoslawen und Albaner aus dem Kosovo hier an unserer Schule, die die schlimmen damaligen Geschehnisse gar nicht selbst miterlebt haben, aber ihre Eltern haben sie erlebt und sind dementsprechend von ihnen geprägt. Diese Schüler kommen nun mit den Vorprägungen durch ihre Eltern in die Schule. Hinzu kommt noch das typische Machogehabe von Jungs, das in diesem Kulturkreis einfach anders ausgeprägt ist als bei uns, was per se noch keiner Wertung unterliegt. Aber in der Kombination mit der erlebten Gewalt vor Ort erweist sich das oft als tödlich.

DH: Wird Schule mit all diesen Problemen nicht ziemlich alleingelassen? Entgegen den Reden der Politiker kommen versprochene Gelder jedenfalls oft nicht dort an, wo sie so dringend benötigt werden. Sie müssen als Schulleiter doch permanent einen Missstand verwalten. Muss man denn wirklich so weit gehen wie die Rütli-Schule und damit drohen, den Unterricht einzustellen?

Klaus Edwards: Ich sage mal ganz provokant: Ja! Auch unsere Erfahrungen haben gezeigt, dass Politik nur dann stattfindet und die Verantwortlichen zum Nachdenken und Reagieren bringt, wenn an einer Schule eine Waffe gezogen wird und es zur Sache geht. Aber selbst dann gibt es höchstens eine Schulsozialarbeiterin, die jeweils an einer bestimmten Stelle, an der Bedarf ist, eingesetzt wird. Ist diese Stelle erst einmal besetzt und ist das auch von der Öffentlichkeit bemerkt worden, herrscht erst mal wieder Ruhe, denn man hat ja politischen Willen gezeigt. Womit wir gleich zum nächsten großen Thema kommen. Wir arbeiten nicht wirklich präventiv, sondern reagieren immer nur. Politik reagiert immer nur und geht nicht wirklich präventiv vor. Deshalb findet auch unsere Forderung – gerade was die Förderschulen für Lernbehinderung angeht –, dass an jede Schule je nach Größe mindestens eine Schulsozialarbeiterin gehört, kein Gehör.

Katharina Probst-Bauer: Ja, je nach Größe.

Klaus Edwards: Wir müssen auch über die Roma nachdenken. Eigentlich bräuchten wir in größeren Schulen mit sehr vielen Roma-Kindern eine Schulsozialarbeiterin, die sich ausschließlich um die Roma kümmert, während sich eine zweite der anderen Kinder annimmt. Sinti und Roma stellen insofern besondere Anforderungen an die Sozialarbeit, als deren tradierte Geschlechterrollen in der Regel noch einmal weiter von unserem verfassungsrechtlichen Gebot der Emanzipation entfernt sind, als es in vielen anders orientierten Gesellschaften der Fall ist.

Fakt ist jedoch, dass die meisten „Förderschulen Lernen" so eine Stelle für Sozialarbeit nur immer wieder neu beantragen können. Das machen die Schulen auch regelmäßig, allerdings passiert daraufhin nicht wirklich viel. Ich selbst habe das Glück, eine Schulsozialarbeiterin an meiner Schule zu haben, und weiß, wie gut und effektiv dies ist. Ich weiß aber auch, wie es ist, wenn man keine hat. Von Psychologen gar nicht zu reden. Wir brauchen mehr psychologische Unterstützung in den Schulen. Und wer das verkennt und meint, Pädagogen könnten die bestehenden Probleme genauso gut aufarbeiten wie diese, der sieht einfach die Realität nicht.

Katharina Probst-Bauer: Ich finde außerdem, dass gerade unsere Schulform – aber das wäre auch für die Hauptschulen nicht schlecht – eine andere Didaktik braucht. Wir werden mit Leistungsanforderungen und Leistungsüberprüfungen ja geradezu überhäuft. Dabei ist das überhaupt nicht unser Thema! Wenn wir im präventiven Sinn arbeiten wollen, brauchen wir vor allem mehr soziale und kommunikative Kompetenz. Und die müssen wir erst einmal erlernen, um sie später dann auch vermitteln zu können. Das gehört an den Universitäten bislang aber nicht zur Lehrerausbildung. Wir verfügen also nicht über ein dementsprechend ausgebildetes Lehrpersonal. Womit sich der Kreis wieder schließt und wir wieder bei unserer Forderung nach Sozialarbeitern und Psychologen wären, wenn wir diese Lücke schließen wollen.

Stichwort:
Die Verantwortung der Schule

Eigentlich ist die Aussage schockierend: Schulen können ihrem Bildungsauftrag gar nicht mehr nachkommen, weil sie permanent damit beschäftigt sind, ihre Schüler erst einmal grundlegend zu erziehen. Aber diese Aussage ist für viele Förder- und Hauptschulen eine Tatsache. Und diese Tatsache ist der Öffentlichkeit nicht erst bekannt, seit die Lehrer der Berliner Rütli-Hauptschule die Schließung ihrer eigenen Einrichtung forderten, weil sie der Probleme einfach nicht mehr Herr werden konnten.

Die Schulen sollen also Probleme lösen, deren Ursachen oft weit in der Vergangenheit der ihnen anvertrauten Kinder liegen. Darauf sind die Lehrer aber in aller Regel während ihrer Ausbildung nicht vorbereitet worden, sie verfügen schlichtweg nicht über die nötige Kompetenz. Und von jenen, die diese Kompetenz kraft ihrer Ausbildung eigentlich haben, gibt es viel zu wenige: Schulpsychologen, Schulsozialarbeiter. Das Problem scheint immer dann erkannt zu sein, wenn wieder einmal etwas vorgefallen ist. Dann wird, wie Klaus Edwards und Katharina Probst-Bauer richtig feststellen, politische Kosmetik betrieben. An die tieferen Ursachen aber wagt sich offenbar niemand heran, und die Politik ist auch nicht bereit, mehr Geld zur Verfügung zu stellen. Im Gegenteil: Es werden eher Stellen eingespart als aufgebaut.

Meine Erfahrung bei vielen Vorträgen für „Sprache gegen Gewalt" an Förder- und Hauptschulen ist die, dass entgegen den politischen Versprechungen das Geld nicht dort ankommt, wo es ankommen sollte. Hauptschulen und Förderschulen müssen Aufgaben bewältigen, die sie oft schon finanziell gar nicht stemmen können. In manchen Klassenräumen suchte ich sogar vergeblich eine funktionierende Steckdose, nur um meinen Computer zum Einsatz zu bringen. Und wie oft hört und liest man, dass Eltern als Hilfslehrer unterrichten, Klassenzimmer streichen und in der Schulkantine Essen ausgeben.

Es mangelt an materieller und personeller Ausstattung. Das legt letztlich den Eindruck nahe, dass Haupt- und Förderschulen entgegen allen öffentlichen Verlautbarungen nicht zukunftsfähig sind. Das könnte den Weg freimachen für verschiedene andere Schulformen, wie sie Experten seit vielen Jahren immer wieder fordern – seien es nun Gemeinschafts- oder Gesamtschulen oder auch flächendeckende Ganztagsschulen von der Grundschule bis zum Gymnasium. Für Letzteres plädiert etwa der Leiter des Kriminologischen Forschungsinstituts in Hannover, Christian Pfeiffer, ein Berater vieler Expertenrunden zum Thema Jugendgewalt. Schulen, in denen praktisch überwiegend Migranten mit mangelhaften Sprachkenntnissen mit anderen Kindern, die Lern- und Sprachschwächen aufweisen, zusammentreffen, seien schlichtweg ungeeignet, wirkliche Bildungschancen zu eröffnen.

Die Folgen des separierenden, dreistufigen Schulsystems aber beschrieb das Nachrichtenmagazin „Der Spiegel" im Januar 2008, bezogen auf Ausländerkinder, sehr treffend mit einem Satz: „Gut 20 Prozent der männlichen Migrantenkinder verlassen die Schule ohne ein Abschlusszeugnis und ohne Perspektive auf einen Ausbildungsplatz – eine Zeitbombe."

Lale, 20:
„Jede Gewalt hat eine andere Geschichte"

Lale, Anfang 20, und Sabine, Anfang 40 *(beider Name ist anonymisiert)*, besuchten einen meiner Vorträge über Gewalt und Zivilcourage. „Ich bin auch eine Person, die Gewalt mittlerweile verabscheut. Ich empfinde auch den Drang, irgendetwas zu verändern, denn ich bin selber schon des Öfteren mit Gewalt konfrontiert worden und werde es immer noch", schrieb mir Lale anschließend. Sabine äußerte sich ihrerseits ganz ähnlich, und da sich beide kannten, schlug ich ihnen ein gemeinsames Treffen vor, um mit ihnen über die Möglichkeit eines Interviews zu dritt zu sprechen. Beide waren einerseits sofort bereit, dieses Interview zu machen, andererseits aber auch sehr ängstlich. Als wir uns in einem Café trafen, übertrug sich ihre Angst auch auf mich und zwar in der Art, dass ich jeden neuen Gast, der eintrat, misstrauisch beäugte und deshalb schon mit dem Gedanken spielte, das Gespräch abzubrechen. Letztlich verabredeten wir uns dann für ein weiteres Treffen, das aber nicht mehr in der Öffentlichkeit stattfand, weil mir einfach die Gefahr zu groß war, dass Lale dabei von jemandem gesehen werden konnte. Ich fühlte mich an die Zeit vor 25 Jahren erinnert, als ich mich mit meiner damaligen persisch-deutschen Freundin zwei Jahre lang vor ihrem Vater verstecken musste. Dieser Mann schien aber in seiner Eifersucht nicht annähernd so weit gehen zu wollen wie Lales Vater, der seine Tochter sogar mit dem Tod bedroht hat und noch immer bedroht.

DH: Du hast mir gesagt, dass ich dich alles fragen kann und auch fragen soll.

Lale: Ja, weil ich sehr, sehr viel zu erzählen habe, und wenn du einfach nur sagen würdest: „Jetzt erzähl mal", würde ich manches vielleicht gar nicht erwähnen, obwohl es durchaus erwähnenswert ist.

DH: Verbindest du eine bestimmte Hoffnung damit, dass du dieses Gespräch mit mir führst?

Lale: Ich bin mir nicht sicher, ob es mir persönlich etwas bringen wird, aber ich hoffe, dass andere Menschen dadurch Anhaltspunkte bekommen. Dass sie denken, das Leben geht halt weiter. Und es geht ja auch weiter. Man muss nur den Mut haben, sich aufzurappeln, dann kommt alles von ganz alleine wieder.

DH: Erinnerst du dich, wann du das erste Mal Gewalt erfahren hast?

Lale: Das war sehr, sehr früh. Das war im Kindergarten. Ich war mit meiner jüngeren Schwester im selben Kindergarten, und da hat ihr irgendjemand die Puppe weggenommen. Worauf ich denjenigen in den Sandkasten gezerrt und ihm ordentlich Sand in die Augen geschmiert habe. Das macht ein normales Kind eigentlich nicht.

DH: Warum hast du so heftig reagiert?

Lale: Ich hatte immer die Beschützerrolle in unserer Familie. Ich nehme sie noch immer ein. Ich bin eine Person, die ihre Flügel stets schützend über die anderen ausbreiten muss. Egal, was denen passiert oder wie es mir geht. Ich muss halt immer stark sein und meine Familie beschützen. Und in dem Augenblick kam dieser Beschützerinstinkt in mir hoch. Meine Mutter hat mir immer wieder gesagt: „Deine Schwester ist noch klein, die versteht das noch nicht. Wenn einer was Böses macht, dann greif du ein und wehr dich." So bin ich eigentlich groß geworden: „Wehr dich, lass dich nicht schlagen!"

DH: Und wer beschützt dich?
Lale: Mich hat bislang eigentlich kein Mensch beschützt. Ich war immer auf mich allein gestellt.

DH: Wie empfindest du das?
Lale: Zeitweise fand ich das sehr, sehr traurig. Ich war oft sehr hilflos und gekränkt und auch sehr verletzt. Weil ich selbst vielen Leuten geholfen und sie unterstützt habe. Und wenn man dann immer wieder sieht, dass nie etwas zurückkommt, dann denke ich: „Bin ich unsichtbar, wenn es mir schlecht geht? Oder wollen mich die anderen nicht sehen?" Ich weiß es nicht. Vielleicht bin ich nur dann sichtbar, wenn ich als starke Person auftrete, weil man mich nicht anders kennt, weil ich immer die Starke spielen musste.

DH: Könntest du denn Hilfe zulassen?
Lale: Ich fände es eigentlich schön, wenn man mich nur mal in den Arm nehmen würde und zu mir sagen würde: „Lass dich mal los." Nur macht das keiner.

DH: Und warum, glaubst du, ist das so?
Lale: Ich glaube, dass die meisten Menschen nur mit sich selbst beschäftigt sind. Viele sehen den anderen überhaupt nicht mehr, noch nicht mal den Nächsten, noch nicht mal die eigene Tochter, den eigenen Bruder ... Gar nichts.

DH: War das mal anders? Glaubst du, wir leben heute mit mehr Gewalt?
Lale: Ich kann's nicht sagen. Ich weiß nicht, wie sehr Gewalt

früher in den Medien gezeigt und vermittelt wurde. Heute sieht man täglich etwas über Gewalt oder liest darüber. Eben an der Bahnhaltestelle, da sind kleine Kids in eine Baustelle geklettert, und alle Erwachsenen um mich herum gucken einfach nur zu. Also bin ich dahin und hab denen gesagt, wie gefährlich das ist. Und dann kamen die auch raus. Die Kinder hätten die Erwachsenen bestimmt nicht aufgefressen, und ich weiß nicht, warum die da nicht mal eingreifen? Das beobachte ich halt in der Gesellschaft.

DH: Siehst du einen Grund dafür?
Lale: Keinen akzeptablen.

DH: Du hast keine Erklärung dafür?
Lale: Nein.

Sabine betritt das Café, und wir unterbrechen unser Gespräch. Es ist gleich zu spüren, dass Lale sich sehr wohl in ihrer Nähe fühlt, und so führen wir das Gespräch von nun an zu dritt.

Sabine: Wenn du unser Vertrauen missbrauchen und unsere Identität aufdecken würdest, wäre ich trotzdem nicht gefährdet ...
Lale: ... aber für mich könnte es den Tod bedeuten.

DH: So extrem ist deine Situation?
Lale: Ja.

DH: Ein „Ehrenmord"?
Lale: Ganz genau.

DH: Dennoch bist du jetzt hier. Obwohl man dich beobachten

könnte. Wie gehst du mit dieser Bedrohung um? Wirst du es bereuen, hier gewesen zu sein?

Lale: Bereuen werde ich das nicht.

DH: Wie war es, als wir uns zum ersten Vorgespräch getroffen haben?

Lale: Man fühlt sich immer ... Man hat Angst ... Ich hab dann wirklich immer Angst. Wenn ich nach Haus gehe, dann denke ich immer: „Hat mich jemand aus meiner Familie gesehen?" Ich bin so oft von meinem Vater verfolgt worden, deshalb versuche ich immer, die Lage ein bisschen abzuchecken. Verhalten sie sich heute anders als sonst? Gucken sie mich ein bisschen anders an? Man hat schon fast Verfolgungswahn. Das ist schlimm! Ich kann nicht einfach mal so in die Stadt gehen, weil ich zwei Freistunden habe, nur um mal zum Shoppen zu gehen. Kann ich nicht! Weil ich dann Angst habe, die sehen mich.

DH: Ich hab dir erzählt, dass ich mich mit meiner ersten Freundin fast zwei Jahre lang vor dem Vater versteckte. Sie war persisch-deutsch ...

Lale: Heute ist es sehr verbreitet, dass muslimische Familien es nicht wollen, wenn die Tochter oder der Sohn mit einem Christen zusammen sind. Okay. Aber stell dir vor, dass du sogar Angst haben musst, mal eben zu deiner Freundin zu gehen, zu shoppen ... Wenn meine Mutter sagt, sie geht nach der Arbeit zum Arzt, hole ich ein paar Brötchen und gehe dann zu meiner Freundin frühstücken. Aber was man da für Angst hat, erwischt zu werden, wenn man aus der Haustür tritt.

DH: Du bist volljährig und könntest dein Elternhaus jederzeit

verlassen. Du bleibst aber. Weil dich deine Familie immer suchen und finden würde?

Lale: Meine Mutter wollte sich von meinem Vater trennen,
und ich habe sie darin bestärkt. Aber dann haben sich die
beiden wieder versöhnt und mir die Schuld für den Wunsch
meiner Mutter, sich zu trennen, gegeben. Da ist in mir eine
Welt zusammengebrochen. Von meinem Vater habe ich gar
nichts anderes erwartet, aber als auch noch meine Mutter
sagte: „Willst du uns eigentlich auseinanderbringen?", da ist
eine Welt für mich zusammengebrochen. Da konnte ich nicht
mehr. Ich weiß gar nicht, wie lange ich geweint habe! Ich hab
hyperventiliert. Aber als der Krankenwagen kam, habe ich
den wieder weggeschickt. „Sie können mir nicht helfen",
habe ich gesagt ... Und da hab ich zum ersten Mal gesagt:
„Ich will ausziehen! Ich kann nicht mehr! Ich will nicht
mehr!" Und ich war sehr entschlossen, aber dann kam mein
Vater: „Wenn du ausziehst, wirst du nicht nur dir schaden,
sondern auch deinen Geschwistern. Denn du hast dann nichts
mehr zu verlieren, deine Geschwister schon." – „Was meinst
du damit?", fragte ich. „Was sollen die denn ohne ihren Vater
machen ...?" Verstehst du, was ich meine?

DH: Ja. Er bringt dich um ...

Lale: ... und geht dafür in den Knast. Diese Drohung hat er
schon mal ausgesprochen, vor zwei Jahren. Ich weiß noch
genau wann, denn das hat mir damals so wehgetan. Ich bin
so ein stolzer Mensch, und ich hab dieses „Ehre bewahren"
wirklich in mir ... Wir fuhren zu Verwandten, und plötzlich
fängt er im Auto an: „Du bist eine Schlampe. Guck mal, wie
du angezogen bist. Du willst nur, dass dich jeder anguckt.
Falls du meine Ehre beschmutzen solltest und ich wegen dir
mit gesenktem Kopf nach Hause fahren muss, dann lebst du

nicht mehr! Aber ich werde das nicht selber machen, denn ich mache mir meine Finger nicht an deinem dreckigen Blut schmutzig. Ich besorge jemanden in der Türkei, und dann bist du tot!" Das hat der einfach so gesagt, aus dem Nichts raus! Und das Beste ist, dass er selbst zu Huren geht und auch deutsche Freundinnen gehabt hat. Aber mich schlägt er und bedroht mich mit dem Tod, obwohl ich nichts gemacht habe.

DH: Du lebst tagtäglich mit dieser Bedrohung.
Lale: Das fing an, als ich 15 wurde. Davor hatte ich ein super Verhältnis zu meinem Vater, oft sogar ein sehr zärtliches. Aber als ich dann erwachsen wurde, konnte er damit nicht umgehen. Obwohl er mit dabei war, machten mich oft Jungs auf der Straße an. Und er fing dann an, mich als „Hure" zu bezeichnen, als „Schlampe", und dass ich die Männer auf- geilen würde ... Am Anfang hat mir das nur sehr wehgetan, aber dann fingen die Bedrohungen an, weil ich mich zu wehren begann. Ich wurde aggressiv, weil ich es mit 15 nicht besser wusste, und ich hab so getan, als würde mir sein Ver- halten nichts ausmachen. Wenn du so was tagtäglich erfährst, dann kommt irgendwann der Hass hoch. Auch als ich erfuhr, dass er meine Mutter betrog. Und mich schlägt er übel zusammen, nur weil ich einen Liebesbrief bekommen hatte! Damals hat er mich an den Haaren gepackt und an die Wand geknallt, mit dem Kopf. Die Angst und den Hass habe ich mit der Zeit in den Griff bekommen, weil ich gemerkt habe, dass es mir nur schadet, wenn ich darauf beharre, das „arme Opfer" zu sein ... In dieser Zeit bin ich oft in der Schule umgekippt. Meine Zensuren wurden immer schlechter. Das hatte nicht nur mit den Problemen zu Hause zu tun. Ich hatte auch einen neuen Lehrer bekommen, der mich verbal beläs- tigt hat. Der hat durchaus zugegeben, dass er gerne mit schö-

nen Mädchen redet. Aber der Höhepunkt war, als er mir einmal leicht mit dem Klassenbuch auf den Hintern geschlagen und gesagt hat: „Oh, darf ich das auch mal ohne Klassenbuch?" Ich konnte das meinem Vater ja nicht erzählen, der hatte mich ja schon wegen eines Liebesbriefes zusammengeschlagen. Was hätte der erst von mir gedacht, wenn ich ihm gesagt hätte: „Mein Lehrer belästigt mich." Deshalb habe ich angefangen, nicht mehr zur Schule zu gehen. Ich wollte auch nicht mehr jede Nacht weinen, und wenn, dann so leise wie möglich, damit es keiner hört. Denn wenn ich laut weinte, fragten sie: „Was weinst du? Stört dich das Dach über deinem Kopf? Oder dein voller Magen?" Und so ging ich mit dem Hauptschulabschluss vom Gymnasium ab! Ich wollte immer Jura studieren ... Mein Vater hat daraufhin gesagt: „Du hast mich enttäuscht, du hast die Schule nicht geschafft und unsere Ehre runtergezogen. Was werden die anderen jetzt sagen?!" Ich hatte viel Zeit in den Sommerferien, nachzudenken. Wir fahren immer in dieses Haus in der Türkei. Was ist das Beste für mich? Wie sollte ich mich verhalten? Und da ist mir bewusst geworden, dass ich nie Hilfe bekommen habe, nie! Und da sagte ich mir: „Du bist jetzt übelst auf die Schnauze gefallen, erwarte nicht, dass die dir helfen, schließlich haben sie deine Schwierigkeiten verursacht! Also scheiß auf deine Familie. Rapple dich auf und zieh dein Ding durch!"

Sabine: Dann hast du dich im Kolleg angemeldet.

Lale: Genau. Auch wenn mein Vater nach meinem Schulabgang wollte, dass ich zu Hause bleibe und Hausfrau werde. Aber da kam mein Cousin und sagte meinem Vater: „Wenn du willst, dass sie zu Hause bleibt, dann hat sie ihr Leben lang das Recht, von dir Geld zu verlangen." Und wenn Geld ins Spiel kommt, ist mein Vater ein ganz anderer.

Also hat er mich zur Schule begleitet, und ich habe mich hier angemeldet. Dann hab ich gesagt: „Ich will arbeiten", und er meinte: „Okay, dann such dir Arbeit." Aber das Geld ging auf sein Konto, bis er nach Monaten endlich einwilligte, dass ich mein eigenes Konto eröffne. Da beschimpfte er mich wieder als Schlampe und verlangte, dass ich Miete für mein Zimmer bezahle. Jeder Streit fängt mit Geld an, obwohl wir eigentlich wohlhabend sind. Nur geht das meiste Geld an die Familie meines Vaters, weil er dazu verpflichtet ist.

DH: Ist er hier aufgewachsen?
Lale: Nein, er kam als Jugendlicher nach Deutschland, spricht aber recht gut Deutsch. Meine Mutter ist eine intelligente, aber labile Frau. Sie trägt zwar ein Kopftuch, aber aus eigenem Entschluss. Mein Vater wollte das gar nicht. Sie bleibt bei meinem Vater, weil sie sonst keine finanzielle Sicherheit hat.

DH: Warum trägst du kein Kopftuch?
Lale: Ich halte es nicht für notwendig.

DH: Man hat dich auch nicht dazu zwingen wollen?
Lale: Nein, dazu nicht. Aber einmal wollte ich nicht, dass er mich wie ein kleines Kind bei Freunden absetzt ... Da schlug er mir mit der Faust mitten ins Gesicht ... Und meine Mutter brach mir sogar einen Finger, weil meine kleine Schwester nicht ordentlich genug aufgeräumt hatte!

Sabine: Da kam sie dann mit einem Gips ins Kolleg.
Lale: Obwohl ich meine Mutter immer unterstützt habe und ihr nie gesagt habe, dass mein Vater sie betrügt, um sie nicht

zu verletzen. Weißt du, wie belastend das ist ...? Wenn du keine andere Wahl hast, als all das zu ertragen. Aber ich kann wieder lachen.

Sabine: Ja, und das ist gut.

Lale: Ich freue mich über jede Kleinigkeit, weil ich gesehen habe, dass das Leben zu Hause ein ganz anderes ist, als das Leben, das ich draußen führe. Mein wahres Leben ist draußen, zu Hause bin ich nur körperlich anwesend. Ich hab gelernt, das voneinander zu trennen. Deswegen kann ich mich über jede Kleinigkeit freuen. Viele in meiner Situation haben zu nichts mehr Lust, und sie denken, dass alle Menschen so sind wie der, der sie quält. Aber das ist falsch. Das schadet einem nur selbst. Das hab ich gelernt. Du musst einfach nur wollen. Ich wollte nicht mehr weinen *(sie lacht)*. Davon kriegst du nur Falten ... Wenn du dagegen immer die Fröhliche und Starke spielst, dann glaubst du irgendwann daran.

Sabine: Das kann aber auch ins Auge gehen!

Lale: Das kann ins Auge gehen, ja. Aber wenn es mir wirklich schlecht geht, versuche ich schon, auch mal loszulassen.

Sabine: Aber es ist wirklich wichtig, dass mal jemand sieht, wie sich der andere wirklich fühlt. Ich glaube, ich war 16 Jahre alt und saß im Schulbus. Ich war in der elften Klasse und hatte eine Freundin, die ich schon aus der Grundschule kannte. Plötzlich saß sie hinter mir und sagte mit so einer dunklen Stimme, das werde ich nie vergessen: „Du musst nicht immer lachen und glücklich aussehen, weil ich weiß, dass du das nicht bist, und das ist nicht schlimm." Das war nur ein Satz. Ich konnte gar nichts mehr sagen, bis der Bus gehalten hat. Und dann haben wir 'ne Zigarette geraucht.

Auch heute, nach 30 Jahren, ist sie noch immer meine beste Freundin. Sie war die Erste, die es bemerkt hat. Das war schon wichtig. *(Zu Lale:)* Du weißt, dass wir die gleiche Einstellung haben und dass man auch stolz sein soll, aber man muss es nicht immer sein. Und es den anderen vorzuspielen kann dich auch ganz weit von dir wegführen.

Lale: Ja, und das ist auch meine Angst.

Sabine: Ich weiß.

Lale: Ich geb mir immer wieder einen Schubs, Menschen zu vertrauen, ohne sie ständig zu hinterfragen, ohne ständig skeptisch zu sein oder zu glauben, dass man 100 Prozent sicher sein kann. Man ist sich dann wirklich entfremdet.

Sabine *(leise):* Genau ...

Lale: Und wenn ich immer nach der Pfeife meiner Eltern tanze ... Ich wusste eine Zeit lang gar nicht mehr, was ich selbst für richtig hielt und was ich dagegen einfach nur von ihnen übernommen hatte. Dann fing ich an, mich unter Vorwänden in mein Zimmer zurückzuziehen. Ich wollte einfach nur alleine sein und nachdenken. Das ist so wichtig. Man sollte sich unbedingt die Zeit nehmen, um sich zu fragen: „Was ist jetzt mit mir geschehen? Was wurde mit mir gemacht?"

Sabine: Auch „Wie kann ich das einordnen"?

Lale: Nee, das Einordnen kommt später. Zuerst geht es nur mal darum, zu verstehen, was mit einem gemacht wurde. Auch zu akzeptieren, dass das schrecklich ist, dass das nicht richtig ist. Das „Einordnen" kommt später, weil die Einsicht so schwer ist. Das ist, wie ein paar Fäuste ins Gesicht zu kriegen ...

Sabine: Ich glaube auch. Ich glaube, dass die Frage auch bleibt: „Warum ich? Warum so viel? Warum so und nicht anders?" Ich denke, dass man da auch nie 'ne Antwort drauf kriegt – oder schwer 'ne Antwort drauf kriegt.

Lale: Jede Gewalt hat 'ne andere Geschichte, und jede Geschichte hat andere Gründe. Und deswegen kann man auch nicht nur eine Antwort geben, weil sich nicht jeder darin wiederfinden wird.

Sabine: Und jeder ordnet anders ein.

Lale: „Einordnen" ... ich weiß nicht ...

Sabine: Dieses In-den-Spiegel-Gucken und zu sehen: „Das bin ich. Der hat mich misshandelt", das finde ich ganz schwer. Also ich hab das nicht geschafft, bis ich 30 war.

Lale: Als mein Vater mich geschlagen hat, da bin ich vor den Spiegel getreten, hab geguckt, wie geschwollen und blau die Stelle war, und habe überlegt, wie ich das am besten verdecken, wie ich das überschminken kann. Und mit der Zeit, nachdem mein Vater mich immer öfter geschlagen hat, habe ich mich hingesetzt und gesagt: „Du guckst jetzt nicht mehr in diesen Spiegel, sondern in deinen inneren Spiegel", weil man sich im normalen Spiegel nicht wirklich sieht ...

Sabine: Ja, man sieht sich nicht!

Lale: Man betrachtet sich nur von außen. Man fragt: „Was könnten die anderen denken?" Aber das ist nicht wichtig. Wichtig ist nur der innere Spiegel, wie man sich selbst sieht.

Sabine: Ja.

Lale *(fragt mich):* Hast du keine Angst, wenn du mit Totschlägern und anderen Verbrechern alleine in deren Zelle bist?

DH: Nein.

Sabine: Man hat Angst vor einem unpersönlichen Mörder, aber dass man im Grunde genommen solchen Menschen ausgesetzt ist oder in meinem Fall war, das ist einem gar nicht klar.

Lale: Dann sollte man eher vor denen Angst haben, die draußen rumlaufen.

Sabine: Ich finde das bezeichnend für Leute wie dich und mich, die Gewalt erfahren haben, dass sie im Grunde genommen wenig Gefühl für die Gefahr haben, die ihnen in unmittelbarer Nähe droht, dafür aber sehr viele Ängste, die sich auf Dinge beziehen, die weit weg von einem sind.

Lale: Weil die nahe Angst einen umhüllt wie die Luft, die man atmet, nimmt man sie als selbstverständlich hin.

Sabine: Genau, sie wird zu einem Teil von dir. Ich hab zum Beispiel wahnsinnige Angst vor Krankheiten, vor Krebs. Das behalte ich in der Regel für mich, ich spreche auch mit meinem Freund nicht darüber. Aber neulich sagte er zu mir: „Du hast doch diese Angst vorm Sterben oder?", und ich antworte ihm, dass ich so circa 20- bis 30-mal am Tag daran denke, weil es für mich ganz normal ist, mich mit dem Sterben zu befassen. *(Zu Lale:)* Hast du auch diese Todesangst?

Lale: Manchmal wünsche ich mir den Tod, wenn ich keinen Ausweg mehr sehe, wenn ich denke, dass ich mein ganzes Leben lang so verbringen werde wie jetzt. Heirate ich nicht, unterdrückt mich mein Vater, und wenn ich heirate, könnte mein Ehemann derjenige sein, der mich unterdrückt. Ich habe Angst, früh zu sterben, ohne gelebt zu haben, wie ich gerne leben würde – ohne Angst. Jetzt gerade habe ich Angst, weil ich hier bin, obwohl ich nichts Schlimmes mache. Aber meine Familie verpflichtet mich dazu zu lügen. Und ich hasse es zu lügen.

DH: Wenn dein Vater stirbt, wärst du doch alle Probleme los.
Lale: Nein, weil dann ich die Versorgerin der Familie wäre.

DH: Aber dann wärst du doch selbstbestimmt!
Lale: Nein, denn meine Mutter ist mittlerweile genauso wie mein Vater.

DH: Und sie hätte ebenfalls diese Macht über dich? Könnte sie dich auch mit dem Tod bedrohen?
Lale: Also, das glaube ich nicht, weil ich dann ja den Ernährer ersetzen würde, und das würde sie nicht aufs Spiel setzen. Aber sie würde sicher versuchen, mich zu unterdrücken.

Sabine: Würde deine Mutter auch mit Selbstmord drohen?
Lale: Das kommt schon jetzt öfter vor.

Sabine: Empfindest du das auch als Gewalt?
Lale: Ja, weil man sich dann wie eingekesselt fühlt. Dann schreit man und hat das Gefühl, dass einen keiner hört. Jeder Atemzug schmerzt, und du bekommst Angst zu atmen.

Sabine: Der Einfluss von Eltern ist so gewaltig ...
Lale: ... und grausam, weil er von niemandem gesehen wird. Du hast Angst zu schreien, und dann zerreißt dich der Schrei von innen.

Sabine: Ich hab das immer als Gewalt von beiden erfahren, die körperliche Gewalt meines Vaters und die manipulative, emotionale Gewalt meiner Mutter. Das sehe ich aber erst heute so. Meine Angst vor Krebs ... Ich musste immer meine Mutter abtasten, ob sie Krebsgeschwüre hat. Ich war noch ziemlich jung und hatte Panik dabei, sogar heute schnürt es mir noch immer die Luft ab. Ich dachte ständig: „Wenn ich jetzt was finde, bin ich der Überbringer der schlechten Nachricht", und dem schlägt man bekanntlich den Kopf dafür ab. Und wenn ich nichts sage, ist es genauso gefährlich, weil ich meine Mutter deshalb dann ja verlieren könnte ... Für ein Kind wird unter diesen Umständen die ganze Welt zur Tretmine, weil egal, wohin man auch tastet, sich unter der Oberfläche immer etwas Gefährliches befinden könnte. Und das empfinde ich heute als Gewalt.

DH: Leben deine Eltern noch?
Sabine: Ja.

DH: Was hast du heute für ein Verhältnis zu ihnen?
Sabine: Ein gutes.

DH: Ist es gut, weil die Dinge zwischen euch geklärt wurden oder weil die Zeit alle Wunden heilt?
Sabine: Mit meiner Mutter verhält es sich unterschiedlich. Heute sage ich mir, dass meine Eltern krank waren. Mein Vater pathologisch und meine Mutter vor lauter Angst. Sie hat sich jedoch nie behandeln lassen. Noch heute sind die Ängste meiner Mutter so übermächtig, dass ich mich ihnen nicht immer stellen kann.

Mit meinem Vater lief das so, dass ich ihn eines Tages zusammen mit meiner Schwester aufgesucht und ihm gesagt habe: „Ich möchte, dass das endlich aufhört!" Da war ich schon über 20, und die körperliche Gewalt hatte sich in eine verbal ausgeübte verwandelt. „Entweder hört das jetzt endgültig auf, dann will ich so tun, als würde ich es vergessen, oder aber es hört nicht auf, dann möchte ich nicht mehr dein Kind sein." Ich hatte das nicht wütend gesagt, aber er merkte, wie ernst es mir damit war. „Wenn das so ist", hat er mir geantwortet, „dann hört das auf." Und es hörte tatsächlich auf.

DH: Hat es all diese Jahre dazu gebraucht, oder hättest du die Gewaltausübung mit dieser Konsequenz auch schon viel früher beenden können?

Sabine: Ich weiß es nicht. Jedenfalls hatte ich mich bis dahin körperlich beinahe zugrunde gerichtet und bin dann innerlich einfach an den Punkt gekommen, dem entweder ein Ende zu setzen oder gehen zu müssen. Aber ich wollte ja nicht weg von meinen Eltern, weil ich sie beide liebe. Mein Vater hat mir neben dem, was er mir Schlimmes angetan hat, auch unheimlich viel Gutes getan. Deshalb verstehe ich auch all die Mädchen so gut, die etwas Ähnliches erfahren, damit aber nicht zum Jugendamt oder zur Polizei gehen wollen. Da steckt nichts anderes als Solidarität mit dem Vater dahinter, weil man ihn ja trotz allem weiterliebt. Für mich war es immer wahnsinnig schwer, nachzuvollziehen, dass ein Mensch, der auch seine guten Seiten hat, andererseits so brutal handeln kann. Heute kann ich das, auch durch meine frühere Ehe, besser nachvollziehen, weil ich da eine ganz ähnliche Rolle eingenommen habe wie mein Vater mir früher gegenüber. Plötzlich wusste ich, wie es möglich ist, so auszurasten, dass man sich selbst nicht wiedererkennt. Nur verstehe ich nach wie vor nicht, wie man das dann an einem Kind auslassen kann.

DH *(zu Lale):* Liebst du deinen Vater?

Lale *(ganz leise):* Nicht mehr.

DH: Was sind deine Träume?
Lale: Ein Zuhause haben mit einem Mann, der sich wirklich um mich kümmert und Verständnis hat. Mit dem ich reden kann, ohne dass er mir Schuldgefühle macht und mir irgendwas einzureden versucht. Ich will einfach nur meinen Frieden haben – verstehst du? Ich will keine Angst mehr haben, wenn ich vor die Haustür gehe. Oder hohe Schuhe trage. Ich will deswegen nicht als Hure beschimpft werden, ich will keine Angst mehr vor ganz alltäglichen Dingen haben.

DH: Und wie kannst du das schaffen?
Lale: Ich weiß es nicht. Da gibt es nur die Hoffnung auf einen sehr netten Mann ...

DH: Obwohl ihr Opfer seid, scheinen die Täter auf irgendeine Weise von euch abhängig zu sein.
Sabine: Ich durfte nicht weinen, wenn er mich zusammenschlug, ich musste lächeln. Das ging aber nicht so richtig gut.
Lale: Das ist ja eine richtige Demütigung.
Sabine: Ja. Das ist eine Demütigung.

DH *(zu Lale):* Hast du deinem Vater je gesagt, was du dir von ihm wünschst?
Lale: Schon oft. Aber Türken fällt es ab einem bestimmten Alter ihrer Kinder sehr schwer, Gefühle für sie zu zeigen. Bei Mädchen tritt das spätestens ab dem Zeitpunkt ein, ab dem sie zur Frau werden. Sie selbst sind mit Strafen zu absolutem Gehorsam erzogen worden. Aber Respekt wird durch Liebe erzeugt, nicht durch Angst.

Sabine: Dass man selbst einmal Opfer war, darf aber nicht davon ablenken, dass man danach zum Täter geworden ist. So seh ich das. Ich erlebe das ganz oft bei Menschen, die durch ihr aggressives Verhalten auffallen und sich dann immer mit ihrer schweren Kindheit entschuldigen wollen. Aber die setzen sich gar nicht wirklich mit ihrem jetzigen Verhalten, ihrem Tätersein auseinander! Das muss man aber von ihnen verlangen können. Denn wenn es nur um das Etikett „Schuld" und nicht auch um „Verantwortung" geht, wird sich die Gewaltspirale immer weiterdrehen. Bei allem Verständnis für die oft schwere Kindheit eines Täters. Aber irgendwann hat er sich für seine Taten frei entscheiden können.

DH: Warum denken Opfer eher über sich selbst nach, als dass Täter sich mit sich auseinandersetzen?
Sabine: Meiner Meinung nach isoliert einen ein körperlicher Übergriff. Man schämt sich, weil man so schwach gewesen ist und es zugelassen hat, es zulassen musste ...
Lale: Scham heißt doch, dass man sich mit etwas auseinandergesetzt hat. Aber jemand, der immer weiterschlägt, der hält doch für richtig, was er tut! Die sehen den Fehler bei dem, den sie schlagen. Sie glauben also, dass sie ihn zu Recht schlagen.

DH: Reden die sich das schön, oder denken die wirklich so?
Lale: Wenn mein Vater mich schlägt, dann „schlage" ich mit Worten zurück, indem ich ihn als ekelhaft beschimpfe. Er empört sich dann darüber, wie ich ihn als ekelhaft bezeichnen kann, wo doch ich diejenige bin, die etwas getan hat, wofür er mich schlagen muss? Der weiß gar nicht, dass er im Unrecht ist!

Sabine: Das bezweifle ich. Das ist doch nur vorgeschoben. Das hat mein Vater damals auch immer gesagt, dass wir ihn dazu treiben würden, uns zu schlagen, dass wir es förmlich herausfordern würden. Aber das war nur vorgeschoben. Und auch wenn ich nie wirklich ergründen werde, warum er mich so geschlagen hat, glaube ich, dass die wahren Gründe dafür andere waren. Hinter so etwas versteckt sich auch immer eine gehörige Portion „Sich-selber-fremd-Sein", was wieder viel mit der eigenen Erziehung zu tun hat, in der oft Schweigen und Lieblosigkeit vorherrschen. Manchmal natürlich auch mangelnde Bildung, die einen erst gar nicht die richtigen Worte finden lässt. Mein Vater hat mir später einmal erzählt, dass er nach seinen Gewaltattacken gegen uns Kinder kotzen musste. „Vor mir selbst kotzen musste", sagte er. Und ich hatte auch immer den Eindruck, dass seine Schläge zum Teil gar nicht mir galten, sondern irgendetwas, irgendjemand anderem. Und vielleicht konnte er auch deshalb nur einen kleinen Teil von mir treffen. Aber durch diese Willkür habe ich so etwas wie Antennen entwickelt, die mir zwar helfen, Menschen gut einschätzen zu können, mich verbal aber auch sehr schnell sehr heftig reagieren lassen. Ich glaube, dass dieser Jähzorn das Erbe meines Vaters ist, der sich auch in meine Sprache hineingeschlichen hat.

DH *(zu Lale):* Warum schlägt dich dein Vater?
Lale: Dafür gibt es zwei Gründe. Einmal die Ehre und einmal das Geld, als Zeichen seiner Macht. Mein Vater hat gemerkt, dass er mich mit Worten viel schlimmer verletzen kann als mit Schlägen. Und er geht immer mehr an die Grenze, sucht meine Wunden. Und je länger ich ruhig bleibe, umso verletzender wird er. Wenn ich dann etwas erwidere, schlägt er zu.

DH: Was ist das für ein Gefühl, diese Schläge einzustecken, ohne sich zu wehren?

Sabine: Das ist schrecklich. Das kann man nicht beschreiben.

Lale: Wenn es beginnt wehzutun, dann halte ich seine Hände fest und blicke ihn fest an und sage ihm, dass er mein Zimmer verlassen soll. Dann schiebe ich meinen Hocker vor die Tür, setze mich darauf und gucke mich im Spiegel an. Erstmal kommt gar nichts, dann fange ich richtig an zu weinen und sehe mir dabei zu. Und dann frage ich mich: „Warum weinst du?" Das ist total seltsam. Der Spiegel zeigt mir, dass ich wirklich das Opfer bin, wenn ich versuche zu verdrängen. Ich konfrontiere mich mit dem, was mir passiert.

DH: Du hast beschrieben, dass du dir selber wehtust, um niemand anderem wehzutun. Hast du deinen Vater schon mal in Gedanken getötet?

Lale: Ja. Ich ihn und er mich.

DH: Und wie war das, als er dich in deinen Gedanken tötete?

Lale: Das war, als ob ich es wirklich erlebt hätte ... Er und ich waren allein zu Hause, und plötzlich hatte ich Angst. Ich hörte, wie er aus der Küche ein Messer holte und plötzlich in mein Zimmer kam. Das Messer hielt er hinter seinem Rücken. Ich hab mich dann extra von ihm weggedreht, damit ich nicht zusehen musste, wie er zusticht ... Als er zustach, beobachtete ich das Ganze außerhalb meiner selbst ...

DH: Du hast innerhalb deiner Phantasie deine Phantasie beobachtet?

Lale: Ja. Und ich sah auch, dass ich das gar nicht war, auf den er einstach ...

DH: Hat dir diese Phantasie die Angst vor der realen Situation genommen?

Lale: Ja, irgendwie ... Ein bisschen.

DH: Und wie hast du ihn getötet?

Lale: Ich hab ihn nur verletzt, nicht getötet.

DH: Wie hast du das gemacht?

Lale: Er lag im Bett, und ich schlug mit etwas Schwerem auf ihn ein. Danach musste er sein Leben lang gepflegt werden, und ich war diejenige, die ihn pflegte ... Egal, wie sehr meine Eltern mich misshandeln, ich würde immer für sie da sein. Denn Ich würde mich niemals so schändlich verhalten wie sie.

DH: Ist das dein Triumph über ihn?

Lale: Ich habe gelernt, dass ich, egal, was ich tue, für mich tue und für niemanden sonst. Ich will keinen Triumph über ihn erlangen, sondern über mich. Falls man das einen Triumph nennen möchte. Das Wichtige ist, dass man dabei an sich denkt.

DH: Hast du Angst, dich zu verlieren?

Lale: Ich habe Angst davor, allein, ohne Familie dazustehen. Angst vor einer ungewissen Zukunft. Und auch wieder Sehnsucht nach einem angstfreien Alltag *(sie holt einige Blätter Papier hervor).*

DH: Du hast etwas geschrieben?

Lale: Ja. Aber das sind nur Gedanken. Meine Emotionen sind da nicht mit dabei. *(Sie liest vor:)* „Gewalt ist nicht nur Misshandlung, Vergewaltigung und Mord. Es gibt auch die ganz alltägliche Gewalt. Man darf Gewalt nicht unterschätzen und die Augen nicht davor verschließen. Wenn einem das Recht, selbstständig zu denken, genommen wird, wenn Verbote einem das Atmen schwer machen, jedes Wort ein Schlag ins Gesicht ist und jede Faust immer tiefere Verletzungen verursacht, dann ist das Gewalt. Gewalt stiehlt dir dein Recht zu leben, außer du wehrst dich. Aber Gewalt darf man nicht mit Gewalt abwehren. Wehre dich, indem du trotz allem lachst, indem du dich über Kleinigkeiten freust und mit allen Mitteln am Leben festhältst. Menschen, die anderen Menschen Gewalt antun, sind schwach und labil. Nicht in Selbstmitleid versinken, sondern Kontakte knüpfen. Verdränge nie die Tatsachen, unterdrücke nie deine Gedanken. Denn nur wenn du der Grausamkeit ins Gesicht blickst, kannst du dich vor der Eskalation der Gewalt schützen. Nur wenn du über die Grausamkeit nachdenkst, kannst du für dich große Weisheit erlangen. Du allein hast die Macht zu entscheiden, ob Gewalt über dein Leben bestimmt oder ob sie aufhört und dich nur noch als Erfahrung begleitet. Das, was man erlebt und gelebt hat, kann man nie loswerden. Ich habe es endlich geschafft, darüber zu reden, und jetzt wird es niedergeschrieben und in einem Buch festgehalten. Und endlich wird mir wirklich bewusst, zu was für einem Schatz ich die schlimmen Erlebnisse verwandelt habe. Ich möchte mehr denn je überleben und leben. Ich leugne nichts von dem, was in meinem Leben vorgefallen ist. Egal, wie alt man ist, man erlebt immer etwas, worüber man sich freuen kann. Vielleicht kann ich Mädchen und Frauen eine Motivationshilfe sein. Nur wenn man die Achtung vor sich selbst nicht verliert, nur wenn man sich selbst nicht egal ist, kann man leben und überleben. Man darf nie vergessen: Egal, wie aussichtslos die Situation auch sein mag, den einen Ausweg gibt es immer. Die Männer, die als

Ehemänner Gewalt ausüben, die ihre Frauen unterdrücken, schlagen und diskriminieren ... Diese Frauen sind nicht eure Ehre! Sie sind eure Lebensgefährtinnen, eure Töchter und Schwestern. Jeder Mensch ist ein Individuum und seinem eigenen Stolz und seiner eigenen Ehre verantwortlich. Wenn ihr sterbt, nehmt ihr nicht die Ehre eurer Frauen mit ins Grab, sondern eure eigene. Bevor ihr Frauen schlagt, weil sie bei ihren Freundinnen waren, achtet zuerst auf euer eigenes Handeln. Schaut in den Spiegel und habt endlich den Mut, euch zu hinterfragen. Denn ihr macht nicht alles richtig, noch nicht einmal im Ansatz."

DH: Was meinst du mit „der eine Ausweg, den es immer gibt"?
Lale: Genau was ich gesagt habe, nämlich dass es immer einen Ausweg gibt.

SABINE: Nur nicht immer direkt.

Lale *(lacht):* Man kann sich immer losreißen und weggehen ...

DH: ... um zu leben.
Lale: Ja.

DH: Und du willst doch leben, oder?
Lale: Das verlangt halt Mut.

Stichwort:
Das Dilemma der Migrantenkinder

Das Gespräch zwischen Lale und Sabine macht zweierlei deutlich: Gewalt und Brutalität in der Erziehung sind gewiss keine Frage der Nationalität, aber Kinder aus Zuwandererfamilien sind davon meist häufiger und vor allem heftiger betroffen als Deutsche.

Man darf die Augen nicht davor verschließen, dass in vielen Familien, die aus anderen Kulturkreisen kommen, noch immer sehr archaische Vorstellungen von Kindererziehung vorherrschen. Die beiden Schulleiter haben im Interview ja schon auf diese Problematik hingewiesen – so herrschen in diesen Familien oft noch Vorstellungen von Erziehung, die nicht im Einklang mit den Menschenrechten stehen, oder es handelt sich um durch Krieg und Verfolgung traumatisierte Eltern, die mit ihrer Erziehungsaufgabe schlicht überfordert sind.

In den Interviews dieses Buches ist oft die Rede von prügelnden Vätern. Und oft genug fällt es den Kindern schwer, ihre Eltern als Schuldige zu sehen. Oft sagen jene Väter, die Kinder seien schuld an den Züchtigungen, und ihre Eltern litten selbst darunter. Natürlich ist das die perfide Argumentation der so genannten „Schwarzen Pädagogik", die nichts anderes kennt als Schläge austeilen, Angst verbreiten und Schuldgefühle eintrichtern. Diese Methode der Unterdrückung funktioniert zumindest eine lange Zeit ziemlich perfekt, so scheint es. Und gerade Migrantenkinder, die aus Familien kommen, in denen überkommene Vorstellungen von Erziehung herrschen, haben große Schwierigkeiten, sich davon zu lösen. Denn Integrationsbemühungen müssen oft versagen, wenn sich die Familien abschotten und sich verweigern. Wo insbesondere Mädchen keine

Chance gegeben wird, etwas anderes kennen zu lernen als den engeren Kreis der Familie, können auch Schulen oder Beratungsstellen wenig bewirken. Und oft genug kommt zur Unterdrückung durch Väter, Mütter und ältere Geschwister auch noch die mangelnde Fähigkeit, sich sprachlich auszudrücken und so mit der Gewalt fertigzuwerden.

Hafis, 40:
„Jeder Mensch kann diese Welt verändern"

Ich kenne Hafis schon seit Jahren. Der 40-Jährige ist deutsch-syrischer Abstammung und besitzt ein Ladengeschäft. Als ich ihm von meiner Idee erzählte, dieses Buch zu schreiben, dachte er kurz nach und begann dann, mir von einem Überfall zu erzählen, dessen Opfer er ein Jahr zuvor geworden war. Er war eines Abends aus nichtigem Anlass von einem 24-Jährigen zusammengeschlagen worden, der noch am Vormittag desselben Tages wegen eines ähnlichen Delikts vor Gericht gestanden hatte. Ich fragte Hafis, ob er bereit sei, mir ein Interview zu geben. Er willigte unter der Vorraussetzung ein, dass er anonym bleiben würde. Außerdem lehnte er jedes Gegenlesen ab: „Ich erzähle dir die Geschichte einmal, und dann will ich nichts mehr damit zu tun haben."

Und tatsächlich haben wir uns seit dem Interview nicht mehr über den Überfall unterhalten. Es spricht für sich, dass Hafis auch noch ein Jahr nach dem Vorfall von seinen Gefühlen hin- und hergerissen ist. Ich kenne ihn als einen Menschen, der sehr sensibel auf jede Form der Diskriminierung von Menschen unterschiedlicher Herkunft reagiert. Doch der Schock, Opfer eines derartigen Übergriffs geworden zu sein, sitzt nach wie vor so tief, dass er sogar für einen Moment mit dem Gedanken spielt, Gewalttäter mit Migrationshintergrund des Landes zu verweisen.

Wer glaubt, dass das, was Hafis passiert ist, eine Lappalie sei, der hat sich wohl schon zu sehr an die Alltäglichkeit der Gewalt gewöhnt. Man muss sich nur einmal für einen kurzen Moment vorstellen, was es heißt, sich nicht aus der eigenen Wohnung zu trauen, aus Angst, jemand könnte einem an der nächsten Straßenecke auflauern. Hafis mag noch glimpflich davongekommen sein, und er wird mit der Zeit hoffentlich wieder zu seinem natürlichen Selbstvertrauen zurückfinden.

Doch es gibt auch Opfer, die nach den an ihnen begangenen Verbrechen nicht über das Geschehene hinwegkommen. Sie haben tatsächlich lebenslänglich.

Hafis und ich treffen uns in einer Hotel-Lounge, um das Interview auf neutralem Terrain zu führen. Kaum haben wir uns hingesetzt, legt er auch schon los.

Hafis: Der Typ, der mich zusammengeschlagen hat, kommt aus einer sozial schwachen Gegend, irgendwo in Köln-Porz ... 1000 Sozialstunden muss er machen, 400 hat er bereits abgeleistet, jetzt muss er noch 600 machen! Das musst du dir mal vorstellen! Der Richter meinte, es wäre bitter gewesen, „dass Sie nach der letzten Straftat, die Sie begangen haben, noch am gleichen Tag der Urteilsverkündung schon die nächste Straftat verübten ...!". Und das ist doch eigentlich ein Unding. Der Typ hat daraus nichts gelernt. Und der Richter bezweifelte dann auch, ob es Sinn machen würde, ihm noch mal eine Chance zu geben.

Und das war für uns (die Nebenkläger) natürlich unbefriedigend, weil er noch nicht mal Manns genug war, sich so zu äußern, wie es auch der Wahrheit entsprach, und zu erzählen, was wirklich passiert ist in der Nacht vor über einem Jahr.

Stattdessen gibt er vor, wir hätten seine Freundin belästigt, uns über sie lustig gemacht, und das hätte er nicht verkraften können. Das ist natürlich völlig an den Haaren herbeigezogen. Warum sollten mein Freund Peter und ich uns mit einem 24-Jährigen anlegen, den wir nie zuvor gesehen und gesprochen haben? In unserem Alter, mit 40, wir sind berufstätig, ich habe ein Geschäft, und Peter arbeitet im Strafvollzug. Da kannst du dir keine Schlägereien erlauben. Aber ich habe jetzt mit dem Ende der Geschichte angefangen, anstatt sie dir von Anfang an zu erzählen ...

DH: Das macht gar nichts. Trotzdem interessiert mich jetzt, ob sich dir an besagtem Tag auch scheinbar Belangloses eingebrannt hat?
Hafis: Das Konzert. Wir waren vorher auf einem netten Swingkonzert. Aber der Tag an sich, der ist verschwunden. Ich kann mich also nicht besonders gut an meine Kunden oder so erinnern.

DH: Also hat dieses einschneidende Erlebnis nicht dazu geführt, dass du dich an besonders viele Einzelheiten des Tages erinnerst?
Hafis: Vom Tag selbst, wie gesagt, weniger. Aber wie der Abend abgelaufen ist, daran erinnere ich mich sehr genau: Und natürlich an die Tage und Wochen danach, die habe ich als unglaublich lang empfunden. Also, die drei Wochen nach der Tat, als die Nase wieder so langsam verheilte ... Das ging unglaublich langsam. Und der ganze administrative Aufwand mit dem Versorgungsamt, dem Anwalt, der Krankenkasse ... Das hat mich fast erschlagen, muss ich ehrlich sagen. Das kam noch mal zu all dem hinzu, was der Angriff in mir ausgelöst hatte.

DH: Erzähle bitte mal, was an dem Abend genau passiert ist.
Hafis: Mein Freund Peter und ich waren auf diesem Swingkonzert. Wir waren auch gut drauf, hatten uns mit ein paar netten Leuten unterhalten. Das Konzert war gegen zwölf zu Ende, und wir haben dann noch einen Absacker, das heißt noch

ein Kölsch getrunken und waren dann auf dem Heimweg. Das wäre es auch schon gewesen. Aber dann fiel mir in Höhe des McDonald's ein, dass ich noch ein bisschen Hunger hatte. Peter wollte nichts mehr essen, kam aber mit rein. Wir gingen an den Tresen, und ich bestellte. Als wir so dastehen, stellen wir fest, dass der McDonald's gerade richtig edel umgebaut wurde. Wir sahen uns dann so um, und Peter sagte: „Mensch, was ist das für ein geiler Laden geworden, und da steht McDonald's drauf!" In dem Moment kreuzen sich unsere Blicke mit denen dieses Typen. Und von dem kam sofort richtig klischeemäßig: „Was guckst du, eh, guckst du weg!?" Also unglaublich. Und Peter sagt noch: „He, komm, lass sein", denn er kennt solche Typen aus dem Vollzug. Jedenfalls habe ich sofort weggeguckt und zu Peter gesagt: „Mensch, ich kann doch hingucken, wohin ich will, ist doch mein gutes Recht." Außerdem hatte ich ihn ja gar nicht angeguckt.

Jedenfalls haben wir dann gegessen und uns nichts dabei gedacht. Es dauerte vielleicht eine Minute, oder anderthalb, bis der Typ mit seiner weiblichen Begleitung aufstand, er ging dann raus, an uns vorbei, ließ seine Begleitung draußen stehen und kam wieder rein. Dann stand er vor mir, und ich kann mich nicht daran erinnern, dass er irgendetwas zu mir gesagt hat, sondern ohne jede Vorwarnung – wobei ich saß und er stand – sofort mit der Faust zugeschlagen und mir die Nase gebrochen hat. Einfach so! Peter ist sofort aufgestanden und hat empört gefragt, was das soll, worauf er sofort eine mit der flachen Hand abbekam, und unmittelbar darauf habe ich noch einen Faustschlag ins Gesicht bekommen. Da habe ich aber schon wie 'ne Cola-Flasche aus der Nase geblutet. War nicht witzig. Und dann hat der sich einfach umgedreht und ist gegangen.

Ich hab ihm nachgeguckt und mich gefragt: „Wieso? Ich

werde hier niedergeschlagen, bei McDonald's, im Sitzen ... Wo sind wir denn hier?!" Dann habe ich sofort mein Handy genommen, hab die Polizei gerufen und dabei gleichzeitig beobachtet, wie der Typ draußen nach rechts gelaufen ist und in ein Auto einsteigen wollte. Und weil ich mir das Kennzeichen merken konnte, hat die Polizei den Täter später auch nach langwierigen Ermittlungen bekommen. Denn wie sich herausgestellt hat, war er nicht der Halter des Wagens, und das hat die Ermittlungen erheblich erschwert.

DH: Du und Peter, ihr habt ihn später auf dem Polizeirevier auf Fotos wiedererkannt.
Hafis: Genau. Es gab dann einen Termin bei der Kripo, wo wir aus einer ganzen Reihe von Fotos den Täter wiedererkennen konnten. Der Typ war bei der Polizei schon aktenkundig.

DH: Und wie viel später nach dem Angriff war dieser Termin?
Hafis: Fast ein Jahr danach. Kurz vor der Verhandlung.

DH: Und wie ging es am Abend des Angriffs weiter, nachdem die Polizei eingetroffen war?
Hafis: Man nahm meine Personalien auf, fragte mich, ob ich einen Krankenwagen brauchen würde, denn ich sah ja ziemlich heftig aus. Wir haben verneint, hätten aber ja sagen sollen, weil es dann doch nicht so einfach war, ein Taxi zu finden. Und bis der Arzt in der Notaufnahme dann schließlich kam, hat es auch noch mal ganz schön gedauert. Nach der Untersuchung sind wir dann gleich nach Hause gegangen.

DH: Wie hast du dich gefühlt, nachdem die Polizei weg war, du aber noch auf den Arzt warten musstest?
Hafis: Ich war fassungslos! Ich war nicht geschockt. Ich war

einfach nur fassungslos, dass ein Mensch ohne jeden Grund, nur weil er vielleicht schlecht drauf war oder Zoff mit seiner Freundin hatte, sich einfach jemand gesucht hat, an dem er sich abreagieren konnte. Das fand ich so schrecklich, diese willkürliche Art, einem anderen seine Aggression, seinen Schmerz aufzudrücken.

Ich hab mit dem weder gesprochen noch intensiven Augenkontakt gehabt. Und das war noch unbefriedigender. Wäre es anders gewesen, hätte ich mir das alles vielleicht noch irgendwie erklären können. Aber es gab ja keinen Streit, gar nichts! Ich hatte ja noch nicht mal eine Antipathie gegen ihn! Das war so unbefriedigend, und ich fühlte mich so schutzlos in der Sekunde. Irgendein Psychopath, in einem öffentlichen Restaurant, kommt einfach auf dich zu und schlägt dich nieder! Da habe ich lange dran gearbeitet. Hätte ich eine Auseinandersetzung mit dem gehabt, hätte ich vielleicht gesagt: „Hättest du besser die Klappe nicht so weit aufgerissen", und hätte diesen Hass mitnehmen können, um ihn zu verarbeiten. Hab ich aber nicht. Ich hab diesen Menschen nicht mal hassen können. Ich konnte mich nicht einmal mehr gut an sein Gesicht erinnern und hatte richtig Schwierigkeiten, ihn bei der Kripo wiederzuerkennen. So belanglos war der vorher für mich, dass, hätte ich damals nicht sofort geistesgegenwärtig die Polizei gerufen, der Typ auch niemals gefasst worden wäre. Das hätte mir dann aber noch mal so richtig zu schaffen gemacht. Zu wissen, dass da einer rumläuft, der mich jederzeit wieder angreifen kann.

DH: Wie viel Zeit ist vergangen, bis du nach dem Überfall wieder das erste Mal allein warst?

Hafis: Gegen halb ein Uhr nachts war der Angriff, und gegen

sechs Uhr morgens kam ich aus dem Krankenhaus nach Hause.

DH: Wie hast du dich gefühlt, als du allein warst?

Hafis: Zunächst ganz normal. Aber ich erinnere mich noch, dass meine Kleidung völlig blutgetränkt war, als ich sie auszog ... Und da wurde mir erst bewusst, wie schwer ich verletzt worden war. Das ist mir vorher gar nicht so bewusst gewesen. Erst als ich meine blutige Kleidung auf dem Boden liegen sah, wurde mir das klar. Außerdem schmerzte meine Nase jetzt unheimlich. Das war wie ein Schock.

Ich habe dann sofort meine Geschäftspartnerin angerufen, die war natürlich fassungslos, und habe alle meine Termine abgesagt. So gegen halb sieben bin ich dann endlich eingeschlafen. Um kurz darauf mit ziemlichen Kopf- und Nasenschmerzen wieder aufzuwachen und festzustellen, dass meine Zähne auch noch was abgekriegt hatten. Teile davon lagen nämlich in meinem Mund. Ich dachte nur: „Das gibt's doch gar nicht", und bin dann auch noch zum Zahnarzt. Abends hatte ich dann eine riesig geschwollene Nase und zwei richtig blaue Augen *(er muss über das erinnerte Bild lachen)*. Man sah eigentlich nicht mehr viel von meinen Augen, da waren nur noch Sehschlitze. Wem soll man so eine Geschichte schon erzählen? Das ist schon unbefriedigend. Die nächsten 14 Tage musste ich das Ganze erst mal ausheilen lassen, und das war auch ganz schrecklich. Ich hab meine Wohnung einfach nicht mehr sauber bekommen, hab alles liegen lassen. Der Überfall hat mich richtig durchgeschüttelt, und ich hab lange gebraucht, um allein all das Administrative zu bewältigen. Das Versorgungsamt schrieb, ich müsste einen Antrag stellen, der Rechtsanwalt meldete sich, die Kripo stellte Fragen, das Gericht meldete sich. Also, ich hatte noch eine Flut von schriftlichen Sachen zu bewältigen, alles wegen dieser Sache, das war unglaublich. Ich hab lange Zeit gebraucht, um überhaupt die ganze Post beantworten zu können.

DH: Hast du dich dabei menschlich verstanden gefühlt?

Hafis: Nein, das läuft alles sehr sachlich ab. Die Leute auf den Ämtern machen auch nur ihren Job, aber ich finde es trotzdem gefährlich, immer nur wie ein Automat zu arbeiten. Auf jeden Fall sind sie dem nachgegangen, und das machte mich auch irgendwie zufrieden. Ich war auch erstaunt, nachdem ich über meinen Anwalt in der Polizeiakte gelesen hatte, was die alles angestellt hat, um diesen Kerl doch noch zu kriegen. Was aber auch damit zusammenhing, dass ich kurz nach dem Überfall, als die Polizei eintraf, sofort Strafanzeige gestellt habe. Der Polizist sagte, sie könnten wenig machen, es sei denn, ich würde eine Strafanzeige stellen, was ich umgehend getan habe, und so konnten sie die Ermittlungen sofort aufnehmen. Trotzdem war mein Leben völlig durcheinandergebracht, und ein guter Freund von mir, ein Psychologe, erklärte mir, dass man von so einem Angriff immer ein Trauma davonträgt. In meinem Fall war es vielleicht nicht so heftig, weil ich noch in relativ geschützter Umgebung lebe, Freunde habe und grundsätzlich psychisch nicht labil bin. Dennoch hat es lange gedauert, bis ich das alles verarbeitet hatte.

DH: War es nicht auch ein Ausdruck von Größe, dass du nicht versucht hast, ihn „plattzumachen"?

Hafis: Also, es sei mal dahingestellt, ob ich den plattgemacht hätte ... Denn der hatte schon 'ne Statur und war ja auch als Straßenschläger gut in Übung. Das hab ich später vor Gericht erfahren. Der war skrupellos, und wenn du vor dem am Boden gelegen hättest, der hätte dich so zertreten, dass du nicht nur aus der Nase geblutet hättest. Der Richter hat ja auch vorgelesen, dass der das schon gemacht hat. Sehr schwere Körperverletzung mit nachhaltigen Folgen. Und ... Na ja, da muss man auf sein Leben aufpassen. Das ist nicht zu unterschätzen. Und ich überschätz mich da auch nicht, weil ich mich sonst ja nie schlage. Vielleicht in größter Not, wenn er, glaube ich, noch mal angefangen hätte, dann hätten Peter und ich wohl reagiert. Und ich möchte mir gar nicht ausmalen, was dann passiert wäre. Aber so sind wir ja eigentlich noch ganz glimpflich davongekommen, es hätte schlimmer kommen können. Gut, dass er gegangen ist, das hat die Sache für den Moment auf jeden Fall beendet.

DH: Für den Moment, genau. Aber deine Wohnung hast du in den nächsten zwei Wochen ziemlich verkommen lassen, bist kaum noch rausgegangen ...
Hafis: Ja, ich hab alles liegen lassen, meine Freunde haben mir was zu essen geholt. Ich hab meine Wohnung erst mal nicht mehr verlassen. Und das war auch sehr hilfreich, denn ich habe Heuschnupfen, und der Pollenflug bei einer gebrochenen Nase ... Da hast du nach jedem Niesen zwei Stunden Kopfschmerzen und tierisches Nasenbluten.

DH: Aber deine Schmerzen, dein Aussehen waren nicht der Hauptgrund, in der Wohnung zu bleiben?
Hafis: Nee, nee. Aber mein Geschäft befindet sich im gleichen Viertel wie meine Wohnung, und so hätte ich mich, sobald ich jemand Bekannten getroffen hätte, immer wieder erklären müssen. Beim Einkaufen und wo auch immer. Das wollte ich nicht.

DH: Hast du in der Zeit danach Gewaltphantasien entwickelt?

Hafis: Natürlich hatte ich Rachephantasien *(er lacht),* und die haben sich natürlich auch immer mehr aufgeschaukelt. Dieser Mann musste in meiner Phantasie tausend Tode sterben. Ich bin zwar kein Freund der Todesstrafe, aber in meinen Phantasien habe ich den mindestens fünfzehnmal beerdigt, fies beerdigt. Um das besser zu verarbeiten.

DH: Hat dir das geholfen?
Hafis: Klar ... Natürlich! Ich musste mit der Situation ja irgendwie umgehen, aber dazu musste ich von diesem Menschen erst einmal eine Vorstellung gewinnen. Ich konnte mir ja kein wirkliches Bild von ihm machen. Ich hatte ja weder mit dem geredet noch ihm länger in die Augen geguckt. Also musste ich ihn mir erst einmal dank meiner Phantasie vorstellen.

DH: Als du diese Rachephantasien hattest, wusstest du, dass du sie nicht ausführen würdest?
Hafis: Ich kann doch keinen ermorden!

DH: Du warst dir also sicher, dass du nicht so handeln würdest wie er?
Hafis: Klar. Dafür bin ich einfach zu gut erzogen. Und ich weiß, dass Gewalt nur Gegengewalt erzeugt, dass sich das alles nur gegenseitig hochschaukelt. Da kannst du nichts dabei gewinnen, nur verlieren.

DH: Hast du dich für deine Phantasien irgendwann einmal geschämt?
Hafis: Nein. Ich finde das ganz normal. Gedanken und Phantasien sind frei, und ich gebe es ja auch offen zu. Wenn du mich nicht gefragt hättest, hätte ich sie für mich behalten.

Aber du hast mich gefragt, und ich sage, ich hab den in meinem Kopf zur Rechenschaft gezogen, ihn verletzt und auch umgebracht. Das hat mir auch geholfen, weiterzukommen. Irgendwie musst du es ja verarbeiten. Das Interessante ist doch nur, wie sehr mich der Angriff durcheinandergebracht hat, was mir aber erst im Nachhinein bewusst geworden ist. Aber was ich noch viel erschreckender fand, ist, dass ich fast vier Monate lang den Menschen auf der Straße nicht mehr in die Augen sehen konnte, dass ich wirklich nur noch mit gesenktem Kopf vor die Tür gegangen bin. Nur in meinem Laden fühlte ich mich sicher, obwohl ich auch da die latente Angst hatte, der Typ könnte mir irgendwo auflauern, nachdem die Klage ja schon lief und er dadurch erfahren haben konnte, wo ich wohne. Aber mein Rechtsanwalt hat mich beruhigt, dass das so gut wie nie vorkommt. Und es ist ja auch nicht eingetroffen.

DH: Durch den nur wenige Sekunden währenden Überfall ist dein bisheriges Leben über Monate hinweg aus den Fugen geraten.

Hafis: Ja. Ich wollte anfangs nie wieder zu McDonald's, bin dann aber drei Monate später doch wieder hin, um einen Cheeseburger zu essen. Und das habe ich mehrfach wiederholt, um meine Angst zu verlieren. Von daher ist die Angst ... *(er bricht mitten im Satz ab).* Vielleicht ist es auch nur Unsicherheit gewesen, aus der heraus ich den Leuten nicht mehr ins Gesicht geguckt hab. Ich hatte dieses Klischee: „Was guckst du so blöd?", bis dahin wirklich nicht verstanden. Jetzt hab ich es verstanden ... Aber dieser Mann hatte wahrscheinlich nochmal eine ganz andere Motivation, so zu handeln. Der kommt aus dem Türsteher-Milieu, ist schon mehrfach aufgefallen, ein richtiger Straßenschläger. Eigentlich befriedigt es mich zu wissen, dass der irgendwann mal richtig bestraft wird für seine Taten. Ob er im Knast allerdings ein besserer Mensch werden wird, bezweifle ich. Du hast mir ja erzählt, wie es im Knast aussieht.

DH: Sieben-Quadratmeter-Zellen ...
Hafis: ... sieben Quadratmeter Raum, für ein Jahr, mit einer Stunde Freigang am Tag. Da hat man doch nichts mehr zu verlieren! Was mir vor Gericht gefehlt hat, war, dass er keine Besserung gelobt, sondern dreist bis zur letzten Sekunde gelogen hat. Und das haben wir dem angesehen: Dem ist das scheißegal, der will aus der Sache rauskommen, und der macht weiter. Jetzt hat er drei Jahre Bewährung, und wird sich nicht ändern.

DH: Wundert dich nicht, dass der Richter das nicht durchschaut hat?
Hafis: Das war ein sehr softer Richter, kein harter. Der hat den nicht gelöchert. Und mich hat der so im Plauderton gefragt: „Na, erzählen Sie doch mal." Das war ein Gerichtsverfahren, als ob die alle Schulpädagogen wären. Und der Typ sagte dann noch mit unbewegter Miene: „Ach ja, ich wollte mich bei euch noch entschuldigen ... Tut mir leid, nä?" Das hat er gesagt! Überhaupt: von diesem Arsch geduzt zu werden! Der hätte schon die Form wahren sollen! Gleichzeitig war in seinen Augen aber die Botschaft zu lesen: „Wenn die Typen hier nicht wären, würde ich dir noch mal auf die Fresse hauen!" Aber vor Gericht hat er eine rührende Vorstellung gegeben. Wir hätten seine Freundin beleidigt, die todkrank wäre und die deshalb auch nicht zur Verhandlung kommen könne. Das war die Aussage von dem. Der hat alle Tricks angewandt, um zu täuschen. Und der Richter sagte, dass er eigentlich für vier Monate ins

Gefängnis müsste, aber er gibt ihm eben drei Jahre Bewährung. Das einzig Befriedigende an diesem Urteil ist, dass er das nicht schaffen wird, der wird weiterschlagen, und dann werden sie ihn erwischen. Das Traurige daran ist, dass er, bis er wirklich einfährt, noch weitere Opfer finden wird.

Und ganz unmöglich finde ich, dass der seine Sozialstunden in einer Jugendeinrichtung ableisten muss, wo er Straßenkindern beim Krafttraining beibringen kann, wie man sich aufpumpt und dann richtig zuschlägt. Da wäre ich wirklich fast ausgeflippt im Gericht, hab mich aber noch zurückhalten können und hab dem Richter nicht gesagt, dass er diesem Kriminellen doch untersagen muss, seine Erfahrungen als Heldentaten an andere Jugendliche weiterzugeben. Ich hatte aber auch Angst, weil solche Leute ja nichts zu verlieren haben, dass er dann doch noch vor meiner Tür steht und sagt: „Eh, pass mal auf, hättest besser die Fresse gehalten vor Gericht, dann hätte ich dich niemals gesehen ..." Der Richter war einfach 'ne Pfeife. Ein ganz weicher, läppischer Typ.

DH: Kann es sein, dass dem Richter eine gebrochene Nase nicht heftig genug war?

Hafis: Ich hatte nicht den Eindruck, dass das als eine inflationäre Straftat gesehen wird. Dann wäre die Polizei nicht so sehr hinterher gewesen und hätte sich auch nicht so viel Arbeit gemacht. Und auch die Staatsanwaltschaft hat recherchiert. Man hat das keineswegs als eine Lappalie abgetan, so à la: „Na ja, die haben sich gestritten, die werden sich auch wieder vertragen." Da haben sich die Verhältnisse schon geändert.

DH: Also war die Polizei letztlich interessierter an einer Überführung des Täters, als es der Richter zu sein schien?

Hafis: Da ist was dran. Die Polizei hat ja noch in der Nacht der Tat die Ermittlungen aufgenommen. Später gab es dann eine Gegenüberstellung, und die Polizistin hat auch „Hurra!" geschrien, als wir den identifiziert hatten. Der war denen nämlich gut bekannt.

DH: Du hast selbst orientalische Wurzeln, und das macht dich unverdächtig, wenn ich dich frage, was man mit Gewalttätern ohne deutschen Pass tun sollte?

Hafis: Ich war nie ein Freund davon, Menschen, die hier von Kindesbeinen an leben, auszuweisen. Auch diejenigen, die hier seit Jahrzehnten ohne deutschen Pass leben, sind für mich Kinder dieses Landes. Und wer hier Straftaten begeht, muss auch hier bestraft werden. Ich kann aber auch verstehen, vor allem jetzt im Nachhinein, wenn man sagt: „Es reicht! Den weisen wir jetzt aus." Wenn einer so viele Straftaten begangen hat und kein deutscher Staatsbürger ist, und ich hab dem in die Augen geguckt und weiß, dass dem das alles scheißegal ist und der noch mehr Straftaten begehen wird ... dann sollte man das vielleicht tatsächlich tun. Die Ausweisung muss natürlich immer von Fall zu Fall entschieden werden, aber den da sollte man schon damit konfrontieren, wo er leben will. Der lebt ja schon länger hier, ist 24 und hier aufgewachsen. Also müsste das hier auch schon ein bisschen seine Heimat sein.

Wer so was macht wie der, hat es auch nicht verdient, hier zu leben, muss ich ehrlich sagen. Das ist nicht rassistisch gemeint. Ich bin selbst Orientale, und ich bin gut erzogen. Aber wegen so einem möchte ich mich gar nicht schief anschauen lassen müssen. So einer wie der ist mit seinem Verhalten doch dafür verantwortlich, wenn alle anderen Orientalen am Ende noch in einen Topf geworfen werden. Und das ärgert mich!

DH: Aber du denkst erst so, seitdem dir das passiert ist?

Hafis: Ich bin selbst im Kindesalter hierhergekommen. Da hat man keine Verbindung mehr zu der eigentlichen Heimat, aus der die Eltern kommen. Deine Heimat ist dann hier. Bloß, wenn dieses Heimatgefühl nicht da ist, und so einer sagt: „Eh, ich mach, was ich will!", dann muss man schon Grenzen setzen, glaube ich. Und wenn dann wie in seinem Fall auch noch weitere Straftaten zu erwarten sind, dann bedeutet das nichts anderes als noch mehr Opfer und traumatisierte Menschen in diesem Land, egal, woher die kommen. Und wie viel Toleranz muss eine Gesellschaft gegenüber solchen Straftätern aufbringen?

DH: Gewaltlosigkeit muss sich also auch verteidigen können?

Hafis: Ja, natürlich! Gewaltlosigkeit ist ja an und für sich schon die großartigste Form von Verteidigung, die man sich vorstellen kann. Wenn man sich mal vorstellt, dass Gandhi 'ne Weltmacht auf diese Art besiegt hat. Dieser Mensch hat durch Gewaltlosigkeit die Welt verändert. Hitler hat die Welt auch verändert, nur muss man sich überlegen, an welche Art der Veränderung man sich mehr erinnern sollte ... Ich kenne so viele Orientalen, das können so feine Menschen sein, auch wenn sie nicht aus guten Verhältnissen kommen. Die können so höflich, zuvorkommend und unglaublich hilfsbereit sein, ohne was dafür zu wollen. Natürlich kenne ich auch andere. Aber die meisten sind eigentlich feine Menschen, wenn du solche Jugendlichen, die Scheiße bauen, mal nicht mitrechnest.

DH: Hast du dich gefragt, warum der Schläger so ist, wie er ist?

Hafis: Nee. Nein, nein, nein.

DH: Also, mit der Person selbst hast du dich nicht beschäftigt?
Hafis: Nee, also, mit dieser ganzen Sache: „Falsche Kindheit, und der Vater hat ihn geschlagen", nicht. Dafür habe ich zwar ein gewisses Verständnis, aber das ist sein Problem. Das muss er seinem Therapeuten erzählen oder seinem Bewährungshelfer oder seiner Freundin. Da muss ich mir keine Gedanken drüber machen, möchte ich auch nicht. Weil das auch keine Entschuldigung ist, ganz ehrlich. Ich meine, ich habe auch Defizite in meiner Erziehung erlebt, aber die kann ich auch nicht als Ausrede für mein falsches Verhalten nehmen. Du musst dich schon der eigenen Verantwortung für dein Leben, deine Taten und Worte stellen.

DH: Ist dir Gerechtigkeit widerfahren?
Hafis: Gerechtigkeit ist für mich so ein schwabbeliges Wort. Ich meine, was ist die angemessene Strafe für diesen Mann?

DH: Gäbe es eine angemessene Strafe?
Hafis: Strafe ist immer eine Gratwanderung. Strafe muss sein – als Konsequenz. Strafe muss Sühne sein gegenüber den Opfern, damit die das nicht mit nach Hause nehmen. Das ist ja der wichtige Punkt bei einer Gerichtsverhandlung. Wenn dieser Mensch gekommen wäre – ich hoffe, ich gebe Menschen, die Straftaten begehen, jetzt keine Tipps, wie sie sich vor Gericht am besten verhalten sollten – und wenigstens die Wahrheit gesagt hätte! Denn nur wenn die aufrichtig sind und sagen: „Verdammt, das war Scheiße", tun sie den Opfern wenigstens noch den Gefallen, dass diese sich nicht auch noch rechtfertigen müssen. Aber wenn sie ihr Leben gar nicht wirklich ändern wollen, wie sie vor Gericht vorgeben, dann fühle ich mich verarscht. Und wenn dann auch noch eine so milde Strafe kommt ... Also, ich würde mich als Opfer

ja freuen, wenn der das nicht mehr wieder machen würde. Ich überlege ja sogar, ob ich eine Zivilklage gegen den erhebe. Gut, dann würden noch zusätzliche 4000 bis 5000 Euro auf ihn zukommen, plus die Kosten für das Gerichtsverfahren. Aber der hat ja sowieso nichts und schon einen Offenbarungseid geleistet und wegen der anderen Straftaten auch noch genügend abzuzahlen. Ich könnte mir deshalb überlegen, mir einen Titel auf 30 Jahre gegen den zu holen. Aber ich will mit dieser Person einfach nichts mehr zu tun haben.

DH: Wozu soll Strafe führen?
Hafis: Erst mal drüber nachzudenken, was man getan hat, einfach mal in sich zu gehen. Und Strafe ist auch eine Ermahnung, das, was man getan hat, nicht noch mal zu tun.

DH: Du hast aber das Gefühl, dass er das wieder machen wird. Was sollen wir mit diesen Unbelehrbaren tun?
Hafis: Also, eigentlich ist meine Idee, solche Leute auszuweisen, Unsinn. Weil „Weg mit denen!" immer leicht gesagt ist, aber man deshalb noch lange nicht versteht, wo die Gründe für so ein Verhalten herkommen. Das ist ja auch viel interessanter! Wenn die in ihren Scheiß-Ghettos rumhängen und die Politiker sagen: „Da siehst du die ganzen Ausländer!" Ich krieg das doch alles mit! Da wird viel zu wenig getan, denn im Endeffekt sind die ja schon Opfer. Kriegen keine Wohnung, suchen Anerkennung, und Geld ist ganz wichtig. Wobei, wenn du mal richtig hinguckst, Geld ist überhaupt nicht wichtig. Es ist zwar schön, wenn man es hat, und doch ist es eigentlich nebensächlich. Dadurch kriegst du kein echtes Selbstwertgefühl, kein Selbstbewusstsein.

DH: Du sagst, du willst dich gar nicht mit dieser Person beschäftigen. Aber allgemeiner betrachtet, fragst du dich schon nach den Gründen für das Handeln von Gewalttätern. Sollten sie therapiert werden?

Hafis: Nee. Ich hab immer noch das Problem, dass die Opfer alleine bleiben und die Täter alles kriegen. Therapie, Anti-aggressionstraining, Sozialwohnung, die werden rundum betreut ... Und die Opfer, die stehen da und sagen: „Na super, der Typ ist noch nicht mal eingefahren und kriegt jetzt auch noch Unterstützung!" Das ist unbefriedigend. Es gibt zwar diesen Täter-Opfer-Ausgleich, und den muss es ja auch geben, denn von dem Arsch selber kriege ich ja nichts. Von dem kriege ich auch meine zwei Zähne nicht ersetzt, von meiner gebrochenen Nase ganz zu schweigen. Ich muss meinen Anwalt bezahlen, habe die ganze Rennerei zum Versorgungsamt, ich muss meinen Zahnarzt selber bezahlen, wenn das Versorgungsamt die Kosten nicht übernimmt, und dann sind da noch meine angefallenen Betriebskosten und die Verluste, die angefallen sind, weil ich zunächst alle Termine absagen musste.

DH: Es gibt zwar das Opferentschädigungsgesetz, den Täter-Opfer-Ausgleich und das Gewaltschutzgesetz. Den Opfern wird im Grunde auch geholfen, aber nur dann, wenn sie einen Antrag stellen. Das erweckt in der emotionalen Ausnahmesituation eines traumatisierten Menschen oft das Gefühl, von der Gesellschaft alleingelassen zu werden. Den Tätern wird hingegen, ohne dass sie sich wie die Opfer um alles selber kümmern müssen, der Anwalt und vieles andere mehr gestellt. Wie müsste Opfern in einer solchen Situation geholfen werden?

Hafis: Natürlich sollte es jetzt auch nicht so ablaufen, dass man sich als Opfer sein Leben quasi finanzieren lässt und dadurch Anreize geschaffen werden, sich in diese Rolle auch noch freiwillig hineinzubegeben.

DH: Dann drehe es doch einfach um: „Ich begehe eine Straftat, damit der Staat für mich sorgt." Es gibt viele Inhaftierte, die den Knast als ihre Heimat ansehen.
Hafis: Klar, es gibt viele, denen jede Struktur fehlt. Aber dann sollen die auch im Knast bleiben.

DH: Hat man dir psychologische Hilfe angeboten?
Hafis: Nein, auch darum hätte ich mich selber kümmern müssen. Und ich weiß auch nicht, ob meine Krankenkasse die Kosten dafür überhaupt übernommen hätte.

DH: Durch einen Überfall gerät dein Leben aus den Fugen, und trotzdem musst du dich um alles alleine kümmern, und das, obwohl du dazu zunächst gar nicht in der Lage warst.
Hafis: So ist es. Den Täter-Opfer-Ausgleich gibt zwar schon sehr lange. Aber da wird das Versorgungsamt nicht von sich aus aktiv. Da kommt kein Anschreiben, dass man dir helfen will, dir wird auch kein Psychologe empfohlen oder Ähnliches. Darum musst du dich selbst kümmern.

DH: Obwohl durch deine Anzeige ja aktenkundig war, dass du Opfer einer Gewalttat geworden bist.
Hafis: Ganz genau, man hätte davon wissen können. Gut, ich hab jetzt nur ein Trauma der Stufe eins oder zwei erlitten. Und ich werde das alles irgendwann auch vergessen können. Aber es gibt ja auch noch andere, die viel schlimmer dran sind als ich. Ich hab da eine ganz andere Idee, wie man Gewalttätern vielleicht helfen könnte: Die sollten ihre Sozialstunden in Altenheimen oder Hospizen ableisten müssen,

damit sie mal merken, wie wertvoll ein Menschenleben ist. Denn gerade Menschen, die im Sterben liegen, hängen an ihrem Leben, und du spürst, wie verletzlich unsere Körper sind. Damit sollte man die mal konfrontieren. Wer weiß, vielleicht würden sie dann sogar eine emotionale Beziehung zu den Menschen aufbauen, die sie beim Sterben begleiten. Und wenn sie das dann fertigmachen würde, dann können wir gerne noch einen Psychologen dafür bezahlen, dass er ihnen hilft, das verarbeiten zu können. Aber auf diese Weise könnten die mal sehen, wie wichtig es ist, ein Leben zu haben, daran zu hängen, und wie zerbrechlich unsere Seelen und der eigene Körper sind. „Würdest du einem Menschen, der so leidet, noch mal in die Fresse hauen?", könnte man den dann fragen.

DH: Das ist eine gute Idee.
Hafis: Die Idee ist schon alt.

DH: Wie geht die Gesellschaft in deinen Augen mit Opfern und Tätern um? Wem wird mehr Interesse entgegengebracht?
Hafis: Die Presse berichtet mehr über die Opfer. Ist für die ja auch interessanter. Ob die den Opfern damit allerdings hilft, sei dahingestellt. Die Institutionen wiederum zeigen mehr Interesse an den Tätern.

DH: Liest du solche Schlagzeilen heute anders als früher?
Hafis: Nee, das glaube ich nicht. Ich war immer schon erstaunt darüber, dass es so was überhaupt gibt. Habe mich aber nicht weiter damit beschäftigt. Natürlich bin ich in meinem persönlichen Umfeld auch nie damit konfrontiert worden. Bis jetzt eben.

DH: Findest du, dass unsere Gesellschaft insgesamt gewalt-tätiger geworden ist?

Hafis: Ich kann das nicht wirklich beurteilen. Ich entnehme das der Presse. Was ich selbst aber erlebe, ist die zunehmende Respektlosigkeit vieler junger Menschen. Da lässt vieles sehr zu wünschen übrig. Letztens hat ein junger Mann vor meinem Laden wild plakatiert. Ich hab ihn höflich darauf an-gesprochen und ihn gebeten, das Plakat wieder abzumachen, weil er an der Stelle nicht plakatieren darf. Was passiert? Er duzt mich, obwohl ich ihn gesiezt habe: „Wat willst du ...?!" Ich hab ihn dann ganz ruhig darauf aufmerksam gemacht, dass es auch für ihn gewisse Verhaltsregeln gibt und wir uns gerne mit der Polizei gemeinsam darüber unterhalten können. Er zeigt mir den Mittelfinger, beschimpft mich als „Wichser" und haut pöbelnd ab, um natürlich sofort wieder zurückzukommen, als ich gegangen war, und erneut zu plakatieren. Na ja, da gibt es sicher Leute, die da weniger res-pektvoll reagieren würden als ich.

DH: Der Überfall auf dich hat also nicht dazu geführt, nicht mehr gegen etwas einzuschreiten, wenn du es für richtig erach-test. Du hast dich durch den Angriff nicht einschüchtern lassen.

Hafis: Ich muss dir ehrlich sagen, dass ich normalerweise keine Gewalt anwende. Aber manchmal hab ich schon das Bedürfnis. Das Bedürfnis, einem Typen, der meine frisch ge-strichene Hauswand mit Graffiti beschmiert, eine solche Tracht Prügel zu verpassen, die in keiner Verhältnismäßigkeit mehr zu dem steht, was er da gemacht hat. Da würde dann alles, was mir mit diesem Arsch passiert ist, ein anderer ab-bekommen. Damit wäre ich dann natürlich auch nicht besser als der Typ, der mich geschlagen hat, und so würde sich die ganze Sache nur wiederholen. Ich muss aber auch zugeben, dass ich das sowieso nur machen würde, wenn ich dem anderen körperlich überlegen wäre.

DH: Das ist sehr ehrlich, ist aber tatsächlich so. Die Täter suchen sich ihre Opfer immer nach deren Schwäche aus. Der Schrank, der dich angegriffen hat, hätte sich sicher zweimal überlegt, dich zu schlagen, wenn du breiter gewesen wärst als er.

Hafis: Das weiß ich nicht, aber das mit den Opfern stimmt schon. Auf jeden Fall fühle ich mich heute nicht unsicherer in meinem Quartier als früher.

DH: Das hat aber eine Zeit gedauert.

Hafis: Ja, vier Monate bestimmt. Aber ich würde mich deshalb trotzdem nicht bewaffnen. Das ist völliger Unsinn. Es gibt keine wirklichen Präventionsmaßnahmen. Obwohl, ich hab später noch mal mit dem Geschäftsführer der McDonald's-Filiale gesprochen, und der sagte mir, dass sie öfter mit Schlägereien zu tun hätten. Das hängt natürlich mit der Lage zusammen, die ganze Ring-Szene und so weiter. Ich finde es dennoch komisch, dass keine Maßnahmen ergriffen werden, wenn man das schon weiß. Man sollte solchen Läden ein Negativ-Qualitätszeichen ins Fenster hängen. So wie Sterne für die gute Küche, könnte man gebrochene Nasen für die Häufigkeit gewalttätiger Auseinandersetzungen verteilen. Dann weißt du als Gast direkt, was auf dich zukommen kann, wenn du da reingehst.

DH: Ironisch und provokativ.

Hafis: Ja, aber so kann man vielleicht Druck ausüben, dass in solchen Läden mehr für die Sicherheit der Gäste unternommen wird.

DH: Brauchen wir mehr öffentliche Präsenz der Polizei?

Hafis: Wir haben ja schon, gerade in der Innenstadt, eine hohe Polizeipräsenz. Aber dafür sind die ganzen Sozialarbeiter alle abgezogen worden. Da muss man sich also nicht wundern, wenn trotzdem ständig etwas passiert.

DH: Was sind die Wurzeln der Gewalt?

Hafis: Niemand wird gewalttätig geboren. Auch die Nazis wurden nicht als Nazis geboren, die wurden dazu gemacht, erzogen. Gewalt hat sicher sehr viel mit mangelnder Anerkennung und Liebe in der Kindheit zu tun. Und Regeln sind wichtig. Auch gesellschaftliche Regeln. Kinder, die das Gefühl haben, unerwünscht zu sein, tun sich irgendwann einmal zusammen und kämpfen dagegen.

DH: Gibt es positive Gewalt?

Hafis: Notwehr natürlich. Nimm zum Beispiel Bosnien, wo die Scharfschützen wahllos Menschen erschossen haben. Ich bin nicht für die Todesstrafe, aber da hätte man mit allen Mitteln dagegen einschreiten müssen. Obwohl ich es viel schlimmer finde, 30 Jahre in einer Sieben-Quadratmeter-Zelle sitzen zu müssen, und insofern scheint mir diese Strafe auch angemessener zu sein als der Tod.

DH: Warum hast du in dieses Interview eingewilligt?

Hafis: Weil jeder in seinem Mikrokosmos etwas verändern kann, denn du lebst in deinem Mikrokosmos gleichzeitig auch immer die Welt. Wer das Gegenteil behauptet, liegt einfach falsch. Jeder Mensch kann diese Welt verändern, auch wenn er einer alten Dame in der Straßenbahn nur seinen Platz anbietet.

Der Anwalt:
„Den Jugendlichen fehlt jede Perspektive"

Thomas Wider ist Anfang 40, Rechtsanwalt und weit über seinen Beruf hinaus sozial engagiert. „Ungerechtigkeit muss man manchmal auch ohne Blick auf den eigenen Profit bekämpfen." Wir kannten einander noch gar nicht, als ich ihn, durch die Vermittlung eines gemeinsamen Bekannten, darum bat, für „Sprache gegen Gewalt" ein Treuhandkonto einzurichten und zu betreuen. Ohne zu zögern, willigte er ein. Thomas Wider hat eine ruhige, besonnene Art, die ihm die nötige Distanz gibt, in der „Hitze des Gefechts" vor Gericht sein Ziel nicht aus den Augen zu verlieren. Ebenso zeigt er Herz, wenn er Kindern und Jugendlichen in aller Geduld komplexe und schwer verständliche juristische Probleme erläutert, die sich auch Erwachsenen nicht auf den ersten Blick erschließen. Bemerkenswert finde ich auch, dass er trotz der langjährigen Erfahrung mit Straftätern nicht in eine plumpe Schwarzweißmalerei verfallen ist, die sich den Ursachen für kriminelles Handeln verschließt.

Schließlich besuchte er mich bei meiner Arbeit an einer Kölner Förderschule. Einige Kinder dieser Schule haben sich dem grotesken Wettstreit verschrieben, endlich einmal vor Gericht zu stehen, weil sie die absurden TV-Gerichtsshows „so cool" finden. Thomas Wider erzählt nun diesen Schülern, was es wirklich heißt, vor Gericht zu stehen. Wodurch auch diesen Kindern plötzlich klar wird, dass „Abzocke" und körperliche Übergriffe Straftaten sind.

DH: Ist der Beruf des Anwalts nicht auch immer zugleich ein Spagat zwischen Profession und Moral, wenn klar ist, dass der mögliche Mandant in strafrechtlichem Sinne schuldig ist?

Wider: Es ist zunächst ein Grundrecht, dass ein jeder Anspruch darauf hat, sich in einem fairen Verfahren verteidigen zu können. Ich bin zum Jurastudium gekommen, als ich durch Zufall eine Vorlesung besuchte und feststellen musste, das es nicht nur Schwarz oder Weiß gibt, sondern auch viele Schattierungen dazwischen. Man sagt ja auch, dass jede Medaille zwei Seiten hat. Das Empfinden von Recht und Unrecht hängt auch häufig davon ab, inwieweit man persönlich betroffen ist. Je nach persönlicher Wertevorstellung kann ein und dieselbe Tat als Unrecht oder als Recht empfunden werden. Und diese jeweils unterschiedlichen Anschauungen und Interessenlagen haben wir Anwälte zu vertreten. Weiter gilt auch für uns Rechtsanwälte ausdrücklich die prozessuale Wahrheitspflicht, und wissentlich falscher Vortrag zugunsten eines Mandanten würde von den Gerichten rigoros geahndet werden. Der Angeklagte in einem Strafrechtsverfahren ist hingegen, anders als ein Mandant in einem Zivilverfahren, nicht dazu verpflichtet, die Wahrheit zu sagen. Das kann den Anwalt in einem Strafverfahren dann natürlich in einen Gewissenskonflikt bringen, wenn er um diese Umstände weiß, gleichzeitig aber das beste Ergebnis als Verteidiger erzielen soll. Er sollte im Zweifelsfall schweigen und seinen Mandanten nachhaltig zur Wahrheit anhalten. Sonst riskiert er selbst strafrechtliche Konsequenzen und zudem seine Anwaltszulassung. Auf der anderen Seite darf er seinen Mandanten aber auch nicht verraten, sonst macht er sich wiederum wegen Parteiverrats strafbar.

DH: Gibt es eine Erklärung für diese Unterscheidung?

Wider: Das hängt unter anderem mit der Art der möglichen

Strafe zusammen. Im Strafverfahren stellen die Konsequenzen grundsätzlich viel größere Einschnitte ins allgemeine Persönlichkeitsrecht dar als die mögliche Verurteilung in einem Zivilverfahren, beispielsweise zur Zahlung einer bestimmten Geldsumme. Deshalb heißt es im Strafrecht auch immer: „Im Zweifel für den Angeklagten." Demgegenüber kann in einem Zivilverfahren auch im Zweifelsfalle eine Verurteilung ausgesprochen werden.

DH: Kann man sich denn sicher sein, dass man jeden Zweifel ausschließen kann?

Wider: Ein kluger Kopf hat mal gesagt: „Urteile nicht über einen Menschen, du kennst seine Vergangenheit nicht." Und man kann natürlich immer nur einen kleinen Teilausschnitt im Leben eines Menschen einsehen und beurteilen. Allein deshalb können letzte Zweifel über die Tatursache und den Tathergang nie ganz ausgeschlossen werden. Aber zum einen geben sich die Gerichte in der Regel große Mühe, die Tat und ihre Umstände nach juristischen Gesichtspunkten aufzuklären. Und dann gibt es natürlich noch die allgemeine Lebenserfahrung, gepaart mit einem gesunden Menschenverstand. Ein Richter entwickelt in der Regel ein Gespür dafür, ob etwas so gewesen sein kann, wie es ihm erzählt worden ist, oder nicht. Daraus entwickelt er dann auch eine Technik, mit der er die Zeugenaussagen auf besondere Weise hinterfragt. Und wenn jemand gelogen hat, braucht er meist ein gutes Gedächtnis. Letztlich bleibt natürlich immer ein subjektives Moment übrig, sodass verschiedene Richter denselben Sachverhalt durchaus unterschiedlich bewerten und beurteilen können.

DH: Ist es eine Stärke der Juristerei, dass es Ermessensspielräume gibt?

Wider: Man könnte es natürlich auch eine Schwäche nennen, die man aber nur sehr schwer perfektionieren kann, ohne dass das System dadurch unmenschlich wird. Sinn und Zweck einer Strafe ist es ja auch, dass der Täter nicht wieder straffällig wird und sich wieder in die Gesellschaft eingliedern kann. Dabei spielt unter anderem auch die Persönlichkeit des Täters und seine Prognose eine entscheidende Rolle, um das erforderliche Strafmaß festzulegen. Manche brauchen eben länger als andere, um zu verstehen, dass ihr Handeln nicht in Ordnung war. Deshalb sollte ein Richter auch immer seinen Ermessensspielraum ausschöpfen können.

DH: Es gibt Staatsanwälte, die es für zu gefährlich halten, verurteilte Straftäter in bestimmte Gefängnisse zu schicken.

Wider: Knäste werden dann gefährlich, wenn der Staat an den falschen Stellen gerne Geld sparen möchte. Zum Beispiel steigen die Körperverletzungsdelikte seit vielen Jahren kontinuierlich an, und die Gesellschaft sieht diese Täter am liebsten hinter Gittern, vor allem, wenn sie schon mehrfach straffällig geworden sind. Aber Gefängnisplätze sind teuer, und die öffentlichen Haushalte sind begrenzt. Und so neigt man dazu zu sagen: „Wir sperren im Prinzip nur noch die Schlimmsten ein. Beim Rest hoffen wir, dass es mal gut geht." Das kann natürlich nicht funktionieren, wie man am Interview von Hafis auch deutlich erkennen konnte. Obwohl der Mann, der Hafis angegriffen hat, schon mehrfach mit schwersten Körperverletzungsdelikten aufgefallen ist und Bewährungsstrafen erhalten hat, hat ihn das nicht davon abgehalten, wieder zuzuschlagen.

In Bezug auf deutsche Gefängnisse muss man aber auch berücksichtigen, dass ein Strafgefangener nicht rechtlos wird, weil er ein Strafgefangener ist. Er hat eine Vielzahl von

Rechten, insbesondere auch den Anspruch, menschenwürdig behandelt und respektiert zu werden. In vielen Gefängnissen muss an diesem Aspekt sicher noch intensiv gearbeitet werden, wie das Jugendgefängnis in Siegburg der Gesellschaft ja nachhaltig gezeigt hat. Es kann einfach nicht angehen, dass sich in Gefängnissen unter den Gefangenen Hierarchien entwickeln, die ihrerseits gegen andere Mitgefangene große Teile des Strafgesetzbuches rauf und runter durchexerzieren.

DH: Wie würdest du grundsätzlich die Funktion des Anwalts beschreiben?

Wider: Die Funktion eines Anwalts ist im Prinzip, das bestmögliche Ergebnis für seinen Mandanten zu erreichen. Das kann entweder bedeuten, ein Gerichtsverfahren bis zum Ende durchzuführen, oder, wenn man merkt, dass man vor Gericht eher keinen Erfolg haben wird, auf andere Wege auszuweichen. Der Anwalt an sich sollte immer flexibel sein und nicht stur auf seinem Weg beharren, sondern sich in jedem Stadium des Verfahrens die Frage stellen: „Was ist unter den jetzigen Gegebenheiten und auf lange Sicht sinnvoll für meinen Mandanten?" Macht es Sinn, ein Gerichtsverfahren zu riskieren, oder ist es besser, bereits frühzeitig mit der Staatsanwaltschaft und/oder mit einem Opfer Kontakt aufzunehmen?

DH: Wenn sich der Mandant schuldig bekannt hat, versucht der Anwalt dennoch das Bestmögliche für ihn herauszuholen. Gibt es da einen inneren Konflikt zwischen dem rechtsstaatlichen Prinzip und der möglichen persönlichen Abscheu gegen eine Tat? Gibt es da persönliche Grenzen?

Wider: Die gibt es sicherlich. Der Anwalt muss sich immer

auch gut überlegen: „Bin ich in der Lage, diesen Menschen angemessen und gut zu verteidigen?" Aber selbst bei abscheulichen Taten muss es das Ziel des Anwalts sein, für seinen Mandanten positive Veränderungen herbeizuführen, zum Beispiel seine Zukunftsprognose durch eine Therapie im Gefängnis zu verbessern.

DH: Wie wichtig ist dabei die Entschuldigung des Täters?

Wider: Ich habe als Anwalt die Erfahrung gemacht, dass es den Opfern oft sehr wichtig ist, dass die Täter aktiv auf sie zugehen und sich glaubwürdig bei ihnen entschuldigen und versuchen, den Schaden wiedergutzumachen. Dies steht auch im Zusammenhang mit dem Phänomen, dass Opfer in einer Gerichtsverhandlung im Beisein des Angeklagten dessen Taten häufig herunterspielen und an einer harten Bestrafung nicht interessiert scheinen. Oft verbirgt sich dahinter die Angst, dass der Täter nach Verbüßung seiner Haftstrafe „Rache" an ihnen nehmen könnte. Mit einer glaubhaften Entschuldigung und Wiedergutmachung kann der Täter daher meist viel bewegen und sich unter Umständen auch Hoffnungen auf ein milderes Urteil machen.

Dieses Angstphänomen des Opfers, den Täter wiederzutreffen, beschreibt auch Hafis in seinem Interview. Ausgelöst wird es wohl zum einen durch das Trauma, das die Opfer durch eine oft nur wenige Sekunden dauernde körperliche Attacke erleiden, und zum anderen durch die Erkenntnis, dass der Täter durch die Akteneinsicht seines Verteidigers im Ermittlungsverfahren erfährt, wie sein Opfer heißt und wo es wohnt. Dadurch entsteht eine latente Angst, der Täter könnte sich nochmals am Opfer vergreifen, obwohl dies Studien zufolge so gut wie nie der Fall ist.

DH: Warum müssen sich Opfer, anders als Täter, selbst um einen anwaltlichen Beistand kümmern?

Wider: Vom Grundsatz her ist das eine berechtigte Kritik, die jedoch nur teilweise zutrifft. Täter bekommen erst ab einer bestimmten zu erwartenden Strafe einen Pflichtverteidiger zur Seite gestellt. Bis dahin muss sich auch ein Täter selbst um die angemessene Verteidigung und Wahrnehmung seiner Interessen kümmern. Dem Opfer wird zwar von staatlicher Seite kein Anwalt zur Verfügung gestellt. Die Opfer fühlen sich jedoch häufig vom Staatsanwalt mit vertreten, der den Gegenpart zum Angeklagten und seinem Verteidiger darstellt. Die Staatsanwaltschaft ist zwar grundsätzlich dazu verpflichtet, sowohl zugunsten als auch zulasten des Angeklagten Beweise zu sichern und Ermittlungen anzustellen. In der Realität ist es aber meist so, dass der Staatsanwalt die Gegenposition zur Verteidigung vertritt und dadurch im Prinzip indirekt die Interessen des Geschädigten. Dadurch wird der augenscheinliche Nachteil für das Opfer etwas behoben. Im Übrigen ist der Anwalt des Opfers in der Regel vom Täter mit zu bezahlen. Wobei das Opfer allerdings oft auf den Kosten seiner Rechtewahrnehmung sitzen bleibt, weil beim Täter finanziell nichts zu holen ist.

DH: Das Inhaftieren von Tätern wirkt selten resozialisierend, sondern zögert in vielen Fällen nur den Rückfall bis auf die Zeit nach der Haft hinaus. Denn während der Haft werden den Gefangenen ja keinerlei Perspektiven in Form von Bildung und Ausbildung eröffnet. Und so zeigen die Statistiken ohne die erwähnten Maßnahmen auch eine Rückfallquote von bis zu 80 Prozent, während diese unter 50 Prozent fällt, wenn die Haftzeit dazu genutzt wird, die Freiheit angemessen vorzubereiten.

Wider: Der Ansatz müsste eigentlich der sein, sich mit den Leuten wirklich intensiv zu beschäftigen. Aber das ist sehr teuer, und durch die chronische Geldnot des Staates wird daraus dann oft nur ein bloßes Verwahren, mit der Hoffnung, dass es den Leuten da drin so langweilig wird, dass sie niemals wiederkommen möchten. Aber der Negativeffekt ist natürlich, dass im Gefängnis – gerade im Jugendbereich – oft die ersten Kontakte zu anderen Kriminellen geknüpft werden, und die Gefahr, dass jemand dann erst richtig einsteigt, ist sehr groß.

DH: Woran liegt es, dass die Gewaltkriminalität vor allem unter Jugendlichen seit vielen Jahren kontinuierlich ansteigt?

Wider: Das ist ein grundsätzliches gesellschaftliches Problem, das sich durch die Globalisierung nochmals zunehmend verschärft hat. Seitdem sich der so genannte politische Ostblock aufgelöst hat, ist die ursprünglich sozial ausgerichtete Marktwirtschaft der westlichen Industrieländer zu einer noch wesentlich härteren Marktwirtschaft geworden. Dadurch haben wir heute die Situation, dass jemand viel schneller durch das gesellschaftliche Raster fällt als früher und es danach auch viel schwerer hat, seine „Position" wieder zurückzugewinnen. Derjenige hat dann halt oft Pech gehabt ... Das merken natürlich gerade Jugendliche, die aus schwierigen Verhältnissen kommen und dadurch oft erst gar keine reale Chance haben. Die bekommen meist von Anfang an vermittelt: „Hey du, stell dich mal ganz hinten an und bleib da auch am besten!" Und dann kommt natürlich irgendwann der Gedanke, „ob ich jetzt da einbreche oder nicht, was habe ich schon zu verlieren?". Da ist immer weniger Perspektive. Und so wird die Jugendkriminalität weiter ansteigen, weil das

System vermutlich ja nicht besser oder einfacher werden wird. Geschweige denn sozialer.

DH: Wie kann man erklären, dass härtere Strafen gerade im Bereich der Gewaltkriminalität keinerlei abschreckende Wirkung haben?

Wider: Zum einen erklärt sich das aus der schon beschriebenen Perspektivlosigkeit. Zum anderen hängt dies auch sehr stark mit den unterschiedlichen Wertesystemen unterschiedlicher Gesellschaften zusammen, und damit, dass Delikte in verschiedenen Staaten unterschiedlich hart bestraft werden. Selbst die Androhung der Todesstrafe hindert Menschen in manchen Ländern nicht daran, zu Totschlägern zu werden. Was die Todesstrafe selbst angeht, so spreche ich jedem Mensch das Recht ab, einen anderen – aus welchem Grund auch immer – zu töten. Es ist daher moralisch auch nicht zu rechtfertigen, einen Mörder mit dem Tode zu bestrafen. Das wäre im Ergebnis – meiner Meinung nach – Selbstjustiz im Namen der Gesellschaft.

DH: Ist der Anwalt auch ein Moderator zwischen Vergeltung und Vergebung?

Wider: Auf jeden Fall! Gerade in dem Bereich der Gewaltdelikte kann der Anwalt sowohl Tätern als auch Opfern Wege aufzeigen, das Erlebte zu verarbeiten.

DH: Die mediale Öffentlichkeit schreit aber meistens nach Vergeltung. Und die Garanten für die Wahrung der Menschenrechte sind eher in der Minderheit.

Wider: Man sollte als Anwalt stets bestrebt sein, die Medien herauszuhalten. Durch deren Berichterstattung entsteht häufig eine Polemisierung, die die notwendige objektive Betrachtung des Sachverhaltes erschwert. Die Gerichte sehen es außerdem in der Regel nicht gerne, wenn der Fall schon vorher in den Medien umfassend diskutiert wird, denn die Richter wollen sich gerne selber ein Urteil bilden.

DH: Ist gewalttätiges Verhalten erlernt?

Wider: Man muss sich mal überlegen, was Körperverletzung eigentlich ist: Körperverletzung findet häufig dann statt, wenn ich es nicht gelernt habe, meine Probleme durch Sprache zu regeln, oder, damit kombiniert, wenn mir die Argumente ausgehen und ich nicht weiterkomme. Und damit ist Körperverletzung ein Zeichen von Schwäche! Jemanden niederzuschlagen ist kein Zeichen von Stärke!

DH: Warum werden Gewalttäter in der Regel mehrfach auffällig, bevor ihnen Einhalt geboten wird?

Wider: Oft ist es so, dass Gewalttäter durch das erheblich überlastete Justizsystem den Eindruck gewinnen, dass sie sich vier, fünf Körperverletzungsdelikte erlauben können, ohne Gefahr zu laufen, dafür erheblich bestraft zu werden. Bis jemand weggesperrt oder therapiert wird, dauert es meiner Meinung nach viel zu lange. Ein guter Ansatz wäre deshalb, bereits viel früher, zum Beispiel mit einer geeigneten Therapiemaßnahme, zu beginnen.

DH: Sollte sich das wachsende Wissen über die Hintergründe der Täter eher auf das Strafmaß auswirken oder auf die Art der Strafe, sprich Therapie in der Haft?

Wider: Das ist nicht eindeutig zu beantworten. Das Gesetz sieht einen gewissen Strafrahmen vor, und den sollte man auch nicht willkürlich abändern, weil sonst Entscheidungen getroffen werden können, die der Gesellschaft nicht mehr vermittelbar sind – man spricht dann polemisch vom Kuschelvollzug. Allerdings sollte man sich Kombinationsmodelle überlegen, dass man also nicht nur einsperrt, sondern zugleich auch Hilfestellung leistet. Wobei ich auf der anderen Seite auch sagen muss, dass es einem Straftäter durchaus zumutbar ist, sich selbst zu überlegen, was er an seiner Situation verändern kann. Voraussetzung dafür ist jedoch, dass entsprechende Angebote auch vorhanden sind.

DH: Was soll Strafe bewirken?

Wider: Strafe soll grundsätzlich begangenes Unrecht sühnen, aber auch bewirken, dass sich der Betroffene danach wieder in die Gesellschaft einfügen kann. Ich habe in der Vergangenheit mit verschiedenen langjährigen Straftätern gesprochen und festgestellt, dass deren Bereitschaft, auf gerader Linie zu bleiben, deutlich wächst, wenn sie viele Jahre im Gefängnis verbracht haben. Damit sind vor allem Straftäter gemeint, die den Großteil ihres Erwachsenenlebens im Knast verbracht haben. Die Aussage: „Ich hab jetzt die Hälfte meines Lebens im Gefängnis verbracht, das muss ich jetzt nicht mehr haben, weil ich danach jedes Mal schwerer wieder auf die Beine komme ...", habe ich schon häufig gehört. Ob das allerdings eine repräsentative Tendenz ist, vermag ich nicht zu beurteilen.

DH: Warum gibt es mehr männliche als weibliche Gewalttäter?

Wider: Das ist sozial bedingt, aber ich glaube, dass es hier im Laufe der nachfolgenden Generationen zu einem Ausgleich zwischen Männern und Frauen kommen wird. Ich hatte jetzt erst den Fall, dass ein 14-jähriges Mädchen einen zwölfjährigen Jungen so geprügelt hat, dass er danach kaum wiederzuerkennen war. Daran sieht man, dass auch Frauen oder sogar Mädchen durchaus zu solchen Taten fähig sind. Man muss auch vorsichtig sein, wie man denn Gewalt definiert. Gewalt kann sehr wohl auch psychisch ausgeübt werden. Es ist grundsätzlich kein Problem, durch Schweigen oder eine bestimmte verbale Form der Kommunikation den anderen so lange zu reizen, bis er definitiv zuschlägt. So hat ein jedes Geschlecht seine Mittel. Aber jedes Geschlecht ist auch in der Lage, die vermeintlichen Stärken des anderen Geschlechts für sich zu nutzen.

DH: Ist die „Institution Anwalt" eine kulturelle Weiterentwicklung des archaischen Zweikampfes?
Wider: Das kann man, glaube ich, so pauschal nicht sagen. Zunächst lernt man ja – in der Regel als Kind – durchaus, sich körperlich mit jemandem zu messen, um danach dazu überzugehen, sich verbal, also mit Argumenten, auseinanderzusetzen und zugeben zu können, dass jemand anderes bessere Argumente hat als man selbst. Wer das schafft, hat schon eine gewisse persönliche Größe erreicht. Denn derjenige, der sagt: „Ich will mich nicht mit dir schlagen, ich gebe die Angelegenheit an einen Anwalt", hat ja zumindest schon zwei Dinge festgestellt. Er will sich erstens nicht körperlich auseinandersetzen und möchte zweitens den Sachverhalt mit möglichst wenig Emotionen geklärt haben. Ob dies im Einzelfall gelingt, hängt natürlich in erster Linie von den Beteiligten selbst und ihrer Bereitschaft, sich zu einigen, ab. Aber es ist für alle Beteiligten ein Weg, ihr Gesicht wahren zu können.

DH: Ist die Altersgrenze für die Strafmündigkeit mit 14 Jahren richtig gewählt?
Wider: Das ist ja kein Fixdatum, sondern ein Datum, das das

Gericht verpflichtet, den Betreffenden zwischen 14 und 18 beziehungsweise 21 Jahren auf seine geistige Reife und soziale Kompetenz hin zu prüfen.

DH: Ist es nicht auch ein menschliches Dilemma, wenn Gewalt positive Wirkung erzielen kann? Ich denke da an Notwehr.

Wider: Der Begriff der Notwehr wird gerne und oft falsch verstanden. Um Notwehr handelt es sich nur, wenn ich alles unternehme, um einen Angriff zu beenden. Gehe ich darüber hinaus, bewege ich mich selbst im strafrechtlich relevanten Bereich. Ich bin kein Mensch, der Gewalt generell ablehnt, weil ich glaube, dass sie in gewisser Weise zur Entwicklung eines Menschen dazugehört, um erkennen zu können, dass man sie irgendwann nicht mehr anwenden muss. Gerade die angemessene Notwehr ist dazu geeignet, sich und gegebenenfalls andere vor weiteren Angriffen zu schützen.

Fahd, 21:
„Mein größter Fehler ist der Hass"

Ich habe Fahd im Gefängnis kennen gelernt und besuche ihn in seiner Zelle. Der 21-Jährige besitzt einen deutschen Pass. Seine Eltern sind vor vielen Jahren aus Marokko nach Europa gekommen. Er hat mehrere Geschwister, darunter auch einen Zwillingsbruder, der ihm zum Verwechseln ähnlich sieht. Fahd wollte nicht, dass ich seinen Namen ändere. Dennoch habe ich mich dazu entschlossen, weil die Anonymisierung auch einen gewissen Schutz für ihn bedeutet, wenn er den Knast wieder verlässt und hoffentlich ein Leben jenseits von Gewalt und Verbrechen aufnehmen wird.

Fahd ist einer dieser Jungs, in deren Brust zwei Herzen zu schlagen scheinen. Seine außergewöhnliche Hilfsbereitschaft schlägt schnell in Wut um, wenn er sich ungerecht behandelt fühlt. Im Knast weiß er sich zu behaupten, denn er ist ein Straßenkämpfer, der viele Jahre lang intensiv Kampfsport trainiert hat. Draußen hat ihm das jene Form von Respekt verschafft, die allein auf Angst, aber nicht auf der wahren Persönlichkeit eines Menschen beruht.

Fahd ist ein charmanter Junge mit einem gewinnenden Lächeln. Er kann zwar hart sein und hat sich jeden körperlichen Schmerz aberzogen. Aber wenn man sein Herz erreicht, hält er sein Wort unter allen Umständen. Auffallend an unserem Gespräch ist einerseits immer wieder, wie schwer er sich tut, ein klares Urteil über seine Erziehung zu finden, und andererseits die widersprüchliche Trennung, die er zwischen der Gewalt in der Familie und jener „draußen auf der Straße" macht.

Auch im Interview mit Fahd wird deutlich, dass, wie Thomas Wider zuvor richtig angemerkt hat, Gewaltanwendung auch immer etwas damit zu tun hat, ob man gelernt hat, seine Probleme auf verbaler Ebene zu lösen oder nicht.

Aus diesem Grund habe ich auch Fahds Aussagen kaum überarbeitet, sondern es vorgezogen, sie weitgehend so wiederzugeben, wie er sie mir auf Band gesprochen hat.

DH: Würdest du sagen, dass dein Weg vorgezeichnet war? Musstest du im Knast landen?

Fahd: Bei den ersten Straftaten, das war Bandendiebstahl, war ich mir schon bewusst, irgendwann mal im Knast zu landen. Aber beim letzten Mal nicht. Laut Anklage habe ich Körperverletzung begangen, aber das stimmt nicht. Die Zeugen haben gelogen, und der Richter hat denen geglaubt, weil ich vorbestraft bin und viel Kampfsport gemacht habe. Jeder, der wegen Körperverletzung vorbestraft ist, kommt automatisch in den Knast, auch wenn er es gar nicht getan hat. So ist das.

DH: Wie alt warst du bei deiner ersten Straftat? Du bist jetzt 21 Jahre alt.

Fahd: 19 Jahre.

DH: Bist du ins kriminelle Milieu hineingeschlittert, oder wie kam das?

Fahd: Nein, es lag wohl daran, wie mein Vater uns erzogen hat ... Jeden Tag Schule, Moschee, Schule, Moschee, lernen und Sport. Irgendwann wurde ich neugierig, weil ich andere sah, die in Diskotheken gingen und so. Ich war mit 19 das erste Mal in einer Diskothek. Das war für mich eine neue Welt. Da gab es Cliquen und Leute mit schönen Autos, und da hab ich mir gesagt, was die geschafft haben, das schaffe ich auch.

Mit Körperverletzung hat es ein Jahr vorher angefangen, da war ich 18 Jahre alt. Da hab ich mir gesagt, wenn man sich auf der Straße einen Namen machen will, macht man sich den mit Fäusten. Und dann haben ich und mein Zwillingsbruder uns immer die Stärksten ausgesucht und haben die herausgefordert. Dann haben wir die geschlagen und besiegt. Es kam dabei oft zu Massenschlägereien ... So haben wir uns schnell einen Namen gemacht.

DH: Ihr seid quasi nach System vorgegangen.
Fahd: Ja, wie nach System.

DH: Ihr wolltet bekannt werden als harte Jungs.
Fahd: Wir wollten, dass jeder vor uns Respekt und Angst hat. Und so wollten wir weitermachen.

DH: Wie bist du darauf gekommen?
Fahd: Neugier.

DH: Neugier?
Fahd: Neugier, ja. Das war Neugier! Ich hab viele andere gesehen, die sich so einen Namen machten und vor denen die Leute Angst hatten. Und da hab ich gesagt: „Ich zeig euch, vor wem ihr da Angst habt", und bin zu dem hingegangen, hab den blöd angemacht. Ich wusste ja, dass der drauf eingeht, und dann hab ich ihn geschlagen *(er schlägt mit der Faust in die flache Hand)*. Ich wollte wissen, wie das ist, wenn die Leute vor dir jeden Tag Angst haben. Und das liebe ich bis heute noch, das liebe ich. Der ganze B-Flügel hier *(Abteilung im Gefängnis)*, die haben alle Angst vor mir. Manche Leute zeigen Respekt, aber nur weil sie Angst haben.

DH: Brauchst du das Gefühl, dass man Angst vor dir hat, zum eigenen Schutz? Weil du in einer gewalttätigen Welt lebst, sowohl im Knast als auch draußen?

Fahd: Eigentlich schon. Mittlerweile will sich jeder beweisen, jeder will seine Stärke zeigen, jeder, jeder ... Jeder will sich hier hocharbeiten. Und wenn man einmal Blut geleckt hat, dann schreckt man vor nichts zurück. Wir leben in einer Zeit, in der Gewalt herrscht. Hier im Knast sowieso. Obwohl wir hier gar nicht so viele Cliquen haben, aber jeder will sich beweisen, dass er der Stärkste ist. So ist das im Knast, und so ist das draußen. Draußen habe ich mich mit jedem gemessen, mit jedem! Ich hatte keine Angst, ob der Zuhälter war oder Drogendealer oder ob er der Stärkste war. Ich und mein Zwillingsbruder, wir wollten uns beweisen und haben immer die Stärksten gesucht. Wir dachten, wir machen uns einen großen Namen, machen viel Geld. Haben wir auch gemacht! Aber nach einer Zeit wird das langweilig, und man fragt sich, wo führt das hin? Die Eltern sprechen uns jeden Tag an. Weil, mein Vater, der hat keinen Fehler gemacht, der hat uns zur Schule gebracht und hat uns alles gegeben. Er hat gesagt: „Ich geb euch alles, nur macht die Schule fertig, habt was in der Hand und kümmert euch um eure Zukunft."

Aber einen Fehler hat er damals gemacht: Er hat uns, wenn wir Fehler gemacht haben, zu viel geschlagen. Und diesen Frust konnten wir nicht an unserem Vater rauslassen oder an unserer Mutter ... Wir konnten ihn nicht anzeigen oder mit ihm darüber reden, weil das unsere Mentalität nicht zulässt. Und letztendlich waren wir ja auch selber schuld. Er hat uns alles gegeben, was wir brauchten. Nur diese Schläge ... Wir haben das in uns reingefressen, und wenn wir rausgingen, wurden wir immer schlimmer. Wenn einer falsch geguckt hat, haben wir es ihm direkt gegeben!

DH: Wenn dein Bruder geschlagen wurde, bist du rausgegangen und hast jemand anderen dafür büßen lassen?
Fahd: Ja.

DH: Wie konnte sich ein Kerl wie du von seinem Vater so schlagen lassen?
Fahd: Bei uns ist das so. Wenn man Fehler macht, muss man halt dafür bezahlen. Bei den Deutschen ist es eher so, dass man Stubenarrest kriegt oder kein Taschengeld mehr bekommt. Bei uns ist das ganz anders, bis heute. In Saudi-Arabien, in Dubai, in Marokko ... Wenn du einen Fehler machst, kriegst du Schläge von deinem Vater, damit du daraus lernst. Aber es kommt natürlich darauf an, ob du einen Tritt in den Arsch bekommst oder man dich mit einem Kabel verprügelt, sodass du bis heute Narben davon hast ... Das finde ich Scheiße. Weil diese Aggression, die lässt du an anderen aus. Mittlerweile glaube ich daran, dass sich diese Aggression vererben lässt. Manchmal fühle ich mich, wie mein Vater sich gefühlt hat, manchmal habe ich genau seinen Blick drauf, wenn er abgefuckt ist. Das habe ich von ihm geerbt. Ich weiß nicht warum ... Aber ich finde es letztendlich Scheiße, und diejenigen, die von ihren Vätern geschlagen wurden, die sollten direkt zum Arzt gehen oder zum Psychologen, damit sie Hilfe finden. Denn wenn die das in sich reinfressen, dann landen die früher oder später im Knast, wegen Körperverletzung, wegen Totschlags oder Mord.

DH: Ist dein Vater mitschuldig daran, dass du im Knast sitzt?
Fahd: Seine Aggression ist mitschuldig, ja.

DH: Viele Menschen haben Angst vor dir.
Fahd: Ich bin eigentlich kein aggressiver Mensch. Aber wenn

einer einen blöden Spruch bringt oder blöd rüberkommt oder sich beweisen will – ich kann das nicht abhaben, und ich hab nie gelernt, das zu vermeiden ... Aber ich bin keiner, der andere erpresst oder einfach so angreift. Nur das Problem ist ja, dass wir nie gelernt haben, auf die Aggression zu scheißen. Das ist mein Fehler. Das ist bis heute mein größter Fehler!

DH: Du bist das wievielte Mal im Knast?
Fahd: Das erste Mal im Vollzug und zweimal Untersuchungshaft, wegen Verdacht ... Körperverletzung, Haftbefehl, Knast. Das ist Scheiße.

DH: Glaubst du, du änderst dein Leben, wenn du hier wieder rauskommst?
Fahd: Ich muss! Bis heute bereue ich diesen einen Fehler, dass ich zugeschlagen habe. Jetzt haben zwei Leute Angst oder Respekt vor mir, und ich sitze dafür im Knast. Für die zwei oder drei Sekunden der Genugtuung, wenn der andere vor dir auf dem Boden liegt, habe ich zweieinhalb Jahre Knast bekommen. Das lohnt sich nicht.

DH: Was geht in dir vor, wenn es zu einer Schlägerei kommt?
Fahd: Ich empfinde Hass. Ich habe nur eins vor meinen Augen: dem irgendwas zu brechen, ihn so zu schlagen, dass der nicht mehr aufsteht, in diesem Moment. Ich trete aber nicht auf einen, der auf dem Boden liegt. Mein Blick ist wie durch ein Zielfernrohr, und dieses Ziel habe ich vor Augen und verfehle es niemals. Egal, mit was ich den treffe, ich treffe ihn. Mit Faust, Ellenbogen oder Knie. Hauptsache, der kniet nieder, und wenn er fällt, dann sage ich ihm: „Da hast du deine Strafe!" Ich rede erst, nachdem ich ihn geschlagen

habe. Der Fehler ist: Ich empfinde zu viel Hass, zu viel Hass für Leute. Wenn einer gegen mich ist, habe ich sofort Hass gegen den. Und davor habe ich Angst, dass ich irgendwann mal einen falsch schlage und der stirbt in meinen Armen ... Das Risiko ist zu hoch, dafür dein Leben lang in den Knast zu gehen. Mord ist nicht nötig, das kann man anders machen. Mit Leuten reden oder einfach drauf scheißen. Ist zwar schwer, aber wenn man mit den richtigen Leuten umgeht, wenn man die Freunde hat, die einem sagen, dass man das nicht machen soll, darauf scheißen soll, dass man an seine Zukunft denken soll, weil man sonst in den Knast geht, dann kann man das schaffen. Aber wenn man Freunde hat, die es cool finden, wenn man sich beweist, dann landet man schneller im Knast, als man reden kann. So ist das.

DH: Was kannst du gegen diesen Hass unternehmen?
Fahd: Neue Pläne machen und in die Zukunft blicken. Nicht den Kopf hängen lassen und denken: „Ich bin so geboren." Niemals! Keiner ist so geboren. Aggressionen sind in jedem Menschen, man muss sie nur kontrollieren, sie beherrschen. Es ist eine Kraft, die man auch positiv einsetzen kann, beim Sport zum Beispiel. Wenn ich aggressiv bin, drücke ich auf die Ampel *(damit kann man den Justizbeamten rufen)* und gehe zum Kraftsport und lasse die Aggression an den Gewichten raus. Oder ich gehe boxen. Danach gehe ich wie neugeboren zurück in meine Zelle und gehe schlafen. Anstatt an Personen lasse ich das jetzt im Sport raus.

DH: Hast du jemals mit einem deiner Gegner Mitgefühl gehabt?
Fahd *(leise):* Ja ... Immer danach hatte ich Mitleid mit denen. Immer! Weil ich mir vorstelle, ich sei an ihrer Stelle. Ich hab das

nie aus Spaß gemacht. Es gibt Leute, die machen das aus Spaß. Da sammeln sich Cliquen zusammen, gehen raus ... Hooligans zum Beispiel machen das als Hobby. Aber ich hatte diese Aggression in mir, deshalb habe ich das gemacht. Ob ich im Recht war oder im Unrecht – aber meistens, wenn ich Körperverletzung begangen habe, war ich im Recht. Aber niemand ist komplett im Recht. Wenn jemand zum Beispiel sagt: „Was guckst du?", dann antworte ich dem: „Was ist los?" Und dass ich dem überhaupt antworte, ist mein Fehler. Aber der hat angefangen, und so machen wir beide einen Fehler. Dann kommt er an, fängt an handgreiflich zu werden, und ich überlege nur: „Mach noch einen Fehler, und du wirst sehen ..." Dann macht er den Fehler und liegt auf dem Boden. Dann gehe ich nach Hause oder haue ab, damit mich die Polizei nicht kriegt. Und später denke ich: „Warum?" Ich frage mich immer wieder: „Warum? Der hat bestimmt den Kiefer gebrochen oder die Nase. Stell dir vor, dir passiert das?" Es gab Zeiten, da steckten die Zähne von Leuten in meinem Schädel, weil ich ihnen Kopfnüsse gegeben hatte. Aber ich hab nur Angst, an seiner Stelle zu sein. Mitgefühl hatte ich immer. Und es gibt Leute, die haben gar kein Mitgefühl, die machen das aus Leidenschaft. Die interessiert nichts, die haben alles verloren. Und das ist ja auch ein Punkt, wenn man alles verloren hat – Familie, Geld –, und man kommt in den Knast, dann wächst die Aggression wie eine Seuche, breitet sich in einem aus, und man kommt nur noch mit Hass, ohne Hoffnung ... Das ist wie eine tickende Zeitbombe ... kommt aus dem Knast und ist zwei Tage später wieder drin. Das ist Scheiße, denn man muss immer Hoffnung haben, die stirbt zuletzt. Und ein Ziel muss man haben, das man immer verfolgt.

DH: Du bist in Deutschland geboren, bist hier aufgewachsen und hast eine Privatschule besucht.

Fahd: Ich habe von meinen Eltern, meinem Vater, eine super Erziehung bekommen. Alles hat der mir gegeben. Er hat gesagt: „Mach gute Noten, und ich kauf dir ein Auto, oder ein Fahrrad, egal was." Der hat nicht viel verlangt, nur: „Sei bitte fleißig und mach dein Abitur." Mein Vater hat uns immer geholfen, egal was war, ob ich Probleme hatte oder was gebraucht habe. Nur, ich hab den falschen Weg genommen, mich mit den falschen Leuten umgeben, und die haben mich in die Scheiße geritten. Und jetzt stehe ich da, alleine. Und gar keiner hilft dir, gar keiner fragt dich, ob es dir gut geht oder ob du was brauchst. Und das will ich jedem sagen: dass man die Leute sorgfältig aussuchen muss, mit denen man rumhängt, weil letztendlich ... Du kommst in den Knast, und die sind draußen und lachen dich aus.

DH: Erinnerst du dich daran, wie dein Vater dich das erste Mal geschlagen hat?
Fahd: Oh, Allah! Da war ich acht oder neun Jahre oder zehn Jahre, als mein Vater mich schlug ... *(er hat in der Zwischenzeit seine Zeugnisse in einer der Tüten gefunden, die in der Zelle auf dem Schrank lagern).* Guck mal, meine Zeugnisse, zum Beispiel Mathe ...

DH: Ich weiß, dass du ein schlauer Junge bist ... mit Auszeichnung steht hier überall.
Fahd: Ich hab nur die falschen Freunde getroffen, ansonsten wäre ich einen anderen Weg gegangen.

DH: Du warst auch kein Schulschwänzer. Unterrichtsbesuch, mit Auszeichnung!
Fahd: Niemals!

DH: Was hast du empfunden, wenn dein Vater dich schlug? Hatte er danach Mitleid mit euch, so wie du mit deinen Opfern?

Fahd: Ja. Ich hab ihn nachts danach immer gesehen – wir mussten auch nachts beten. Da habe ich ihn dann sitzen sehen, und er hat geweint, hat geheult. Und dann hab ich meine Mutter gefragt, warum der weint? Und dann hat sie gesagt: „Weil ihr Scheiße gebaut habt, muss er euch schlagen." Aber dann habe ich gemerkt, dass das bei dem wie eine Krankheit ist, weil er es auch von seinem Vater geerbt hat. Der hat ihn nämlich auch geschlagen und so, und das hat er weitervermittelt. Und das werde ich niemals mit meinen Kindern machen, weil ich ganz genau weiß, wie das ist. Man fängt an, Leute zu schlagen, dann erhebt man die Hand gegen seine Frau und dann gegen seine Kinder, und dann hat man den Salat, und das geht immer weiter. Es sei denn, da kommt ein kluger Junge, und der macht das ganz anders. Weil, wenn man in einer Gesellschaft voller Gewalt aufwächst, dann hat man das immer im Blut. Aber wenn man in einer gewalttätigen Gesellschaft aufwächst und danach mit Freunden lebt, die keine Gewalt ausgeübt haben, lernt man von denen. Aber wenn du nur mit Leuten zusammen bist, die alle von ihren Eltern geschlagen werden, dann hast du keine Angst vor anderen, weil du sowieso jeden Tag zu Hause geschlagen wirst. Und wenn unsere Eltern das für die richtige Art von Erziehung halten, wieso sollen wir es dann für falsch halten, wenn wir andere schlagen? Verstehen Sie?

DH: Das hast du für dich gelernt?
Fahd: Ja, jetzt habe ich gelernt. Ich habe genug Zeit hier im Knast. Ich habe auch mit mehreren meiner Opfer gesprochen. Da sind auch viele Freunde von mir geworden. Ich hab denen

gesagt: „Das musste nicht sein." Der große Cut im Gesicht oder die fehlenden Zähne, „das musste nicht sein". Und er sagt: „Ja, das war auch meine Dummheit." Wir haben beide Fehler gemacht, und das muss nicht sein.

DH: Deine Opfer waren immer Rivalen? Du hast nicht wahllos irgendwelche Menschen angegriffen?
Fahd: Niemals.

DH: Hast du nie Leute geschlagen, die dich einfach nur blöd angeguckt haben?
Fahd: Doch, das auch ... Ich hatte vor Kurzem noch eine Anklage, die wurde aber fallengelassen, da war ich bei McDonald's, mit meinem Zwillingsbruder. Auf einmal kamen zwei Anaboliker rein, gut gebaute Leute. Ich kannte die nur aus Erzählungen anderer. Die waren mir von der Kraft her dreimal überlegen. Und dann guckt er die ganze Zeit so blöd rüber, weil er von sich überzeugt war, dass er was reißen kann. Und da hab ich zu meinem Bruder den blöden Spruch gesagt: „Da wollen ein paar Leute einen auf die Fresse haben." Hätte ich besser diesen Satz nicht gesagt ... Dann wäre das ganz anders verlaufen, dann wäre ich einfach rausgegangen. Nur dieser eine Satz ... Dann dreht der sich zu mir um und sagt: „Ich fick deine Mutter!", und ich habe gesagt: „Wenn du Eier hast, komm zu mir!" In dem Moment, als er aufsteht und zu mir kommt, rase ich auf den zu und gebe dem links, rechts. Ich hab nur gesehen, wie der Junge wie ein Brett gefallen ist. Dabei schlug er auf einen Tisch auf und hat sich noch voll die Platzwunde an der Schläfe geholt. Danach kam sein Kollege und will mich von hinten angreifen, und dann hat sich mein Bruder eingemischt und dem das Gesicht zertrümmert. Ich hab nur gesehen, wie der auf dem saß, den an

den Ohren gepackt hat und immer wieder Kopfnüsse verpasst hat. Und ich sage: „Bruder, hör auf!", und er sagt: „Nein! Wozu meine Mutter?!" Der war voller Aggression, so hatte ich den noch nicht erlebt ... Hätte ich doch besser diesen einen Spruch nicht gebracht. Der hat uns fast drei Jahre gekostet und dem Typen beinahe sein Leben. Ich hätte auch sagen können: „Hallo, alles klar bei dir?" Das ist Dummheit. Man hat das im Blut und ist abgewichst, und man scheißt auf alles: „Was will der von mir?" Und das ist ein Fehler.

Ich hab auch den Fehler gemacht, dass ich zu viel trainiert habe und dann dachte: „Ich hab's drauf, ich hab's drauf!" Ich kann Leute mit zwei, drei Schlägen niederschlagen, kein Problem, ob der 100 Kilo wiegt oder mehr, weil ich mit Präzision treffe. Und das ist mir auch zum Verhängnis geworden. Ich hab bis zur Europameisterschaft gekämpft und einen Vertrag unterschrieben, dass ich meinen Kampfsport niemals missbrauche für die Straße. Selbst wenn mich einer angreift, kann ich das anders lösen. Nur wenn der mit einer Waffe kommt, dann darf ich das einsetzen. Das hab ich auch bei der Polizei unterschrieben, das muss man. Thai-Boxen und Bodenkampf ... Ich hab gelernt, immer Respekt vor seinem Gegner zu haben, als Mensch. Niemals Hass gegen den zu tragen, denn der macht seinen Sport, wie du selbst. „Ihr seid keine Feinde, ihr seid nur Freunde, die Kampfsport üben", heißt es. Aber das ist schwer zu lernen, wenn man in einer Gesellschaft voller Gewalt lebt. Ich kann das selber nicht so richtig erklären.

DH: Du hast jetzt die Chance, alles anders zu machen.
Fahd: Das mache ich auch. Und wenn ich sehe, wie zwei Leute explodieren, dann gehe ich dazwischen, weil ich weiß, was passieren kann. Das hat nur Nachteile, das hat niemals Vor-

teile ... Okay, manche denken: „Boah, der kann gut kämpfen!"
Leute haben vor dir Angst, haben vor dir Respekt. Aber wenn
du auf Zelle sitzt, verlierst du den Respekt vor dir selbst,
deine Selbstachtung. Man sitzt einfach hier und denkt:
„Scheiße." Und über das „Warum" kann man viele Bücher
schreiben. Da gibt es so viele Antworten.

Warum habe ich das nicht anders gemacht? Man sieht
jeden Tag Leute, die normal leben, wie die Justizbeamten zum
Beispiel. Warum ist der nicht im Knast, warum ich? Hatte der
eine bessere Kindheit? Vielleicht im Gegenteil. Oder hat der
bei seiner Mutter Red Bull getrunken und ich nur Milch? Verstehen Sie? Aber der hat seinen Weg gefunden. Manche Be-
amte reden mit mir und erzählen, dass sie auch Schlägereien
gemacht haben, früher. Aber sie sagen auch: „Ich hatte Glück,
ich wurde nie erwischt und habe mir gesagt, es kann nicht so
weitergehen." Warum hab ich das erst im Knast gemerkt?
Man hat so viele Fragen, aber nur wenige Antworten.

DH: Vielleicht will man manche Antworten nicht wahrhaben,
weil es schwer ist, seinen Eltern Vorwürfe zu machen, auch
wenn sie die verdient haben? Eltern sind ja nach dem Gesetz
verpflichtet, ihre Kinder gewaltfrei zu erziehen.
Fahd *(leise):* Ja.

DH: Du bist Sunnit aus der wahabitischen Tradition – eine
konservative, strenge Richtung des Islam, die vor allem in
Saudi-Arabien gelebt wird.
Fahd: Was heißt streng? Die praktizieren nur, was im Koran
steht, und der Islam ist Frieden. Viele Deutsche überlegen zu
konvertieren, weil sie sehen, dass es eine engere Gemeinschaft ist. Es gibt nur einen Haken: Da gibt es Leute, die behaupten, Muslime zu sein, ohne den Islam richtig zu kennen,

und geben so ein falsches Bild ab. Da sagen die Leute: „Wie könnt ihr sagen, ihr seid Muslime, wenn ihr Scheiße baut?" Zum Beispiel ich. Ich kann viel über den Koran erzählen, und jeder Mensch macht Fehler, aber ich kann nicht ein Beispiel sein für Leute. Ich muss erst meinen Fehler korrigieren und zeigen, dass ich ein besserer Mensch geworden bin. Dann kann ich die Leute von mir überzeugen, dass ich ein guter Mensch bin und dass ich ein richtiger Moslem bin. Ich hab mir überlegt, mit vielen Leuten zu reden, damit sie es nicht erst so spät merken wie ich, dass sie auf dem falschen Weg sind. Hier gibt es Leute, die kommen rein und bereuen alles am ersten Tag. Und danach ist denen das so scheißegal! Deswegen sind hier 80 Prozent der Leute Dreck für mich.

Wir müssen unterbrechen, denn es ist Freigang. Wir gehen mit den anderen Gefangenen zusammen in die Freistunde. Kaum stehen wir dicht gedrängt im Gang, spricht sich herum, dass zwei Gefangene sich mit einem Messer und einem Schraubenzieher bewaffnet haben. Fahd ist wütend, will sich die Typen schnappen. Die Knackis, die in meiner „Sprache gegen Gewalt"-Gruppe sind, haben alle den Ehrenkodex, ihre Kämpfe ohne Waffen auszutragen. Sie reagieren mit Abscheu auf jene, die gegen diese Regel verstoßen.

Die Stimmung auf dem Innenhof brodelt, während ich mit anderen aus unserer Gruppe weiterhin meine Runden drehe. Fahd hat die beiden Gefangenen mit den Waffen ausgemacht und stellt sie zur Rede. Er fordert sie auf, ihn anzugreifen. Die beiden scheinen noch unschlüssig zu sein, ob sie es wagen sollen. Ich bin für einen Moment hilflos und habe Angst, in einen bewaffneten Kampf eingreifen zu müssen. Plötzlich löst sich Cem von meiner Seite und geht auf Fahd zu: „Hey, Bruder!" Fahd löst den Blick von den beiden, Cem legt seinen Arm um ihn, und sie kommen wieder zu unserer Gruppe zurück. Ich bin stolz auf Cem, und gemeinsam diskutieren wir mit Fahd über das Vorgefallene. „Einschluss!", ruft dann einer der Justizvollzugsbeamten: Die Freistunde ist beendet, und die Gefangenen werden in ihre Zellen gebracht. Ich gehe wieder mit Fahd auf dessen Zelle, um das Gespräch fortzusetzen.

DH: Es hat mich beeindruckt, wie du es eben in der Freistunde geschafft hast, nicht zuzuschlagen.

Fahd: Ich hab gesehen, dass die sich mit einem Messer und einem Schraubenzieher bewaffnet hatten. Also habe ich den einen gefragt, was er damit machen will. „Den hast du dabei, damit du einen so dermaßen verletzt, dass der nicht mehr aufsteht." Denn das hast du im Kopf: Wenn dich einer angreift, musst du ihn außer Gefecht setzen. Aber das kannst du auch mit Fäusten machen. Also wozu lässt der es drauf ankommen, dass so was passiert? Und das Erste, was der mir sagt, ist: „Ich bin kein Mann, meine Fäuste sind gestorben, und ich habe Angst. Und wenn einer mich bedroht, dann brauche ich eine Waffe." – „Und dann?", frage ich. Und er sagt: „Ja, ist Scheiße, ja, okay."

Ich war sauer, weil solche Leute, die nichts draufhaben, die genau wissen, dass sie nicht mithalten können, trotzdem die Probleme suchen. Und da hab ich gesagt: „Wie willst du Feuer mit Feuer bekämpfen? Du machst damit die Sache nur schlimmer. Versuche, Probleme zu vermeiden, und messe dich nicht mit Leuten, gegen die du keine Chance hast, also auch nicht mit mir. Du weißt genau, wie das endet. Das endet mit Fäusten, und du liegst auf dem Boden, und ein anderer muss trauern, weil er 'nen gelben Schein kassiert" *(eine Bestrafung für Fehlverhalten, bei dem Vergünstigungen gesperrt werden).*

Deswegen habe ich mich eingemischt. Weil ich auch Schuldgefühle habe. Denn wenn ich weiß, dass das für einen böse enden wird, und ich mach nichts, dann kann ich nicht ruhig schlafen, weil ich es hätte verhindern können. Natürlich war ich eben sauer und aggressiv, und wenn er es rausgezogen hätte, dann hätte ich den vielleicht angegriffen. Ich wollte für meine Freunde da sein, weil die auch für mich da sind. Haben Sie Cem gesehen? Der kam zu mir und sagte: „Mach keine Scheiße!" Das sind Freunde! Letztens in der Gruppe sagte er mir, dass sein Bruder bald heiratet, und ich sagte: „Kannst du dich erinnern, ich hab dir gesagt, ich komme als Gast dahin, und dann tanzen wir beide." Aber jetzt stell dir mal vor, diese Person in der Freistunde ... Du gehst dazwischen und willst einem helfen, und der sticht dich irgendwie falsch, und dann gibt es keine Hochzeit mehr. Und das Letzte, was je du gesehen hast, sind die Gitter und diese Person. Und deshalb wollte ich das verhindern.

DH: Du hasst Ungerechtigkeit.
Fahd: Ja! Weil ich das ziemlich heftig erlebt habe und sie am eigenen Leib spüre.

DH: Hast du deine Strafe verdient?
Fahd: Ganz ehrlich, nein! Weil der Knast aus mir keinen besseren Menschen macht, er ändert mich nicht, und weil der Richter nur den Schwachen geglaubt hat und gesagt hat, dass das, was sie erzählt haben, zu mir passen würde. „Wir wissen, der betreibt Kampfsport, und wir geben ihm zweieinhalb Jahre." Sie wollten mir erst vier Jahre geben. Also hatte ich auch Glück. Ich habe keine Berufung gemacht. Weil, wenn die Wahrheit jetzt nicht rausge-

kommen ist, warum sollte sie in einer neuen Verhandlung rauskommen? Also sitze ich lieber meine Zeit ab. Und die erste Zeit habe ich voller Hass gesessen. Ich hab jeden Tag aus dem Fenster geguckt und an den Typen gedacht. Jeden Tag, jeden Tag, mehr als seine Mutter an den denkt ... Voller Hass habe ich mir die ganze Zeit gesagt, wenn ich rauskomme, mache ich den platt. Und ich habe bereut, dass ich den nicht geschlagen habe, denn für das Nichtschlagen habe ich zweieinhalb Jahre bekommen.

DH: Welche Strafen hast du schon bekommen?
Fahd: Jugendarrest und Untersuchungshaft.

DH: Hat dir das geholfen, nicht noch Schlimmeres zu tun?
Fahd: Man hat Angst vorm Knast. Jeder, der hier drin war, hat Angst, wieder reinzukommen. Manchmal ist man so wütend, dass man die Angst vergisst, aber wenn du wieder reinkommst, dann bereust du das. Knast ist für jeden Abschreckung, und ich rate jedem Richter, jeden, der früh anfängt, Scheiße zu bauen, für ein, zwei Wochen in den Arrest zu stecken *(Arrest ist eine erzieherische Maßnahme, bei der Jugendliche für ein Wochenende oder einige Wochen in besonders dafür vorgesehene Arrestanstalten verbracht werden)*. Auch rate ich, Schulausflüge nicht in die Berge oder so zu machen, sondern mit den Klassen in den Knast zu gehen und da ein, zwei Wochen zu bleiben. Weil Arrest zehnmal schlimmer als normaler Knast ist. Es gibt keinen Umschluss *(Gefangene dürfen sich für Stunden auf die Zelle eines anderen Gefangenen schließen lassen)*, man muss sein Bett hochklappen und darf von sechs Uhr morgens bis fünf Uhr abends nur auf dem Stuhl sitzen. Man darf nicht rauchen, das Fenster ist nicht zu öffnen, und man muss 23

Stunden auf Zelle sitzen. Kein Fernseher, keine DVD, gar nichts ... Nur ein Kuli und Papier, und man kann nur Briefe schreiben. Deswegen, würden die mich vor die Wahl stellen, einen Monat Arrest oder vier Monate Ossendorf, dann würde ich die vier Monate Ossendorf nehmen. Aber Knast ist keine Lösung, auch wenn die sagen, die machen hier ihre Schule. Was machen die? Hauptschule! Hier lernst du nur, wenn du eine Ausbildung machen kannst. Aber warum verpflichtet man die Leute nicht, entweder draußen eine Ausbildung zu machen oder in den Knast zu gehen? So einen Bewährungshelfer zum Beispiel siehst du für 'ne halbe Stunde im Monat. Und dann sagt der dir: „Such dir Arbeit, und dann melde dich wieder bei mir!" Wer macht schon etwas ohne Druck? Wer geht ohne Druck arbeiten? Du musst hinter den Leuten her sein und ihnen Druck machen. Manchmal zeigen die im Fernsehen diese Aggressionscamps – was bringt das? Du verlierst deine Aggression nicht innerhalb von sechs Monaten. Man muss die Probleme an der Wurzel packen. Wenn ein Metall rostet, und ich lackiere einfach drüber, dann rostet es darunter weiter. Aber ich muss erst mal das tiefere Loch schließen, dann grundieren und dann den Rost abmachen. Aber die versuchen das erst gar nicht. Im Gegenteil. Und das ist der Fehler. Denn was die Leute brauchen, ist Anerkennung und Hilfe, richtige Hilfe. Ich brauch auch manchmal Hilfe.

DH: Wie kann die aussehen?
Fahd: Mit Menschen reden, wie Sie es jetzt zum Beispiel machen. Sie reden mit mir und versuchen, mich auch zu verstehen, und manchmal verstehen Sie mich, und manchmal ... versuchen Sie, mich zu verstehen.

DH: Ich mache mir manchmal Sorgen um dich *(Fahd grinst)* und wünsche mir dann, dass du noch mehr deiner Ruhe vertrauen würdest.

Fahd: Das ist richtig so, und ich sage das auch, aber andere würden das nie behaupten ... Ich habe einen richtigen Fehler, meine Aggression, und die ist mir zum Verhängnis geworden. Manchmal habe ich Angst vor mir selber. Wissen Sie, wie das Gefühl ist? Man fragt sich, was passiert morgen? Was passiert, wenn ich Scheiße mache, wenn ich das nicht unter Kontrolle kriege? Davor habe ich jeden Tag Angst.

DH: Was könnte dir außer Gesprächen noch helfen?

Fahd: Im Antiaggressionstraining habe ich keinen Sinn gesehen. Okay, die erste Regel, wenn man etwas an sich ändern will, dann muss man an sich glauben und den Willen haben, an sich etwas zu ändern. Und den habe ich jetzt mittlerweile. Aber trotzdem bin ich manchmal so unsicher, habe Angst und kriege Panik. Ich habe neun Jahre lang nur trainiert. Manche Leute sagen, ich bin eine Kampfmaschine. Und auch, wenn ich hier trainiere, dann werde ich nicht müde, auf den Sandsack zu schlagen oder Gewichte zu drücken. Stell dir vor, das wäre ein Gegner, und ich würde so auf den draufgehen ... Und hier kriegt man keine Hilfe. Ich bin hier eingeschlossen, gehe zur Arbeit, komme zurück, lege mich hin, gucke Fernsehen, gehe duschen, essen und so. Aber Hilfe kriege ich nicht. Ich sitze im Knast. Türe auf, Türe zu und tschüss. Keiner interessiert sich. Und ich habe Angst, wenn ich mich jemandem anvertraue, dass er bei mir keinen Sinn sieht. Sie sagen: „Du wirst das schaffen!" Wissen Sie, was mir das für Mut und Kraft gibt, weiter den Leuten zu beweisen, dass ich mich ändern kann?

DH: Ich möchte noch mal auf deine Kindheit zurückkommen.
Fahd: Gerne.

DH: Was hast du empfunden, wenn dein Vater deinen Bruder geschlagen hat?
Fahd *(er grinst):* Mein Vater hat nicht nur meinen Bruder geschlagen. Er hat auch den Fehler gemacht und meine kleine Schwester geschlagen. Ein Mädchen ist wehrlos ... Oder manchmal auch meine Mutter vor uns beschimpft. Aber er ist trotzdem ein guter Mensch. Wenn Sie den kennen lernen, werden Sie mir am nächsten Tag sagen: „Oh, ich weiß nicht, ob du mir die Wahrheit über deinen Vater erzählt hast." Weil das Schlagen nicht er ist, das ist wie eine Krankheit, und er hat sich auch dafür entschuldigt. Ich hab ihn mal zur Rede gestellt und ihm gesagt, dass es seine Schuld ist. Dass er uns dazu gebracht hat, dass wir gegen andere gewalttätig waren. Und er sagt: „Ja, ihr habt Fehler gemacht."

DH: Was hast du gefühlt, als er deine Geschwister geschlagen hat?
Fahd: Hilflosigkeit. Hätte ich mich eingemischt, hätte ich Schläge kassiert. Manchmal hab ich die Schuld auf mich genommen, auch wenn ich es nicht war. Er hat uns geschlagen, und wir wurden älter, bis wir zum Punkt kamen, an dem mein Bruder und ich richtig austrainiert waren und rausgingen. Und da hab ich mir geschworen: Egal, was mein Bruder macht, ich lasse ihn nie wieder im Stich, lasse ihn nie wieder so leiden wie damals. Ich musste ihm helfen, ohne zu überlegen, ohne an die Zukunft zu denken. Das ist ein Fehler. Ich hätte meinem Bruder auch sagen können: „Lass uns was anderes machen." Aber ich habe nur Hass empfunden. Immer wenn er geschlagen wurde, wuchs mein Hass, Hass, Hass ...

Manchmal habe ich gesagt: „Ich hasse meinen Vater so sehr!" Aber nein, der sagt: „Ich liebe euch!" Und ich liebe ihn auch. Aber diese Momente: Das war sein Fehler. Man sagt immer, wenn man 99 gute Taten macht und nur einen Fehler, dann vergisst man alle guten Taten und blickt nur auf diesen einen Fehler ... Und mein zweiter Fehler war, dass ich nicht auf meinen Vater gehört habe. Der hat immer gesagt: „Mach das nicht, mach das anders", und dann haben wir Schläge kassiert. *(Diese teilweise widersprüchlich wirkenden Aussagen von Fahd zeigen, wie schwer es ihm fällt, sich einzugestehen, dass sein Vater ihn und seine Geschwister nie hätte so schlagen dürfen, wie er es immer wieder beschreibt.)* Ich habe bis heute diese große Narbe hier *(er zeigt auf seinen rasierten Schädel)* von meinem Vater. Auf dem Rücken habe ich auch viele Narben, von einem Kabel, und hier auch *(zeigt seine Beine)* von einem Kabel ... Hat mich das weitergebracht? Das hat mich nur noch aggressiver gemacht. Das ist so.

DH: Dein Bruder ist fünf Minuten älter und sitzt in einem anderen Knast. Geht der ähnlich damit um wie du?
Fahd: Der ist herzlos geworden, und wenn er zuschlägt, kennt er keine Gnade mehr. Davor habe ich Angst. Der hat einen großen Namen in der Stadt. Darauf bin ich nicht stolz ... So viele Leute haben Angst vor dem, haben Respekt, dass ich sage, das geht nicht mehr, denn jeder, der so viel geschafft hat, wird irgendwann fallen. Wenn man jung und gewalttätig ist, dann gibt es die Hoffnung, dass man sich beim Erwachsenwerden ändert. Mein Bruder ist erwachsen und gewalttätig, und das ist gefährlich.

DH: Nach deiner ersten Untersuchungshaft hast du dich aus

dem Milieu zurückgezogen, bis dein Bruder wieder rauskam. Aber deine Loyalität zu ihm war stärker.

Fahd: Ja. Wenn er mich angerufen hat, habe ich gesagt, er ist mein Zwillingsbruder. Bei meinem älteren Bruder hätte ich nicht so reagiert. Für meinen Zwillingsbruder habe ich alles gemacht, und der hat auch 'ne Strafe für mich abgesessen. Er hat zwei Jahre drei Monate bekommen, und der Richter sagte ihm: „Sag den Namen deines Bruders, der kriegt Sozialstunden, und du kommst auf Bewährung frei." Und mein Bruder sagte: „Nee." Und da hab ich mich verpflichtet gefühlt. Mein Bruder ist kein schlechter Mensch, und Sie können ihn auch gerne besuchen in Ossendorf. Dann merken Sie auch, der ist ein Mensch wie ich, aber der hat auch seine Macken, seine Fehler. Der hat so viel Aggression in sich angesammelt, dass ich manchmal Angst habe, dass der einen Fehler macht, den er sein Leben lang bereut. Und das sagt er mir auch. Ich hab Briefe von ihm, die kann ich dir zeigen. Wenn du das liest, dann sagst du, der Junge lebt in einem Film.

DH: Versuchst du, Einfluss auf ihn zu nehmen?

Fahd: Geht nicht. Manchmal geht's, aber ... ansonsten nicht. Er hat mehr Einfluss auf mich als ich auf ihn. Ich kann ihn manchmal zurückziehen, ihm Dinge erklären. Aber sein Kopf ist so mit Hass vollgepumpt, dass er keinen mehr sieht.

DH: Hat er sonst niemand, dem er vertrauen könnte?

Fahd *(leise):* Ich glaube nicht, nein. Der wurde mehrmals enttäuscht. Sogar seine Verlobte hat vor Gericht gegen ihn gelogen. Und jetzt warten vielleicht sieben Jahre auf ihn. Mit ein bisschen Glück kommt er mit drei oder vier Jahren davon. Der wollte ein ganz Großer im Milieu werden, dass die Zeitungen über ihn schreiben, und das haben sie auch. Der hat gelebt wie im Film und hat es fast geschafft. Er hat versucht, jeden zu bezwingen, der was zu sagen hatte, und er hat sich durchgesetzt, alleine! Der hatte keine Leute hinter sich, keine Freunde. Er hat gesagt: „Ich habe keine Freunde im Leben." Der wusste, die würden ihn verraten oder irgendwann mal im Stich lassen, und das haben die auch. Und wenn er wieder rauskommt, dann kommen die wieder angekrochen. Aber ich hoffe und bete jeden Tag zu Gott, dass er einmal die Augen aufmacht.

DH: Wir haben eine Filmdokumentation zusammen gedreht, „Leben ohne Freiheit". Du bist in der „Sprache gegen Gewalt"-Gruppe, gibst mir dieses Interview. Woher kommt deine Bereitschaft dazu?

Fahd: Ich will anderen zeigen, wie sie es nicht machen sollen. Sie sollen von meinem schlechten Beispiel lernen. Ich will ihnen sagen: „Egal, wie viel Geld oder Ruhm oder Stolz man hat – wenn man hier im Knast sitzt, hat man nichts, man verliert von heute auf morgen alles, sein Hab und Gut, alles verliert man." Und ich will nicht, dass andere so leiden, wie ich jetzt leide. Die können das besser machen. Wozu sitzen hier 700 Häftlinge, wozu? Wenn die Leute Hilfe kriegen würden und logisch denken könnten, dann könnte man den Knast in Deutschland abschaffen! Ich will ein Beispiel sein, denn ich kenne viele Leute, und viele Leute respektieren mich und würden sagen: „Wenn der so redet, dann stimmt das, denn der weiß, wovon er spricht."

DH: Was machst du, wenn du hier rauskommst?
Fahd: Dann mache ich mein Abitur weiter und gehe studieren. Und weiter für meinen Sport kämpfen. Aber ich lasse meinen

Kopf nicht hängen. Ich rate allen Leuten: Macht eure Schule fertig, denn das ist das Einzige, was man in der Tasche hat, und so wird man respektiert, wenn man im Leben was geschafft hat. Ein Müllmann wird auch respektiert, aber nicht so sehr wie ein Anwalt, denn der hat Jahre studiert, um etwas zu erreichen. Der Müllmann macht es sich einfacher und sagt: „Ich werde Müllmann", und wird es dann. Das respektiere ich, das ist Arbeit, damit ernährt man seine Familie und sich, aber man kann es besser machen. Du kannst alles erreichen, wenn du den Willen hast, aber das fehlt den Leuten. Ich seh manchmal im Fernsehen, wie die ihre Lehrer fertigmachen, warum? In der arabischen Schule, auf der ich war, da redet keiner ein läppisches Wort gegen die Lehrer, warum?

DH: Woher kommt diese Respektlosigkeit?
Fahd: Erziehung.

DH: Selbst ich werde schon von Zwölfjährigen auf dem Schulhof angemacht. Die bauen sich vor mir auf, stehen vor mir und duzen mich.
Fahd: Die wurden falsch erzogen. Die Eltern wollen die Schule oder den Kindergarten die Arbeit machen lassen, aber das funktioniert nicht. Man muss von der Familie erzogen werden. Ich habe Respekt vor älteren Menschen, die haben mehr Erfahrung als ich, auch wenn sie nicht viel im Leben geschafft haben sollten. So wurden wir erzogen. Wir mussten Respekt haben, egal ob jemand reich oder arm ist, stark oder schwach, Hauptsache Respekt. Und das verstehe ich an deutschen Schulen nicht, dass die Schüler keinen Respekt haben. Auch die Ausländer in den Schulen haben keinen Respekt. Auch hier im Knast haben die keinen Respekt. Und ich

verstehe nicht, warum die ihre Fehler nicht einsehen und sich weiter beweisen wollen. Wenn man sich aber so einen Zwölfjährigen allein vornimmt, dann fängt der an zu heulen. Nur vor den anderen muss er zeigen, dass er ein Pausenclown ist und sich cool fühlt. Und ich bete für die, dass die das jetzt lernen, sonst landen die nämlich früher oder später im Knast. Und dann sagen sie das Gleiche, was ich jetzt sage.

Ich meine das jetzt nicht eingebildet oder arrogant, aber Sie reden hier nicht mit einem Eierdieb. Ich hab so viel Scheiße gemacht, dass ich im Hochsicherheitstrakt saß, so wie mein Bruder jetzt. Ich kenne Drogenbarone, Menschenhändler und Geldfälscher ... Ich weiß, wovon ich rede. Man gibt Respekt, und man bekommt Respekt, nur so funktioniert das. Leider haben viele Ausländer keinen Respekt vor diesem Land, obwohl sie hier leben und Demokratie haben, alles haben, was sie brauchen, und nicht hungern müssen. Trotzdem höre ich oft: „Ich scheiße auf Deutschland!", und ich sage: „Wozu lebst du dann hier? Du kannst jeden Tag lachen. Deiner Familie geht es gut. Wenn du einen Arzt brauchst, musst du nur anrufen." In Marokko braucht ein Krankenwagen drei Stunden, bis er endlich kommt ... Was mich hier am meisten ärgert, sind Leute, die Raub mit Gewalt gemacht haben. Es gibt hier viele Jungs, Araber oder Türken, die gehen zu alten Omas, halten denen 'ne Waffe vors Gesicht und schlagen die und nehmen denen dann das Geld weg. Wer gibt denen das Recht, so was zu machen?! Du fühlst dich in dem Moment stark und cool, aber stell dir mal vor, da kommt ein Stärkerer und macht das mit dir? Da fängst du an zu heulen, meckerst rum und machst 'ne Anzeige ... Und das würde ich die auch fragen, warum sie keinen Respekt vor Älteren haben. Aber letztendlich liegt das an den Eltern, die haben ihre Kinder so schlecht erzogen. Ich meine nicht, dass die ihre Kinder brutal schlagen sollen, aber so ein

Klaps ist schon okay. Ich sehe manchmal diese „Supernanny"
im Fernsehen, und da tritt ein Kind seine Mutter! So was
würde man in keinem arabischen Land akzeptieren, den würde
man auspeitschen ... Wenn meine Mutter mich etwas fragt,
dann kann ich ihr nicht in die Augen gucken und „Mach ich
nicht!" sagen. Das ist keine Angst, das ist Respekt. Das hab ich
im Blut, weil sie meine Mutter ist, die hat mich neun Monate
getragen, die hat mich aufgezogen, die hat meine Windeln
gewechselt, mir Essen gegeben. Wieso schätzen andere Leute
ihre Mütter nicht? Das ist hier in Europa meistens so ... Was
auch zur Gewalt führt, ist, wenn Eltern sich trennen und die
Mutter alleine mit den Kindern ist. Dann kann sie nicht jeden
Tag auf ihre Kinder aufpassen, und die müssen dann draußen
lernen, von Freunden und von falschen Freunden. So lernen
sie, Drogen zu nehmen. Erst Gras, dann Koks, danach Pep und
Ecstasy und dann Heroin, und dann sitzt man irgendwo auf
der Straße mit 15, 16 ...

DH: Hast du auch Drogen genommen?
Fahd: Nein.

DH: Hat dir da dein Sport geholfen?
Fahd: Ja. Ich hab natürlich viele Drogen gesehen ... Und ehrlich, zwei- oder dreimal hab ich Koks gezogen. Aber dann
hab ich mich gefragt, wozu ich meinen Körper kaputt machen
soll? Das ist ein Geschenk, eine Gabe von Gott! Wozu soll ich
das missbrauchen und kaputt machen? Warum soll ich undankbar sein? Weil ein Mensch immer undankbar ist. Erst
wenn er zum Beispiel im Rollstuhl sitzt, weiß er das zu
schätzen. Und so sind wir.

DH: Ist unsere Gesellschaft gewalttätiger geworden?

Fahd: Oh ja.

DH: Und warum?

Fahd: Zu viele Drogen. Die Leute denken, dass Prostitution und Zuhälterei cool ist und viel Geld bringt, und dann müssen sie gewalttätig sein und ihre Stärke zeigen. Jeder will besser als der andere sein. Früher war das nicht so. Früher hat man die Probleme untereinander geklärt, und dann war das aus der Welt geschafft. Aber jetzt gibt es viel organisierte Kriminalität, Gruppen, Cliquen, Banden, und die gehen alle zusammen drauf. Anabolika ist auch so ein Problem. Die pumpen sich auf und werden aggressiv, und dann fühlen sie sich stark und cool. Es ist alles viel gewalttätiger geworden. Als ich jung war, habe ich keine Gewalt gesehen, ich war nur zu Hause. Okay, zu Hause habe ich manchmal Schläge bekommen *(Fahd zieht auch hier wieder die Trennung zwischen Gewalt „da draußen" und Schläge in der Erziehung, die er aber nicht als Gewalt bezeichnet).* Aber draußen habe ich wenig Gewalt gesehen. Diese Zeit wird noch gewalttätiger werden, weil die Jüngeren immer schlimmer werden. Wie Sie eben erzählt haben. Es wird immer schlimmer, weil die „besser" sein wollen als die Generation zuvor. Und es gibt immer mehr Waffen! Aber ehrlich, ich weiß nicht, wie man das stoppt. Man muss den Leuten helfen und die Hintergründe verstehen lernen, um ihnen etwas anderes anbieten zu können. Weil, wenn man ihnen etwas nimmt, ohne eine neue Perspektive, dann akzeptieren die das nicht und setzen ihren Willen durch und machen es mit Gewalt.

DH: Du sagst also, diesen Leuten muss ganz früh geholfen werden. Jemand muss mit ihnen reden.

Fahd: Ja, mit zehn oder zwölf Jahren, wenn sie Gewalt erlebt haben, dann muss man sie vom Gegenteil überzeugen. Damit sage ich nicht, dass es für Ältere zu spät ist. Mit denen kann man auch reden, und wenn man versucht, die zu verstehen, dann klappt das auch mit denen, irgendwann.

DH: Du hast Hoffnung, dass wir etwas verändern können?

Fahd: Ja. Und ich will auch etwas verändern. Hoffnung alleine reicht nicht, der Wille zählt viel, und ich werde dir helfen und mir selber helfen und auch anderen helfen und versuchen zu verstehen. Wenn ich die Möglichkeit bekomme, dann mache ich das, ohne eine Sekunde zu zögern. Denn ich weiß ganz genau, in welcher Zeit wir leben ...

Stichwort:
Wie früh muss der Staat handeln?

Hafis als ein Opfer, Thomas Wider als Anwalt und Fahd als Täter beschreiben alle denselben komplexen Sachverhalt aus ihrer jeweils unterschiedlichen Perspektive. Da ist zum einen die unkontrollierte Gewalt, die plötzlich und unterwartet losbricht. Interessanterweise eskaliert die Gewalt für den Täter fast ebenso überraschend wie für das Opfer – eine Feststellung, die sich auch durch andere Interviews zu bestätigen scheint: Abgesehen von jenen Fällen, in denen Fahd und sein Bruder gezielt auf Rivalen zugingen, um sich „einen Namen zu machen", erleben sie den Ausbruch von Gewalt fast ebenso unkontrolliert und empfinden sie beinahe als ebenso unerklärlich, wie es ihre (zufälligen) Opfer tun. Ausdruck davon ist die nachfolgende Reue, wie oberflächlich oder tief empfunden sie letztlich auch sein mag.

In den drei vorausgegangenen Interviews wird vor allem auch die Frage aufgeworfen, an welchem Punkt die Gesellschaft konsequent eingreifen und Grenzen setzen muss. Dies betrifft auch die immer wieder aktuellen politischen Diskussionen darüber, ob unser Staat „zu lax" mit jugendlichen Gewalttätern umgeht. Erstaunlicherweise sind sich Hafis, Fahd und Thomas Wider, was die Beantwortung dieser Frage angeht, sogar einig: dass nämlich die gängigen Rechtsmittel weitgehend ungeeignet sind, um mit der Jugendkriminalität fertigzuwerden. „Der Ansatz müsste eigentlich sein", sagt Rechtsanwalt Wider zum Beispiel an einer Stelle, „sich mit den Leuten wirklich intensiv zu beschäftigen." Und am Beispiel von Fahd kann man auch deutlich erkennen, dass es durchaus einiges bringt, wenn überhaupt erst einmal Gesprächsangebote gemacht werden. Fahds Verhältnis zur Gewalt ist zwar immer noch widersprüchlich; es fällt ihm noch immer schwer, die durch seinen Vater erlebte Gewalt zu verurteilen, und auch er selbst neigt durchaus noch zur Härte, was die Bestrafung anderer angeht. Aber er ist auf einem guten Weg und im Grunde längst bereit, in seinem Leben auf Gewalt zu verzichten.

Ebenso klar wird aber auch, dass das, was so allgemein als „Warnschüsse" der Gesellschaft bezeichnet wird, letztlich zu spät ansetzt und wenig Wirkung zeigt. Gewalt im Elternhaus, zerrüttete Familienverhältnisse, ein Freundeskreis, der ebensolche Erfahrungen hinter sich hat und das Erlernte nur noch verstärkt: All das scheint bei Weitem prägender zu sein als spätere Arbeitsauflagen oder Jugendarreste. Tiefgreifende Verhaltensänderungen sind durch diese Maßnahmen offensichtlich kaum noch zu erreichen, falls sie nicht mit ernsthaften therapeutischen Angeboten gekoppelt sind.

Doch das Milieu-Problem ist nur eines von vielen. Fahd spricht am Schluss unseres Interviews ein weiteres an: das der Drogensucht. Auch sie ist zwangsläufig mit Kriminalität und Gewalt verbunden. Drogenabhängigkeit hat häufig ebenfalls mit dem Aufwachsen in kaputten Familienstrukturen und damit zu tun, dass die Gesellschaft erst hinsieht, wenn es bereits zu spät ist, wie die folgenden zwei Fallbeispiele zeigen.

Kevin, 20:
„Mein Vater hat meine Mutter umgebracht"

Kevin ist 20 Jahre alt. Ein schüchterner, schmaler Junge mit abgekauten Fingernägeln und schmuddeligem Jogginganzug. Er würde gut für 16, vielleicht 17 Jahre durchgehen. Er hatte im Knast von meinen Interviews gehört und bat mich um ein Gespräch. „Ich will meine Geschichte erzählen", sagte er mir. Kevin wirkt wie eine verlorene Seele, die nicht genug Antrieb besitzt, um sich selbst aus ihrem Dilemma zu befreien. Er braucht therapeutische Hilfe, jemand, der ihn an die Hand nimmt. Ob sein Knastkumpan, der ihn zu sich auf die Abteilung holte, um ihn dort vor den Übergriffen anderer Gefangener zu schützen, dieser Mensch ist, bezweifle ich. Allein schon, weil „Freundschaften", die im Knast geschlossen werden, häufig dazu führen, dass man in Freiheit wieder in die Verhaltensmuster gleitet, die einen schon zuvor in Schwierigkeiten gebracht haben.

Kevins Blick ist oft starr auf den Boden gerichtet, wenn er erzählt, und ab und zu zittert er, trotz des überheizten Raums, am ganzen Körper. Er redet leise, monoton und scheinbar unbeteiligt.

DH: Als wir uns letzte Woche vorgestellt wurden, habe ich mich unweigerlich gefragt, weswegen du wohl hier bist?
Kevin: Das hat viel mit Alkohol zu tun. Nüchtern, da bin ich ganz anders. Aber wenn ich getrunken hab, kommen halt meine Aggressionen raus, die ich so in mich reingefressen habe. Und die teile ich dann so aus.

DH: Du sitzt wegen Körperverletzung?

Kevin: Körperverletzung, Einbrüche und Autodiebstahl mit Fahrerflucht. Und viele Sachbeschädigungen. Aber wie gesagt, alles nur unter Alkohol.

DH: Wie alt bist du?
Kevin: Ich bin 20 geworden.

DH: Seit wann sitzt du?
Kevin: Seit zwei Jahren. Ich hatte 18 Monate, war dann zwei Wochen draußen und habe jetzt wieder sechs Monate. Ich war zur Therapie draußen, hab sie aber abgebrochen, und dann ging direkt der Haftbefehl wieder raus.

DH: Warum hast du die Therapie abgebrochen?
Kevin: Meine Oma und mein Opa sind die Einzigen, die ich draußen habe. Und vor meiner ersten Inhaftierung hat mein Opa einen Schlaganfall gehabt und den zweiten, bevor ich in Therapie gehen sollte. Da hab ich abgebrochen. Ich wollte unbedingt für meinen Opa da sein, aber die wollten mich aus der Therapie nicht nach Hause lassen. Die hatten mir ein Telefonat angeboten, das ich auch genutzt habe, aber dadurch ist es noch schlimmer geworden. Meine Oma hat am Telefon geheult. Das war zu viel für mich.

DH: Du bist eher schmal von Statur, wirkst sehr introvertiert und in keiner Weise wie ein Schläger.
Kevin: Aber wenn ich trinke, bin ich ein ganz anderer Mensch ... Dann braucht nur irgendeiner was zu sagen, und dann artet das aus. Ich habe nicht viele Schlägereien gemacht, vielleicht drei oder vier. Aber trotzdem ... Eine wäre schon zu viel gewesen. Das alles hat angefangen, als ich zwölf war. Mit 14 wurde ich das erste Mal zu Arbeitsstunden verurteilt. Ich

glaube, 160 insgesamt. Erst 40, dann 120, und später ein Wochenende im Jugendarrest. Danach wurde ich aber nicht mehr verurteilt, da hat sich das alles nur noch angesammelt. Immer wenn ich getrunken hatte, kam es zu Sachbeschädigungen oder Einbrüchen, um mir meinen Alkohol- und Drogenkonsum zu finanzieren. Als ich mit 17 verurteilt wurde, kamen 30 Anzeigen auf einen Schlag zusammen, und dann kam halt das dicke Ende. Jetzt habe ich noch sieben Monate, drei Monate nehme ich auf Bewährung mit, und danach fange ich mit meiner Schule an. Ich will meinen Hauptschulabschluss nachholen.

DH: Also kommt man dir hier ein bisschen entgegen?
Kevin: Nee, eigentlich nicht. Ich konnte hier keine Schule machen, weil sie hier meinen Lehrgang *(den Hauptschulabschluss für Förderschüler)* nicht anbieten. Ich war auf einer Lernbehindertenschule und hab in der siebten Klasse abgebrochen.

DH: Bist du lernbehindert?
Kevin: Eigentlich nicht. Mein Psychologe sagte auch, dass ich auf jeden Fall auf die Hauptschule könnte. Aber das fing früh an bei mir. Mit acht Jahren habe ich rausgekriegt, was mit meinen Eltern passiert ist. Mein Vater hat meine Mutter umgebracht, im besoffenen Zustand ... Ab da konnte ich mich in der Schule gar nicht mehr konzentrieren.

DH: Wie hast du das herausgefunden?
Kevin: Ich musste vom Jugendamt aus alle zwei Wochen sonntags meinen Vater besuchen. Und ich konnte nicht verstehen, warum ich nicht ganz bei ihm wohnen durfte, sondern nur bei meiner Oma, die ich für meine Mutter hielt.

Meine Schwester ist zwei Jahre älter als ich, und ich fragte sie, warum sie nicht zu unserem Vater muss? Und da hat sie zu mir gesagt: „Zu dem Mörder gehe ich nicht", und da hab ich sie gefragt, was sie damit meinte. Meine Oma hat ihr damals wohl alles erzählen müssen, weil meine Schwester ja schon älter war. Und da hat sie mir alles erzählt, aber ich wollte ihr nicht glauben. Ich hab gesagt: „Du lügst mich an, weil unsere Mutter doch unten in der Küche ist und kocht", und da hat sie gesagt: „Das ist nicht unsere Mutter, das ist unsere Oma." Dann bin ich runter in die Küche gegangen und hab gefragt: „Mama, stimmt das?" Und da hat meine Oma zu weinen angefangen und hat gesagt: „Ja, ich bin deine Oma." Und dann hat sie mir alles erzählt. Als mich dann beim nächsten Mal das Jugendamt zu meinem Vater bringen wollte, hab ich mich gewehrt und hielt mich am Geländer fest. Aber das Jugendamt hat gesagt, dass ich da hinmuss. Also bin ich da hingefahren. Erst war ich auch total ruhig. Und als mein Vater auf der Toilette war, habe ich mich sicher gefühlt und hab mich vor die geschlossene Tür gestellt. „Was hast du mit meiner Mutter gemacht?" Und darauf hat er zweimal geantwortet, dass da nichts passiert wäre, dass das ein Unfall war. Und dann habe ich wortwörtlich gesagt: „Du hast mir meine Mutter genommen." Und dann flog die Tür auf, und er hat mir 'ne Backpfeife gegeben. Seitdem musste ich nicht mehr zu dem ...

Das alles hat sich so in meinem Kopf festgesetzt, da ging in der Grundschule gar nichts mehr. Ich konnte mich von heute auf morgen nicht mehr konzentrieren. Ich war halt ein ganz anderer Mensch. Dann wiederholte ich die Klasse, blieb aber in der dritten oder vierten wieder sitzen und kam auf die Sonderschule. Freunde haben mich dann mit Alkohol in Kontakt gebracht, und ich hab direkt gemerkt, dass dadurch meine Probleme weggehen. Ich hatte mich so sehr mit allem beschäftigt, hatte die Gerichtsakten gelesen ...

DH: Willst du erzählen, wie es passiert ist?
Kevin: Ja ... Meine Mutter hatte den kennen gelernt und ist durch den auch Alkoholikerin geworden. Dann kam meine Schwester auf die Welt, und mein Vater fing an, meine Mutter zu schlagen. Dann war sie mit mir schwanger und ist von ihm immer abgehauen. Sie hat dann auch einen anderen kennen gelernt. Dann kam ich auf die Welt. Meine Mutter ist dann wieder zu meinem Vater gegangen, weil er auch immer hinter ihr her war und ihr sagte, wie sehr er sie liebte. Dann hat er sie wieder geschlagen. Meine Mutter hatte mich dann in eine Decke eingepackt – es war Winter – und ist mit mir abgehauen. „Ich bringe die um, wenn ich die finde", hat er am Telefon meiner Oma gedroht ... Meine Mutter ist mit mir durch einen Wald gelaufen, und er fuhr uns mit dem Wagen hinterher. Und weil sie wusste, dass sie mit mir nicht so schnell wegrennen konnte, hat sie mich an einem Baum liegen lassen und ist alleine weiter. Am nächsten Tag hat mich dann der Förster gefunden und hat die Polizei angerufen. Die haben mich dann wieder zu meiner Mutter gebracht. Aber meine Mutter ist immer wieder zu meiner Oma geflüchtet, auch mit blauen Flecken. Nur leider hat meine Mutter nie eine Anzeige gegen den erstattet. Als sie dann wieder einen anderen kennen gelernt hatte, ist sie weg von dem und hat in einem Hotel gelebt. Aber der hat sie tagelang gesucht und sie schließlich im Hotel gefunden. Dann hat er gesehen, dass sie einen anderen hatte, ist in das Zimmer eingedrungen und hat 24-mal auf meine Mutter eingestochen ... Sie hat dann noch zwei Wochen gelebt, im Krankenhaus. Wäre sie auf der Stelle gestorben, wäre es Mord gewesen. So

war es Totschlag. Er hat fünf Jahre dafür bekommen, von denen er dreieinhalb abgesessen hat. Dann kam er raus ...

DH: Wie bist du eigentlich in den Knast gekommen?

Kevin: Ich hab mit 17, kurz vor meiner Inhaftierung, für drei Monate auf der Straße gelebt. Ich hatte ein Mädchen kennen gelernt, das von ihrem Stiefvater geschlagen wurde. Und ich wollte sie mit zu meiner Oma nehmen. Aber das war meine schlimme Zeit. Alkohol, Kiffen, Ecstasy, Amphetamine ... Und meine Oma hat die Schuld dafür auf das Mädchen geschoben, was eigentlich nicht stimmte, denn ich hätte ja auch nein sagen können. Es war schon mein Wille, dass ich trinke ... Meine Oma hat das Mädchen dann rausgeworfen. Und weil die nicht wusste, wo sie hinsollte und es Winter war, bin ich mit ihr gegangen. Wir haben dann drei Monate in einer Scheune übernachtet. Ich fing an zu reden, erzählte, was passiert war. Und dann hab ich gedacht, ich muss meinen Vater mal richtig fragen, was da los war. Ich kannte jetzt die Gerichtsakte, ich wusste, was meine Oma mir erzählt hatte – aber ich weiß auch, wie das ist, wenn man unter Alkohol steht. Da kann man schlimme Sachen machen, die man hinterher bereut. Ich hab dann die Adresse von meinem Vater rausgefunden, bin mit dem Mädchen dahin gefahren und hab mich halt ausgesprochen. Er hat die ganze Schuld auf meine Mutter geschoben und wollte eine Entschuldigung finden für das, was er gemacht hatte. Damit kam ich gar nicht klar, und dann ist das ausgeartet. Bevor ich ihn schlagen konnte, hat mich das Mädchen zurückgezogen. Ich bin dann weg und hatte seitdem auch keinen Kontakt mehr mit dem, obwohl er das wollte.

DH: Ihr seid dann wieder in die Scheune zurück?

Kevin: Ja, und ab diesem Zeitpunkt hatte sich alles um 180 Grad gedreht. Ich wurde drei-, viermal so schlimm, wie ich es vorher war. Kriminelle Sachen gemacht ... Als das Mädchen dann von der Polizei aufgegriffen wurde, bin ich zurück zu meiner Oma gegangen, denn die hatte ja gesagt, dass für mich die Türe immer offen ist. Wir haben uns dann ausgesprochen und herausgefunden, dass es für mich besser ist, wenn ich zu Hause bin. Ich hab mir dann immer ein bisschen Gras zum Rauchen geholt. So habe ich mich über Wasser gehalten und brauchte den Alkohol nicht. Ich hab keine Sachbeschädigung gemacht, wenn ich kiffte. Es war zwar 'ne Droge, und jede Droge ist schlecht, das weiß ich. Aber ich hab gedacht, bevor ich mir Amphetamine oder so besorge und dann wieder Einbrüche mache, um mehr Geld zu kriegen, rauche ich lieber ein bisschen was und helfe meiner Oma bei der Hausarbeit, anstatt total auszuflippen. Dann kam der Stellungsbefehl für den Knast. Der lautete zunächst auf ein Jahr. Und während der Inhaftierung kamen die ganzen offenen Sachen, die ich noch hatte, dazu. Dann hab ich zwei Jahre neun Monate bekommen. Und die sitze ich jetzt ab.

DH: Wie ist es deiner Schwester ergangen?
Kevin: Meine Schwester kam mit der ganzen Sache besser zurecht. Immer wenn ich mit dem Thema „Mama" anfing, wollte sie nichts davon hören. Dann bin ich zu meinem Cousin gegangen, der ist drei Jahre älter. Bei dem habe ich auch meinen ersten Joint geraucht. Der ist halt so wie ich. Das ist so in unserer Familie, wir vertragen den Alkohol nicht. Mein Cousin und ich haben früher Pläne geschmiedet, meinen Vater irgendwann plattzumachen. So hatten wir gedacht, aber – wir waren halt jünger. Das haben wir nie gemacht. Ich hätte das machen können, als ich mit dem

Mädchen da war, aber ich habe mir gedacht: „Wofür?" Ich bin nicht wie er. Auf keinen Fall.

DH: Bist du Alkoholiker?

Kevin: Ja. Wenn ich jetzt so in meiner Zelle bin ... Ich will damit abschließen, ich will das nicht mehr, aber es ist schwer.

DH: Welche Art von Hilfe brauchst du?

Kevin: Eine vernünftige Freundin, die mir zeigt, wo es langgeht. Die, wenn ich auf schlechte Gedanken komme, sagt: „Bis hierhin und nicht weiter!" Auf jeden Fall brauche ich auch irgendwie Arbeit. Oder Schule. Also wenn ich jetzt rauskommen würde, dürfte ich nicht eine Woche lang nichts haben ... Ich muss direkt irgendwie ... Mein Onkel, der war auch sechs Jahre drauf. Der ist jetzt sieben Jahre trocken, macht Sport. Mit dem habe ich draußen, als ich 'ne gute Zeit hatte und nichts genommen habe, Sport gemacht. Wenn ich jetzt auf Zelle sitze und denke, dass es schön wäre, mit Freunden zusammenzusitzen und zu kiffen ... Nein, ich will diese Scheiße nicht mehr, ich will nicht wieder hier rein. Ich will ein besseres Leben haben, ich will damit abschließen! Ich will nicht so enden wie mein Vater.

DH: Glaubst du, dass das einfach in dir drinsteckt, oder dass du daran etwas ändern kannst?

Kevin: Ich weiß schon, dass ich es ändern kann, aber es ist schwer. Mein Onkel war Alkoholiker, meine Mutter wurde durch meinen Vater Alkoholiker, mein Vater ist Alkoholiker, meine Schwester war eine Zeit lang auch ein bisschen schlimmer drauf ... Ich weiß nicht. In der Therapie hat mich das sehr beschäftigt. Warum ist das so? Wie kann ich das abstellen, diesen Suchtdruck? Und dann habe ich gefragt, ob das Vererbung ist, und da haben die gesagt, dass das bei mir so sein kann. Aber ich meine, dass das keine Entschuldigung ist. Ich kann die Bierflasche auch stehen lassen. Aber es ist halt die Sucht.

DH: Vielleicht ersetzt dir deine Sucht auch etwas, was du vermisst?
Kevin: Ja.

DH: Wie muss das Mädchen sein, das dir helfen könnte?
Kevin: Ein Mädchen, das mit Drogen nichts zu tun hat. Ich kannte auch so eine, kurz vor meiner Inhaftierung. Wir haben auch wieder Kontakt. Mit ihr ging es mir gut. Okay, wenn sie nicht da war, hab ich mich mit meinem Cousin getroffen, und wir haben gekifft. Aber sie hat mir draußen wirklich weitergeholfen. Ich wurde während der Zeit mit ihr nicht straffällig. Mit diesem Mädchen würde ich es auch schaffen, drogenfrei zu leben. Sie freut sich auch, wenn ich ihr schreibe. Und ich hoffe, dass, wenn ich sie wiederkriege, ich auch mein Leben auf die Reihe bekomme.

DH: Wann hast du mit dem Trinken angefangen?
Kevin: Mit zwölf.

DH: Du benutzt eine Droge, durch die deine Mutter zu Tode kam.
Kevin: Da hab ich noch gar nicht drüber nachgedacht ... Da sagen Sie jetzt echt was Wahres.

DH: Du benutzt eine Droge, die du eigentlich verachtest.
Kevin: Das stimmt.

DH: Und diese Droge macht aus dir einen anderen Menschen.

Kevin: Das stimmt. Eigentlich bin ich so wie mein Vater, aber ich hab nie meine Freundin geschlagen. Nie! Ich war in Zuständen, da hätte ich mich selber nicht wiedererkannt und wusste am nächsten Tag gar nichts mehr. Ich hab immer gefragt: „Was hab ich gemacht?" Und meine Freundin hat mich immer in den Arm genommen, und sie hat nie was davon gesagt, dass ich sie irgendwie geschlagen hätte. Noch nicht mal die Hand habe ich gehoben, gar nichts. Eigentlich denke ich, ich kann gar nicht wie mein Vater sein, aber andererseits denke ich, ich muss wie mein Vater sein, weil – ich bin sein Fleisch und Blut! Und wenn ich schon so Straftaten wie Einbrüche und Autodiebstahl mache, um an Geld ranzukommen, also ... Das sind ja kriminelle Sachen, und so was hat mein Vater früher auch gemacht.

DH: Hast du hier therapeutische Hilfe?
Kevin: Nein, gar nicht. Ich hatte über ein Jahr mit meinem Drogenberater Kontakt. Mit dem habe ich auch sehr viele Gespräche über meine Familie geführt. Der hat mir sehr weitergeholfen. Aber nachdem ich die Therapie abgebrochen habe, ist der nicht mehr für mich zuständig. Der hat mir klipp und klar gesagt, dass ich ein Therapieversager bin. Obwohl ich ihm auch drei Wochen vor der Therapie gesagt habe, wie es meiner Oma und meinem Opa geht und ich nicht wusste, ob die Therapie zurzeit so gut für mich wäre. Und er hat mir gesagt, dass ich es einfach versuchen sollte, weil er an mich glaubte und meinte, ich würde es schaffen. Aber ich habe es nicht geschafft. Und jetzt will er mich nicht mehr zu Gesprächen holen. Ich hab drei Briefe doppelseitig geschrieben, aber gar nichts mehr.

DH: Hast du Freunde hier im Knast?

Kevin: Ja. Drei Freunde.

DH: Wirkliche Freunde?

Kevin: Der eine ja. Der hat mich auch in seine Abteilung geholt, weil ich da, wo ich vorher war, 'ne schwere, schlimme Zeit hatte. Ich bin halt keiner, der sich durchsetzen kann.

DH: Was heißt das?

Kevin: Ich gehe Schlägereien aus dem Weg. Und dieser Freund ist ein bisschen stärker, und seitdem habe ich Ruhe. Keiner schlägt mich, keiner zieht mich ab *(Jargon für das Berauben unter Androhung von Gewalt)* oder sonst irgendwas.

DH: Das ist alles passiert?
Kevin: Ja ... Ja.

DH: Bist du zusammengeschlagen worden?
Kevin: Ja.

DH: Hast du das gemeldet?
Kevin: Nein. Ich bin kein Zinker *(Knastjargon für Verräter)*. Die haben 'ne schwere Zeit hier im Knast. Und ich will meine Zeit gut zu Ende bringen. Und ich versuche, es mir auch nicht bei den Beamten zu verscheißen. Ich will nicht als Zinker dastehen und alle gegen mich haben. Mir wurden viele Sachen abgezogen, die mir meine Oma geschickt hat. Da kamen mir auch die Tränen auf der Zelle. Aber was sollte ich machen? Das ist halt Knast, und wer sich nicht durchsetzen kann, hat verloren. Ich war ja erst im offenen Vollzug, hab aber nach meinem ersten Urlaub zwei Gramm Gras mit reingebracht, und dann haben sie mich sofort abgeschlossen. Obwohl ich da 'ne richtig gute Zeit hatte. Da gab es einen Pfarrer, der mit

mir über früher sprach und mir damit schwer geholfen hat. Nur hab ich die Zeit da nicht genutzt, weil ich nicht wusste, wie der geschlossene Vollzug ist. Aber ich hab's mir da versaut ... Wenn ich jetzt noch mal da wäre, ich würde es anders machen, würde die Zeit nutzen und wüsste, dass ich nicht noch mal in diese Hölle hier möchte.

DH: Dein Vater hat für den Totschlag an deiner Mutter fünf Jahre bekommen und ist längst wieder draußen. Was macht das mit dir?
Kevin: Wut. Richtige Wut ... Hass ... Auch Angst. Angst davor, dass er irgendwann mal abdrehen sollte und auf einmal bei meiner Oma vor der Türe steht.

DH: Kannst du dich an deine Gedanken, deine Gefühle erinnern, als du mit acht Jahren die Wahrheit über den Tod deiner Mutter erfahren hast? Wie war es danach?
Kevin: Ich hab immer gedacht, wie ist es, wenn man eine Mutter hat. Die anderen Mütter kamen zum Elternsprechtag, haben ihre Kinder zur Schule gebracht ... Da hab ich auch so einen Schmerz gespürt.

DH: Hast du deiner Oma Vorwürfe gemacht, weil sie dir nicht von Anfang an die Wahrheit gesagt hat?
Kevin: Nein, gar nicht. Ich bin ihr dankbar, weil ich ohne sie sonst ins Heim gekommen wäre. Sie hat mir einen Zettel gezeigt, den ihr meine Mutter kurz vor ihrem Tod im Krankenhaus gegeben hat. Sie konnte ja nicht mehr sprechen, weil ihre Lunge zerstochen war. „Gib Kevin und seine Schwester nicht ins Heim", stand da drauf. Das hatte sie geschrieben.

DH: Deine Oma liebt dich.

Kevin: Wir können uns das nicht sagen, aber das empfinde ich für sie. Und sie wohl auch für mich.

DH: Suchst du Liebe?
Kevin: Ja. Meine Ex-Freundin hat gesagt, ich würde nur an ihr klammern. Ich gebe die Liebe weiter, die ich nicht gekriegt habe. Die will ich mir doppelt und dreifach holen.

DH: Fühlst du dich wertlos?
Kevin: Ja. Man ist so alleingelassen. Warum ist man auf der Welt? Man ist zu gar nichts wert. Ich hab an meinen Armen geritzt *(er zieht den Pullover hoch, der Arm ist über und über mit Narben bedeckt).* Ich saß zu Hause auf Alkohol, und mir ging noch mal alles durch den Kopf ... Das war kurz, nachdem ich meinen Vater besucht hatte. Ich hab ganz viele Diazepam *(starkes Beruhigungsmittel)* auf Alkohol geschluckt. Ich wollte nicht mehr. Ich hab mich gefragt, warum ich leben soll? Ich hab alles verschissen. Die Schule, ich hab keine Mutter, ich hab keinen Vater ... Ich hab mich so als Nichts gefühlt, als Nichtsnutz. Am nächsten Morgen bin ich total verstört wieder aufgewacht und war noch da ... Na ja, hinterher habe ich gedacht, dass es das nicht ist. Ich muss leben, und es gibt doch einen Grund, warum ich auf der Welt bin.

DH: Welchen?
Kevin: Ich bin nicht umsonst auf der Welt, weil ich sonst nicht auf der Welt wäre.

Caro, 20:
„Wenn ich clean gewesen wäre"

Es ist das erste Mal, dass ich ein Frauengefängnis betrete. Man hat mich vorgewarnt, Frauenknast sei der Gipfel der Verwahrlosung. Doch wie immer ist es lohnend, sich ein eigenes Bild zu machen. Wie zum Beispiel von Caro. Sie ist 20 Jahre alt und sofort bereit, mir ein Interview zu geben.

Frauen im Gefängnis: Darüber wird in der Öffentlichkeit kaum gesprochen. Weniger wegen der geringen Anzahl inhaftierter Frauen – sie stellen weltweit nur etwa fünf Prozent aller Gefangenen –, sondern eher, weil Frauen als Täterinnen noch immer ein Tabuthema sind. Dabei ist es wichtig zu wissen, dass in Deutschland annähernd 50 Prozent der weiblichen Gefangenen wegen Verstößen gegen das Betäubungsmittelgesetz und weiterer, die Sucht finanzierender Straftaten einsitzen. Warum Caro im Knast ist, weiß ich zu Beginn unseres Interviews noch nicht. Sie ist kräftig von Statur und wirkt so gar nicht wie die typischen Junkies, die man sich gemeinhin als hagere, ausgezehrte Gestalten vorstellt. Sie wirkt durch ihre robuste Erscheinung eher wie jemand, der sich einen äußeren Panzer zugelegt hat, um sein Inneres zu schützen. Ihre Sprache ist unterkühlt und maskulin. Man spürt aber auch, dass sie sich durch den Drogensumpf kämpfen musste und dabei immer auf der Hut war, weder schlechtem Stoff noch falschen Gefühlen aufzusitzen. Ihr Leben ist geprägt von Misstrauen und Enttäuschung.

Sie auf ihrer Zelle zu besuchen wird vom zuständigen Justizbeamten nicht gerne gesehen, und wir gehen deshalb in ein leer stehendes Büro gleich neben der Zelle, in der Randalierer ruhiggestellt werden.

DH: Wie lange bist du schon hier?

Caro: Seit elf Monaten. Ich habe zwei Jahre und elf Monate für versuchten bewaffneten Raub und Beschaffungskriminalität gekriegt. Ich bin halt wegen Drogen hier. Sie haben mich beim Drogenkauf erwischt. Und solche Sachen.

DH: Wie lange hat es gedauert, bis du richtig in die Drogenszene abgerutscht bist?

Caro: Mit Marihuana habe ich früh angefangen, mit 13. Dann hab ich das Zeug ein bisschen vertickt. Ich hab damals 'ne Dealerin gehabt, für die hab ich halt immer was verkauft. Wenn ich fünf Gramm verkauft hatte, hab ich ein Gramm geschenkt bekommen. Das lief ja eigentlich ganz gut. So hatte ich das Zeug immer gut im Haus. Meine Mutter wusste davon nichts. Die hatte mit Drogen nie was zu tun gehabt und wusste auch nicht, was ich da mache, und hat das auch nie gesehen oder so ...

Das mit dem Kiffen war irgendwann so schlimm, dass ich morgens vor der Schule, vor dem Frühstück, erst mal 'nen Joint brauchte. Sonst ging gar nichts mehr. Und das Jugendamt, das wegen meines Bruders schon auf uns aufmerksam geworden war, hat auch nie wirklich was gemacht. Ich hab wohl mal Strafstunden gekriegt, aber das war es. Weil meine Mutter den vom Jugendamt auch kannte. Meine Eltern haben sich dann, als ich 13 war, endlich mal getrennt, und dann konnte ich endlich ein bisschen leben, wie ich damals dachte. Aber das ist ja auch kein Leben gewesen ... Dann hab ich halt das gemacht, was ich schön fand, und nicht, was andere von mir wollten.

DH: Ist dein Werdegang die notwendige Konsequenz deiner Kindheit?

Caro: Also, ich persönlich, und das ist meine Meinung, ich hätte viele Sachen anders machen können. Ich wusste ja, was passiert, und hab es trotzdem gemacht. Klar hat das alles damit zu tun. Die Sachen, die man erlebt, die formen einen Menschen ja. So denke ich. Ich hätte sofort 'nen anderen Weg einschlagen können. Ich hätte ja nicht kiffen müssen und mir andere Freunde suchen können – zum Beispiel.

DH: Was hätte dir helfen können, andere Entscheidungen zu treffen?

Caro: Nach der Trennung meiner Eltern mussten wir umziehen und haben dann im Ghetto gewohnt, in so einem Neubauviertel. Da waren dann nur so Familien, die auch nichts hatten. Als meine Eltern noch verheiratet waren, da hatten wir ja alles. Zwei Autos, Haus und Wohnwagen. Geldmäßig ging es uns nicht schlecht. Und wir Kinder hatten auch immer alles, was wir wollten ... Geschenke und so. Aber die Liebe ist immer auf der Strecke geblieben. Mein Vater war Alkoholiker. Der hat nur gesoffen und uns verprügelt. Und meine Mutter wurde in ihrer Kindheit auch nur schlecht behandelt und wusste gar nicht, wie man das macht, ein Kind umarmen und so. Damals wusste ich das natürlich noch nicht. Aber wenn man heute drüber nachdenkt ... Und sie hat mir das auch mal erzählt, dass sie am Anfang gar nichts damit anfangen konnte, wenn wir Kinder mal sagten: „Ich hab dich lieb." Die hat uns Kinder auch geschlagen. Ich weiß nicht, aber so was bleibt schon hängen.

Wir mussten umziehen, weil mein Vater alles versoffen hatte, seine Arbeit, alles. Und dann war der auch noch so ein Typ aus der rechten Szene. Das war dann noch das Schönste, hat einen auf Nazi gemacht und ist dann in 'ner Dönerbude essen gegangen. Solche Leute mag ich sehr ... Hat uns als Kinder vor solchen Hitlerfilmen sitzen lassen, und wir mussten uns die angucken und solche Sachen. Oder zum Geburtstag zum Beispiel, da saßen die mit der Torte in der Küche, und ich musste mein Zimmer aufräumen. Weihnachten: Man wusste genau, es gibt Stress, das war schon immer programmiert, das wusste man einfach. Oder wenn man vom Tisch aufstand, bevor alle fertig waren, da wusste man schon, was blüht. Ich hab als Kind mehr in Angst gelebt, als dass ich Freude hatte oder so was. Ich hab noch 'nen älteren Bruder. Der hat schon ganz früh angefangen, Scheiße zu bauen. Auf mich hat keiner so richtig geachtet, weil ich als Kind immer lieb war. Ich hab mein Geld gespart, meine Barbiepuppen selbst gekauft. Als Kind war ich eigentlich 'ne ganz nette Person und war immer so im Hintergrund, ohne dass mich jemand so richtig wahrgenommen hätte. Bei mir lief alles 'nen geraden Weg, Grundschule lief 'nen geraden Weg und so. Ich war immer ... einfach nett, wie soll man das anders sagen? Alles andere kam ja erst später bei mir. Meine Mutter ist dann auch arbeiten gegangen natürlich, und ich hab dann auf meine drei kleinen Geschwister aufgepasst. Ich hab meine kleine Schwester fast allein großgezogen. Die ist nachts zu mir gekommen, wenn sie schlecht geträumt hatte, nicht zu meiner Mutter. Aber ich meine, wenn sie nicht gearbeitet hätte, dann hätten wir das nie so durchziehen können, alles. Weil mein Vater ja seine Sauftouren gemacht hat und zig Entgiftungen hatte und was weiß ich für Alkoholtherapien. „Ich änder mich, ich änder mich". Alles klar, hat nie was gebracht. Und irgendwann hat meine Mutter mal eingesehen, dass sie sich trennen muss. Gott sei Dank! Nach 19 Jahren Ehe.

Ich und meine Geschwister haben alle den gleichen Vater. Mein großer Bruder ist noch ins Heim gekommen, bevor meine Eltern sich getrennt haben, obwohl mein Vater ihn geliebt hat, seine braunen Augen und die schwarzen Haare, und mich gehasst hat, meine blauen Augen und die blonden Haare. Das hab ich nie richtig verstanden. Ach, da sind zig Aktionen gelaufen ... Dann haben wir den da irgendwo gefunden auf 'nem Klo am Pennen und mussten die Nachbarn holen. Da war viel Action. Ich hab die Flaschen gefunden und die meiner Mutter gegeben, weil ich zu der eigentlich immer ein gutes Verhältnis hatte, ich hab meine Mutter immer geliebt, meinen Vater nie so wirklich. Ich hab das auch jetzt nicht wirklich, dass ich einen Vater vermisse oder so. Überhaupt nicht! Für mich ist das okay so. Ich hab mich daran gewöhnt, und das ist in Ordnung. Als meine Eltern sich endlich getrennt haben, hatte meine Mutter dann einen neuen Freund, mit dem ich überhaupt nicht klargekommen bin. Ich bin dann mit 14 das erste Mal ausgezogen.

DH: Mit 14?
Caro: Das ging einfach nicht mehr. Wir haben das alle miteinander nicht mehr ausgehalten. Wie gesagt, das Jugendamt hat sich eigentlich nie um mich gekümmert. Das haben die auch hier im Knast kaum glauben können.

DH: Wohin bist du gegangen?
Caro: Ich hatte einen Freund, und zu dem bin ich gezogen. Ich hatte immer schon mit Älteren zu tun gehabt, auch schon, als ich jünger war. Auf jeden Fall bin ich mit dem zusammengezogen, und der war natürlich auch am Kiffen. Und dann kam ich durch einen anderen Dealer zum ersten Mal mit Junkies in Kontakt. Und ich hab damals so Angst davor ge-

habt, weil die alle so abgefuckt aussahen, wenn die sich gespritzt hatten. Ich hab so Angst davor gehabt, ich wollte nie was damit zu tun haben. Mit 15 habe ich dann einen Kumpel getroffen, und wir saßen im Stadtpark, hatten schon ein bisschen Bier getrunken, und ich war schon etwas angesoffen, und er dann: „Hier komm, probier doch mal, ich hab hier auch 'ne saubere Pumpe ..." *(Szenejargon für Spritze)* Und ich hab mich breitschlagen lassen. Ich hätte auch nein sagen können und dabei bleiben können. Ich habe aber gesagt: „Okay." Mir ging es so elend nach dem Druck, ich konnte gar nichts mehr ... Ich hab zwei Stunden dagesessen, es ging nichts mehr. Und dann hab ich das auch jahrelang nicht mehr angefasst. Gekifft habe ich immer, das war immer okay. Ich mochte das einfach, dieses Abschalten und die Probleme nicht so sehen. Das war alles noch so frisch, und ich fand das gut so, alles in Schubladen, das war in Ordnung für mich, weil ... Nee, da wollte ich auch nicht drüber nachdenken. Meine Geschwister hatten auch sehr damit zu kämpfen, bis die wieder so ein bisschen normal wurden. Durch die ganzen Sachen, die mein Vater halt gemacht hatte, hat das 'ne Zeit lang gedauert. Der hat ja auch meine Mutter geschlagen, der hat alle bei uns verprügelt. Ich bin oft dazwischengegangen.

DH: Es gab keine sexuellen Übergriffe?
Caro: Bei meinem Vater? Ja, das war immer komisch bei ihm. Man wusste genau, wann er gesoffen hatte. Erst mal konnte man alles von ihm kriegen so, dann sind sie ja immer nett: „Ich hab dich ja so lieb ..." Und da wusste ich schon, da ist doch wohl was faul. Und dann wurde er von einem aufs andere aggressiv. Und wenn er seine Trockenphase hatte, dann ist er morgens um sechs Uhr aufgestanden und hat angefangen, Staub zu saugen, weil er nicht wusste, was er mit

sich anfangen sollte. Für mich hat der immer einen an der Schachtel gehabt. Wenn ich da heute drüber nachdenke, dann ist das nicht normal gewesen. Ich hab mit ihm überhaupt keinen Kontakt, gar nicht. Seitdem die geschieden sind, nicht. Was der heute macht, ist mir egal, wenn ich ehrlich bin. Für mich ist dieser Mann nie existent gewesen in meinem Leben. Der war ja auch nie da, wenn ich ihn gebraucht habe.

DH: Du hast mit dem Kiffen erst angefangen, als dein trinkender Vater nicht mehr da war.

Caro: Ich hatte dann mehr Freiheiten. Bei meinem Vater hätte ich mir das nicht erlaubt. Ich hatte viel zu viel Angst. Und wir hatten ja auch noch in einer anderen Gegend gewohnt, in einer höheren Gesellschaft, sage ich mal. Da gab es solche Leute gar nicht. Das waren ja wirklich nur Einfamilienhäuser, und alle hatten ein bisschen mehr Geld, und die Kinder waren alle wohlbehütet. Also vor der Haustür jedenfalls. Was da drinnen passierte, da hab ich mich auch nie drum gekümmert. Ich hatte selber zu Hause genug zu tun. Aber da wusste ich nicht mal, was Kiffen ist. Aber dann kam der Umzug, andere Gegend, andere Schule, und dann ging das los. Ich hab dann andere Leute kennen gelernt und hatte dann auch so nur mit Älteren zu tun, und davon haben die meisten gekifft. Und ich natürlich: „Ja, ich kenn das!", obwohl ich keine Ahnung hatte. So hat das dann angefangen. Den ersten Joint geraucht, die erste Bong *(Szenejargon für eine Art Pfeife)* geraucht. Und das war echt gut für mich. Im Endeffekt nicht, aber ich fand es schön so. Ich hatte den ganzen Stress nicht mehr, und meine Mutter hat das sowieso nicht gemerkt. Auch wenn ich schlechte Noten hatte, hat die mich nie angeschrien oder so. Ich denke auch, sie wollte was gutmachen. Ich kann es ja auch verstehen. Mir wurde meine Kindheit ja irgendwie genommen.

DH: Die Gewalt, die du zu Hause erlebt hast – inwiefern hast du die an anderen ausgelassen?

Caro: Also, mit Prügeln habe ich es noch heute nicht so. Also, wenn es sein muss, dann kriegt von mir auch jemand einen drauf. Ich sag dir dreimal was, und dann ist auch Schluss. Aber ich persönlich halte nicht so viel von Schlägereien, ich kann mich mit Worten besser wehren. Und mein Empfinden ist auch, dass Worte mehr wehtun können als 'ne Faust ins Gesicht. Das ist einfach meine Denkweise.

DH: Du hast einen bewaffneten Raubüberfall begangen.

Caro: Die Waffe hat aber nicht funktioniert.

DH: Das wusstest du auch?

Caro: Klar. Ich hätte auch nicht mit echten Waffen ... Nee, das ist mir zu gefährlich, so was.

DH: Wie war das, als du deinem Opfer mit der Waffe gegenüberstandest?

Caro: Ich war affig ...

DH: ... das heißt, du hast unter Entzugserscheinungen gelitten.

Caro: Natürlich! Wenn ich clean gewesen wäre, hätte ich so was nicht gemacht. Jetzt, wo ich clean bin, denke ich auch: „Was hab ich da gemacht?" Aber in dem Moment hab ich nur gedacht, ich brauch was, damit ich meine Drogen besorgen kann. Da war mir das völlig egal.

DH: Kein Mitgefühl?

Caro: In dem Moment? Nee, überhaupt nicht. Jetzt tut mir das voll leid und so. Man kann es nicht mehr rückgängig machen. Die Schöffen haben mich bei der Verhandlung auch echt runtergemacht und mir gesagt, ich hätte besser einen Einbruch mehr begehen sollen anstatt eines bewaffneten Raubüberfalls. Es wurden keine Zeugen vorgeladen, weil ich das alles eingeräumt habe. Ich hab gleich gesagt: „Ja, ich war das." Weil es einfach Scheiße von mir war.

DH: Warst du erleichtert, dass man dich erwischt hatte?
Caro: Ein bisschen schon, in dem Moment, und jetzt im Endeffekt auf jeden Fall. Ich meine: Knast ist voll Scheiße, und ich bin auch nicht gerne hier, aber ich bin froh, dass ich hier bin, weil ... Ich weiß nicht, was sonst noch passiert wäre. Ich war echt schon so tief da drin, und das war ganz schlimm für mich, und ich hab das nur ein Jahr genommen, Heroin. Aber das Jahr war so ätzend. Ich hatte ja 'ne eigene Wohnung, aber ich hatte irgendwann keinen Strom mehr, weil ich das nicht bezahlt hab, bin mit 'ner Reisetasche von Kumpel zu Kumpel gezogen und hab jede Nacht woanders gepennt. Das war mir alles egal. Hauptsache, ich hatte meine Drogen. Mein Tagesablauf hat echt darin bestanden: Ich bin aufgestanden, hab mir überlegt, wo gehe ich heute hin, wo kann ich Geld machen, wer hat Drogen, wo kann ich hingehen ... Das war nicht schön.

DH: War dir nicht bewusst, dass die Finanzierung deiner Sucht kriminell war?
Caro: Die Angst war immer da, dass ich erwischt werde. Denn ich hatte einmal Bewährung bekommen, sechs Monate auf drei Jahre, und da wusste ich schon, jetzt ist Ende. Aber irgendwo war mir das auch egal, weil man ja eigentlich immer entweder drauf oder aber affig war. Dann interessiert einen das einfach nicht so. Diese Droge macht einen so fertig, die nimmt einen so – wie soll ich das erklären? Die hat einen

so im Griff, da kann man an gar nichts anderes mehr denken. Da vergisst du wirklich alles. Man hat so 'ne Mauer aufgebaut, auch mit Lügen und alles, und das interessiert dich alles nicht mehr. Du lebst von Stunde zu Stunde, den ganzen Tag. Hoffst, dass dieser Druck lange hält, damit du lange breit bist und nicht überlegen musst.

DH: Weißt du, wenn du breit bist, dass das irgendwann wieder vorbei ist?
Caro: Ich hab da nicht so oft drüber nachgedacht. Wir haben uns immer erst mal einen Druck besorgt, damit wir nicht mehr affig waren. Wir haben das meistens zu zweit gemacht, manchmal auch zu dritt. Mein Kollege sitzt auch im Knast, aber wir haben uns nie gegenseitig angeschissen. Wir haben uns einen Druck geteilt, dass wir nicht affig sind, dass wir loskönnen, Geld besorgen. Dann haben wir das so gemacht, dass wir erst mal für den ganzen Tag genug dahatten.

DH: Habt ihr euch auch die Nadel geteilt?
Caro: Manchmal leider schon. Man denkt da einfach nicht drüber nach. Heute bereue ich das sehr. Ich wäre knapp an 'ner Hepatitis vorbei, hat der Arzt hier gesagt. Ich will mich draußen noch mal testen lassen. Hier drin versuche ich, das zu verdrängen.

DH: Waren die Drogen ein Ersatz für die fehlenden Gefühle zu Hause?
Caro: Durch die Drogen ist für mich immer so 'ne Last von mir abgefallen. Ich hab mich immer schon um andere Menschen gekümmert, und das ist auch heute noch so, dass ich mich um Probleme anderer annehme, mich aber nicht um meine kümmer. Ich hab immer schon die Mutter für meine

Geschwister gespielt, weil ich wollte, dass es denen gut geht. Die machen zwar genauso viel Müll, wie ich es auch gemacht habe, bloß Gott sei Dank ohne Drogen. Mein jüngerer Bruder ist 15, hat jetzt seine Ausbildung geschmissen, obwohl er immer gesagt hat, er will nicht so werden wie ich. Ich versuche, ihn in Briefen zu überzeugen, doch mal nachzudenken.

DH: Du hast mir gesagt, wenn jemand früh genug mit dir gesprochen hätte, wäre dir vieles erspart geblieben.

Caro: Ja. Das sagen auch alle hier zu mir, dass ich niemanden schnell an mich ranlasse. Ich möchte einfach nicht, dass Leute, die ich nicht kenne, mir irgendeinen erzählen wollen. Das hab ich auch meiner Mutter damals gesagt, dass das nichts bringt, wenn sie mir einen erzählen will. Mit 14 habe ich mich auch geritzt *(sich die Arme aufschneiden als Reaktion auf psychische Belastungen)*, was alle Jugendlichen irgendwie gemacht haben, und dann hat sie gefragt: „Warum machst du das denn?", und ich hab ihr gesagt: „Du verstehst das sowieso nicht!" Sie hätte es auch nicht verstanden, das ist einfach so. Sie hatte ja genug mit sich selbst zu tun. Und mit meinem großen Bruder wollte ich auch nicht darüber reden, weil der sofort wieder zu meiner Mutter gerannt wäre. Die wollten mich ja auch zum Psychologen schicken, aber das wollte ich nicht, weil der dann auch einmal im Monat ein Gespräch mit den Eltern führt. Wenn ich jemandem etwas erzähle, dann möchte ich, dass es auch bei dem bleibt.

DH: Dein Vater hat dich geschlagen, und deine Mutter hat es nicht verhindert, hat dich nicht beschützen können. Bist du mit deiner Drogensucht deshalb nicht zu ihr gegangen?

Caro: Das weiß ich nicht. Wir hatten nie so ein Mutter-Toch-

ter-Verhältnis. Sie ist meine Freundin, auch wenn ich „Mutti"
zu ihr sage. Sie ist aber nicht wirklich meine Mutter für mich.
Und ich bin für sie auch eher die Freundin. Nee, also, heute
rede ich schon mit ihr über Sachen, aber eben nicht über
alles. Sie hat ihr Leben, ich hab meins. Für mich ist das okay,
ich kann das ab. Klar, wir lieben uns, und ich würde für sie
alles tun, und ich schätze, auch sie für mich. Wir hatten ja gar
keinen Kontakt, als ich auf „H" war *(Szenejargon für Heroin)*.
Sie wusste auch gar nicht, dass ich auf Heroin bin. Als ich
hier drinne war, hab ich sie angerufen: „Ich sitze im Bau, aber
so können wir uns wenigstens schreiben." Klar, die ersten
Briefe waren schon mit Vorwürfen, und meine genauso: „Du
hast das und das gemacht, ich würd' mal den Ball flach
halten!" Und ein paar Briefe später ging das dann los, dass
wir uns genähert haben, halt. Und jetzt, muss ich sagen, ist
das Verhältnis ganz okay. So gefällt mir das. Ich kann zu ihr
kommen, das weiß ich. Ich will ja auf Therapie, kann die
Wochenenden bei ihr verbringen, aber wohnen würde ich da
nie wieder wollen, weil ich weiß, es klappt einfach nicht. Wir
sind zu gleich. Das geht nicht. Wir sind beide Dickköpfe und
müssen unsere Meinung durchsetzen. Das würde nie funktionieren.

DH: Du hast eben von der Angst vor deinem Vater erzählt.
Kannst du diese Angst beschreiben?
Caro: Das war schlimm für mich. Mein großer Bruder hat
mich ja auch verprügelt. Der hat richtig Faxen mit mir abgezogen, hat mich im Bettkasten eingesperrt und so. Ich hab da
richtig Angst gehabt im Dunkeln. Das war wirklich nicht
mehr schön. Und ich konnte auch nichts dagegen sagen, weil
mein Vater dem eh nichts getan hätte. Der war ja der erst-
geborene Sohn. Würde ich meinen Vater heute treffen, ich

würde dem richtig eins reinwürgen. Aber ich denke, der hat mit seinem Alkohol eh nicht aufgehört, der bringt sich von alleine langsam, aber sicher um und wird in Qualen sterben. Das ist okay für mich. Das ist für mich Genugtuung. Man sagt immer, Gottes Mühlen mahlen langsam, aber sie mahlen, und jeder bekommt seine Strafe. Und er auch. Und ich will mein restliches Leben nicht mit Hass verschwenden. So ist er mir einfach gleichgültig.

DH: Er ist dir gleichgültig, und trotzdem empfindest du Genugtuung beim Gedanken, dass er in Qualen sterben wird?
Caro: Ja, das ist okay für mich. Da kann ich mit leben.

DH: Das ist eine gerechte Strafe für ihn?
Caro: Ja, natürlich.

DH: Obwohl du mich nicht kanntest, hast du ganz spontan in dieses Interview eingewilligt.
Caro: Ich will, dass Leute einfach mal wissen, wie das ist, wie das alles passieren kann. Viele denken, die im Knast, die haben es ja so gut da. Die Gesellschaft draußen denkt so. Aber das ist überhaupt nicht der Fall. Einige finden das bestimmt gut hier und kommen immer wieder, immer wieder ... Man sieht das vor Weihnachten zum Beispiel: Die haben hier 'ne warme Unterkunft, dreimal Mahlzeit am Tag und sogar 'ne Arbeit, bei der sie auch noch Geld verdienen. Aber ich zum Beispiel: Für mich wäre das fatal gewesen, wenn ich draußen geblieben wäre. Ich hab zwar immer Glück gehabt, hab keine Überdosis gehabt oder so. Aber wenn man da so tief drin sitzt: Irgendwann denkt man auch über Selbstmord nach. Das ist einfach Fakt. Für mich war der Knast die Rettung, weil ich dadurch gezwungen wurde, mein Drogenleben aufzugeben.

Ich mach hier sogar meinen Hauptschulabschluss nach. Das hätte ich draußen nie geschafft, nie.

DH: Hast du damals von dir aus die Schule verlassen?
Caro: Ich hab zweimal die Achte gemacht und hab gesagt: „Tschüss!"

DH: Da warst du 14, 15?
Caro: Ja. Und dann auf BGJ *(Abkürzung für Berufsgrundschuljahr)* und hab da Scheiße gebaut, und dann musste ich da gehen, und dann hab ich erst mal nichts gemacht. War mir auch egal.

DH: Nach deinem ersten Druck mit 15 hast du jahrelang nicht gedrückt und dann aber mit 18 angefangen, Heroin zu nehmen. Warum?
Caro: Ich hab jemand kennen gelernt, der im offenen Vollzug saß, und der kam an und sagte: „Nase ist ganz anders", und so ging das denn los. Ich hab dann 'ne Nase gezogen, einmal die Woche, und dachte: „Ich hab das ja im Griff", wie es alle anderen auch sagen. Und der Typ war so krankhaft eifersüchtig, der ging mir so auf die Nerven, irgendwann hab ich den rausgeschmissen. Und dann kam mein Ex, und den hab ich bei mir wohnen lassen. Und der hat mich dann erst mal wieder ein bisschen da rausgeholt: „Das ist nicht so gut, nimm mal was weniger ..." Wir haben dann Psylos, also Pilze, genommen, und ich hab vom Heroin erst mal wieder die Finger gelassen. Ich musste dann aus der Wohnung raus und nahm mir mit meinem Ex zusammen eine Wohnung. Und dann ging das so richtig los. Der hat sich dann in meiner Wohnung umgebracht. Das war für mich eine ganz schlimme Aktion. Ich hab den selber abgeschnitten ... Der hat sich auf-

gehängt. Dann kamen die Bullen, und der eine meinte zum Sani: „Ein Hängermann vorm Frühstück? Muss das denn sein?" Und dann wollte ich schon aufstehen ... Den wollte ich wirklich schlagen. Also, da war's für mich vorbei. Weil das war für mich total schlimm, das alles zu sehen. Ich bin dann zu meiner Mutter gefahren, obwohl wir keinen Kontakt hatten, und ich stand tränenüberströmt vor ihrer Tür, und sie meinte dann zu mir: „Hat er sich totgekifft, oder was?" Das hab ich ihr bis heute nicht verziehen. Dann bin ich sofort wieder weggefahren, auf'm Hacken umgedreht und tschüss ... Dann bin ich zu dem anderen gefahren und hatte noch Kohle und meinte: „Wir fahren jetzt los und holen was, und dann machst du mir 'nen Druck!" Damals hab ich das noch nicht gekonnt. Und dann bin ich richtig reingekommen, dann war Feierabend für mich. Für mich war mein Leben erst mal vorbei, und durch diese Droge musste ich nicht darüber nachdenken. Das hat nicht wehgetan, ich musste das nicht verarbeiten. Man träumt ja auch nicht, wenn man Drogen nimmt. Das war gut.

DH: Du hast aber dennoch über Selbstmord nachgedacht?
Caro: Ja, klar. Ich hab oft dagesessen und hab überlegt, ob ich mir irgendwann mal 'nen „Goldenen" *(Szenejargon für Überdosis)* setze. Weil ich einfach keinen Sinn mehr in meinem Leben gesehen habe. Ich hab auch nichts Gutes gesehen, ich hab nur alle schlechten Sachen gesehen, die ich erlebt habe. Und ich wollte einfach nicht mehr. Ich hatte auch schon mal 'ne Spritze mit einer Überdosis vor mir liegen ... Aber das zu planen ist eine Sache, bloß den Schritt weiterzugehen ist wieder was anderes.

DH: Wie hat man dir hier im Knast bei deiner Sucht geholfen?
Caro: Ich hab Methadon bekommen. Und dann bin ich davon

runterdosiert worden. Ich hab dann drei Tage echt gehangen hier, da bin ich rumgelaufen wie 'ne Oma, und danach hatte ich den körperlichen Entzug hinter mir. Bloß hier oben *(tippt sich an die Stirn)* geht's ja weiter. Man ist ja immer auf der Suche nach Junk *(Szenejargon für Drogen)* und man versucht, irgendwo – und wenn es nur ein Kopf *(Szenejargon für eine bestimmte Menge Cannabis)* zu rauchen ist –, irgendwo was herzukriegen. Oder ein paar Tabletten, Doxipin ... Oder ein Schlafmittel, egal. Hauptsache, man hat was. Das ging bei mir auch 'ne ganze Zeit, bis unsere Psychologin mich auf den Pott gesetzt hat: „Dich interessiert doch sowieso nichts!" Die hat mir da richtig einen ... Das war ganz übel. Und da hab ich dann angefangen zu überlegen und hab mir gesagt, dass das so nicht mehr geht. Und meine Mutter hat dann auch angefangen, vernünftig mit mir zu schreiben. Dann hab ich auch mit dem Hauptschulabschluss angefangen, und von da an war für mich klar, jetzt muss ich einfach mal anfangen, mich auf den Arsch zu setzen und zu versuchen, hier wenigstens ein bisschen was zu leisten.

DH: Wie ist der Knast?
Caro: Die Anfangszeit ist immer schwer. Vor allem, wenn man als Junkie hier reinkommt. Für die Leute hier bist du nur ein „Scheiß-Junkie". Das hör ich andauernd. Das ist schon verletzend. Hier gibt es Menschen, die haben ihre Kinder umgebracht, und ich finde das viel schlimmer, als wenn sich jemand 'ne Nadel in den Arm rammt. Wir verletzen uns selber und keine anderen Menschen. Das ist für mich ein Unterschied. Ich könnte niemals ein Kopfkissen nehmen und ein Kind damit umbringen. Das kann ich nicht. Vor allem das eigene ... Das finde ich total schlimm.
Wie ist das hier? Man wird eingeschlossen in seine Zelle,

abends um sieben, und du sitzt da und musst mit dir selber und deinen Problemen fertigwerden. Man hat keine Freunde im Knast. Du weißt nie, wie lange du mit jemandem reden kannst, bis der sich gegen dich wendet. Das ist einfach so hier. Wenn es die Psychologin nicht geben würde, dann wär das hier richtig schwer für mich. Hier gibt es das nicht, mal eben nach Hause fahren und Mama in den Arm nehmen ... Man freut sich auf Post. Man denkt jeden Tag, hoffentlich habe ich heute Post! Das ist das Schönste am ganzen Tag hier.

DH: Kommt es im Knast zwischen den Gefangenen manchmal zu Gewalt?
Caro: Also Schlägereien? Auf der Jugendabteilung haben wir nicht so viele. Es kommt immer darauf an, welche Leute da sind. Momentan ist es bei uns eher das Thema „Drogen". Wir haben so viele Lücken, einfach. Viele haben Lockerung *(Haft-erleichterung mit Ausgang),* und da ist es ganz einfach, hier was reinzukriegen. Wenn du jemanden draußen hast, dann sogar über Besuch, dann kannst du locker fünf Gramm mitbringen, das ist kein Thema. Und das ist für solche Leute wie mich immer wieder schwer.

DH: Du nimmst keine Drogen mehr?
Caro: Nee, ich will ja auch auf Therapie, also, ich will gar nichts mehr. Und alle sagen: „Meinst du denn, du schaffst das?" Ich kann doch nicht sagen: „Ich schaff das sowieso nicht." Mein erster Gedanke ist: „Ich probier es erst mal." Ich hab ja jetzt auch wieder ganz andere Perspektiven. Ich hätte im Dezember schon auf Therapie gehen können. Dadurch, dass ich den Hauptschulabschluss mache, muss ich länger hier bleiben. So, und das ist doch schon mal 'ne Perspektive.

Man hat 'nen Hauptschulabschluss, man kann gucken, ob man 'ne Ausbildung bekommt oder wenigstens 'nen Job erst mal, oder so. Für mich ist Fakt: Ich will es wenigstens versuchen. Ich hab mit einem Kollegen noch was zu tun, der auch ein Ex-Junkie ist, und ich hab ihm auch klipp und klar gesagt: „Wenn du mit dem Zeug wieder anfängst, dann tut mir das leid für dich, aber dann ist es für mich vorbei." Ich will auch nicht wieder da hin, wo ich vorher gewohnt habe. Ein Stückchen weiter weg, wo mich keiner kennt, damit ich neu anfangen kann, für mich neu anfangen kann. Das ist mir wichtig. Weil, ich will mich nie wieder von irgendwas so beherrschen lassen, nie wieder. Das geht nicht.

DH: Gab es zwischen dir und deinen Freunden auch Liebe und Geborgenheit?
Caro: Ja, also für mich schon. Das war halt unsere Clique. Wir haben immer zusammengehalten. Das war super einfach, war schön, war immer angenehm. Ich war ungern zu Hause, hab meistens woanders gepennt. Wenn mir meine Mutter Hausarrest gegeben hat, dann war sie ja mehr gestraft als ich.

DH: Wie straft ihr hier im Knast untereinander Mitgefangene, die sich nicht „richtig" verhalten?
Caro: Zum Beispiel, wenn jemand zinkt *(Knastjargon fürs Petzen beim Personal)*, wird diese Person total ignoriert, und das wird ihr auch immer gezeigt. Das ist ganz klar. Also, da gibt's auch kein Wenn und Aber. Ich vergess so was nicht. Ich versuche immer, Gleiches mit Gleichem zu vergelten. So sagt man das ja. Nur bei Drogen würde ich niemand anders verzinken, weil ich es ja auch Kacke finden würde, wenn man mir meine Zelle auseinandernehmen würde. Man versucht ja auch immer, sein Zimmer so einzurichten, dass es wenigstens

ein bisschen wohnlich aussieht, und es gibt schon Mittel und Wege, wie man das ganz schön gestalten kann, alles.

DH: Ist deine Strafe gerecht?
Caro: Zwei Jahre elf Monate ist ein bisschen viel, finde ich. Aber auf der anderen Seite denke ich auch, dass es gerecht ist. Bloß, wenn ich manchmal andere Leute hier sehe, die wirklich was auf dem Kerbholz haben, und die sitzen hier ihre drei Jahre ab und gehen dann wieder raus ... Und bei mir, da fangen sie gleich an, die harten Geschütze aufzufahren. Vor allem ist das meine erste richtige Haftstrafe, die ich antreten musste. Vorher hatte ich nur ein paar Strafstunden, und das wurde sogar eingestellt.

DH: Du bist direkt hier rein?
Caro: Ja. Die haben mich morgens verhaftet, zwei Stunden später kam ich vom Haftrichter, und da war ich hier erst mal in Schutzhaft. Und ein paar Monate später hatte ich die Gerichtsverhandlung.

DH: Schutzhaft?
Caro: Ich war nicht in U-Haft, sondern Schutzhaft, damit ich nichts mehr anstelle, draußen. Wegen des Konsums halt. Wenn ich dann andere höre, die bringen einen um und kriegen sechs Jahre! Also, wo sind wir hier? Wir haben hier auch eine bei uns, die hat 'nen Rollstuhlfahrer kaltgemacht. Und die kriegt sechs, und ich krieg drei? Also tut mir leid! Da denk ich: Wo ist die Gerechtigkeit? Weil ich finde, auch diese ganzen Vergewaltiger, die sind ja alle psychisch krank – was kriegen die denn? Die wissen doch gar nicht, was so ein Mädchen durchmacht. Das können die sich gar nicht vorstellen! Und dann geht der dann irgendwann auf Freigang –

wie oft hört man, dass die wieder was anstellen?! Und wir BTMer *(Abkürzung für Betäubungsmittelmissbrauch)*, wir müssen drum kämpfen, dass wir mal zwei Stunden Ausgang kriegen! Da frage ich mich, was ist das?

DH: Glaubst du, dass viele deiner Mitgefangenen schon einen Missbrauch erleben mussten?

Caro: Ich denke schon. Also, ich merk das schon bei einigen Mädchen, dass die bestimmt schon 'ne Menge durchgemacht haben. Wir haben zum Beispiel auch eine, die hat ihre Mutter mit der Nadel im Arm gefunden, mit neun Jahren, und solche Sachen. Viele sind auf den Strich gegangen, und das ist für mich irgendwie dasselbe wie Missbrauch. Ich mag das auch nicht, wenn Menschen darüber abwertend reden, wenn man auf den Strich gegangen ist. Ich hab das selber nie gemacht, aber ... viele Leute hier. Mit denen rede ich trotzdem, das sind für mich genauso Menschen. Und wenn man weiß, warum sie es gemacht haben, wenn es um Drogen ging zum Beispiel. Dass sie es nicht unbedingt gerne gemacht haben, sondern weil sie einfach ihre Sucht irgendwie bezahlen mussten.

DH: Wie hast du dich verändert?

Caro: Ich versuche, meinen Weg zu gehen. Früher hab ich von einem zum anderen Tag gelebt. Heute versuche ich, meine Ziele zu erreichen, die ich mir stecke.

DH: Hat dir das Einfahren in den Knast das Leben gerettet?

Caro: Ich denke schon. Auf jeden Fall. Wer weiß, was noch passiert wäre.

DH: Du hast dein Leben selbst gewählt.

Caro: Ja, ich bin den Weg gegangen. Weil, ich find das immer schlimm zu sagen: „Ja, du bist abhängig geworden, und alles andere ist daran schuld." Es ist aber nicht so. Man ist immer ein Stück weit selber schuld.

DH: Ist es für dich wichtig zu verstehen, warum du etwas gemacht hast, damit es sich nicht wiederholt?
Caro: Na klar, viele Sachen haben mich so werden lassen, wie ich bin. Auch, dass ich so weit bin. Ich finde es gut, dass ich viele Sachen von einem anderen Standpunkt aus sehe als andere in meinem Alter. Ich denke, dadurch öffnen sich für mich ganz andere Türen. Ich persönlich gehe mit viel Ehrgeiz an Sachen ran. So wie jetzt mit der Schule. Das hab ich früher nie gemacht, das war mir scheißegal. Ich hab nicht mal für 'ne Arbeit gelernt. Heute ist es mir wichtig, dass ich 'ne vernünftige Note schreibe, weil das für mein Selbstwertgefühl wichtig ist. Ich kann stolz auf mich sein, dass ich das geschafft habe. Ich denke, dass das gerade bei Junkies, überhaupt bei Suchtkranken, wichtig ist, stolz auf sich selber sein zu können.

DH: Steckte in deiner Sucht auch eine Suche?
Caro: Ich glaub, ich hab in dem Moment eigentlich gar nichts gesucht. Doch, irgendwie schon, ich hab was gesucht, womit ich abschalten konnte. Und das hab ich im Heroin gefunden. Womit ich meine Gedanken abschalten konnte. Weil, ich bin ein Mensch, der viel denkt, der viel überlegt und erst mal denkt, bevor er handelt. Klar gibt es auch Situationen, da klappen alle Jalousien runter, wenn ich zum Beispiel auf jemand richtig wütend bin, dann gehe ich da auch los. Aber ich versuche, so was einzudämmen. Weil, ich sag dann auch Sachen, die nicht so schön sind, und das tut mir dann manchmal selber leid, weil es gibt einfach Sachen, die sagt

man nicht. Psychische Gewalt ist sowieso viel schlimmer. An Schläge gewöhnt man sich. Ich hab am Ende auch nur drüber gelacht. Das hat mir nicht mehr wehgetan. Seelische Gewalt, das ist 'ne Wunde, die immer wieder aufgerissen wird, und es gibt ja genug Leute, die bringen sich deshalb um. Das hört man ja oft von Schulen: „Das war immer ein Außenseiter, der hat sich weggemacht." Bei körperlicher Gewalt empfinde ich keinen Schmerz mehr.

Stichwort:
Die Drogenproblematik

Drogenabhängige wie Caro werden im Knast von Mithäftlingen oft besonders verächtlich behandelt. Geradezu aberwitzig war mein Erlebnis mit einer jungen Albanerin, die wegen Drogenhandels einsaß. Nach der Vorführung meiner Knast-Dokumentation „Leben ohne Freiheit" entspann sich zunächst eine lebhafte Diskussion über den Männerknast, bis ausgerechnet die Dealerin Caro als „Scheiß-Junkie" bezeichnete ... Dies entspricht der allgemeinen gesellschaftlichen Ächtung der Drogensucht. Die Abhängigen scheinen dabei freilich noch eine Stufe tiefer zu stehen als die „normalen" Gewalttäter, was in gewissem Sinne erstaunt: Schließlich könnte man sich eine bestimmte Tat unter Drogeneinfluss leichter erklären als bei vollem Bewusstsein. Obendrein hat die Sucht ja häufig ähnliche Ursachen wie die Gewalttätigkeit.

Drogen aller Art bedeuten für immer mehr Jugendliche einen Ausweg aus ihrer Hoffnungslosigkeit und der Unfähigkeit, adäquat mit Problemen umzugehen. Sowohl Kevin als auch Caro sagen im Gespräch mehrmals, dass die Drogen ihnen dazu dienten, bestimmte Probleme einfach nicht mehr wahrzunehmen. Obendrein ist die Akzeptanz für so genannte „leichte Drogen" in der Gesellschaft gewachsen, selbst in ländlichen Regionen ist es kaum noch ein Problem, beispielsweise an Haschisch oder Marihuana heranzukommen.

Und Drogen sind natürlich auch mit ein Grund für die Hemmungslosigkeit, mit der Gewalt oftmals ausgeübt wird. Wer Entzugserscheinungen hat und dringend „Stoff" braucht, schreckt natürlich kaum noch vor Gewaltanwendung zurück. Aber diese Beschaffungskriminalität ist noch lange nicht alles.

Drogen setzen die Hemmschwellen generell herab und verleiten dazu, Dinge zu tun, die man bei klarem Verstand nie tun würde. Wem bei Drogen jedoch nur Heroin, Kokain und Ähnliches einfällt, der lässt freilich eine legale Droge sträflich außer Acht: den Alkohol, der für weit mehr schlimme Schicksale verantwortlich ist. Und nicht zuletzt auch für wachsende Gewalttätigkeit und für die Zunahme von Straftaten, insbesondere im Bereich der Körperverletzung. Zahlreiche Studien belegen mittlerweile, dass Alkohol bei den Straftaten Jugendlicher eine immer größere Rolle spielt. Gerade junge, heranwachsende Männer sind dafür sehr empfänglich und trinken sich ihren Frust gerne mit Hochprozentigem von der Seele. Die Folgen sind eine wachsende Aggressivität und die erhöhte Bereitschaft, zuzuschlagen.

Die Polizistin:
„Starke Menschen brauchen keine Gewalt"

Ich habe leider nicht sehr viele Polizisten kennen gelernt, die über den eigenen Tellerrand blicken. Und wenn, drohen sie sehr oft an dem System, in dem sie stecken, zu scheitern. Denn Gewaltprävention heißt bei der Polizei in den meisten Fällen immer noch Abschreckung – durch Strafen, durch Haft, also durch Sanktionen. Selten aber scheint man sich in Polizeikreisen Gedanken darüber zu machen, wie Gewalt entsteht und wo man ansetzen muss, um eine kriminelle Karriere frühzeitig zu verhindern. Die Polizistin Daniela ist Mitte 30. Sie hat sich viele Gedanken gemacht und mehrere Ideen entwickelt, wie man der Gewaltkriminalität Herr werden könnte. Dass ich ihre wahre Identität verschweige, hängt mit dem mächtigen Apparat zusammen, dem sie angehört und der jeder Veränderung zumeist mit großem Argwohn gegenübersteht. Darum treffen wir uns auch in einem Café, um alle möglichen Vorbehalte auf Kollegenseite zu vermeiden.

DH: Warum bist du zur Polizei gegangen?
Daniela: Ich wollte eine Arbeit haben, mit der ich Menschen helfen kann. Das war zumindest der bewusste Grund.

DH: Und der unbewusste?
Daniela: Nach 13 Jahren und viel Reflexion weiß ich, dass ich mich auch mehr mit den Themen Gewalt, Macht und Ohnmacht, Angst, Sicherheit und Unsicherheit auseinandersetzen und diesbezüglich genauer hinschauen wollte. Sowohl

bei mir selbst als auch in der Gesellschaft. Das hätte ich in keinem anderen Job besser gekonnt.

DH: Wie viele deiner männlichen Kollegen würden zugeben, dass ihre Motivation ähnlich ist?

Daniela: Ganz wenige. Also, ich kenne zum Glück einige. Aber das sind dann auch diejenigen, die von den anderen kritisiert, als Weicheier abgestempelt oder als verkappte Sozialarbeiter tituliert werden. Denen vorgeworfen wird, den falschen Beruf gewählt zu haben.

DH: Leben wir in einer gewalttätigeren Zeit als noch vor 15 Jahren? Wie siehst du das, einerseits als Polizistin, andererseits auch als Mensch – man kann das eine ja eh nie ganz vom anderen trennen?

Daniela: Ja, wir leben definitiv in einer gewalttätigeren Zeit. Und du hast auch Recht damit, dass es schwierig ist, den Menschen vom Polizisten zu trennen. Als ich anfangs bei der Sitte hospitiert habe, habe ich in jedem Mann nur noch einen potenziellen Täter gesehen. Ich musste mich damit sehr bewusst auseinandersetzen, um nicht in jedem schmusenden Vater auch gleich einen potenziellen Tatverdächtigen zu sehen. Und ich hab einen anderen Blick auf Gewalt gewonnen. Durch meine Tätigkeit an sozialen Brennpunkten habe ich auch wahrgenommen, dass besonders in dysfunktionalen Familien die bestehenden Probleme nicht dadurch gelöst werden, indem man sie verleugnet. Ein Symptom von Gewalt und Sucht ist nämlich auch das Leugnen. Das Leugnen, dass es ein Gewalt- oder Suchtproblem überhaupt gibt. Das ist zunächst einmal ein reiner Überlebensmechanismus, der eine Zeit lang auch schützend helfen kann, der die Betroffenen davor schützt, sich umzubringen, wahnsinnig zu werden oder noch aggressiver und ohnmächtiger, als sie eh schon sind. Diese Vermeidungsstrategie, nicht hingucken zu wollen, herrscht bei allen vor – bei den betroffenen Familien, den Opfern, den Tätern genauso wie bei den zuständigen Behörden und helfenden Einrichtungen. Allerdings lähmt dieser Mechanismus auch die Entwicklung zu einem friedlicheren Miteinander, weil man auf diese Weise eben nicht an die Ursache des Problems herankommt.

DH: Es gibt eine klare Diskrepanz zwischen den öffentlichen Ankündigungen und dem, was dann tatsächlich umgesetzt wird.

Daniela: Ja. Ich glaube, dass es unter anderem daran liegt, dass die Ursachen des Gewaltphänomens auch gar nicht verstanden werden oder verstanden werden wollen. Wissenschaftlern sind diese Phänomene nicht unbekannt. Die Verantwortlichen in der Politik und bei der Polizei gehen dagegen oft gar nicht an die Wurzeln des Problems, sondern wollen es einfach nur schnell gelöst sehen. Die tiefer gehenden Lösungsansätze mit langfristig erkennbaren Erfolgen bringen leider alle nicht von heute auf morgen gute Schlagzeilen oder Statistiken ein. Diese Ansätze benötigen einen längeren Zeitraum, mehr Ressourcen und eine gute Vernetzung kompetenten Personals aus unterschiedlichen Verantwortungsbereichen. Und so scheitert die Ursachenbekämpfung oft an dem Geld, das für solche Maßnahmen nicht ausgegeben werden will oder kann. Schließlich wollen die Politiker die Früchte ihrer Arbeit noch vor der nächsten Wahl ernten und entsprechend präsentieren können. Und so wird durch öffentlichkeitswirksame Großprojekte oftmals nur der Anschein erweckt, dass man alles tut, um Sicherheit zu vermitteln. Das macht man sicher auch, aber eben mit einem sehr beschränkten, oberflächlichen Ansatz, der nur die Symptombekämpfung verfolgt.

Außerdem hat das auch etwas mit den systemimmanenten Strukturen von Behörden und Einrichtungen zu tun. Überall, wo es Systeme und damit auch Hierarchien gibt, kommt es auch zu einem Kompetenz- und Machtgerangel, das der Findung und Umsetzung von Lösungsprozessen, die Gewalt so früh wie möglich einzudämmen versuchen, nicht sehr dienlich ist. Die Auseinandersetzung mit Gewalt scheint daher in der Theorie leicht und logisch zu sein, in der Praxis trifft sie aber auf viele Barrieren.

DH: Ist Gewaltprävention auch deshalb so schwierig, weil wir alle auf die eine oder andere Weise mit Gewalt – du hast das Problem der Macht erwähnt – persönlich zu tun haben?
Daniela: Genau. Und deshalb wäre mein Ansatz für Gewalt-prävention zuerst auch einmal die bedingungslose Aus-einandersetzung mit der eigenen Aggression, Angst und Ohnmacht. Wie will ich denn eine gelungene Gewalt-prävention machen, wenn ich nicht weiß, was Gewalt für mich selbst bedeutet? Aber solange ich nicht weiß, woher meine eigenen Aggressionen kommen oder dass ich über-haupt welche in mir habe, kann ich meine Arbeit als Polizistin in Bezug auf Prävention auch nicht authentisch machen. Ich glaube, dass die gerade genannten Dis-krepanzen nicht mehr vorhanden wären, wenn sich jeder Kollege mit all seinen Facetten – auch denen der eigenen Machtausübung, der Ohnmacht, Angst und Sicherheit – besser kennen würde.

Und das gilt nicht nur für die Polizei. Wenn Lehrer, Eltern und andere Erwachsene sich ebenfalls so gut kennen würden, hätten Jugendliche andere Vorbilder. Sie würden lernen, sich anders miteinander auseinanderzusetzen, ihre Aggressionen konstruktiv auszuleben. Doch leider ist das ein Ansatz, der durch keine Maßnahme und durch kein Projekt, auch nicht durch vorhandene Gelder, in die Wege geleitet werden kann. Dafür muss jeder bei sich selbst anfangen – das ist die beste Form der Zivilcourage und Prävention. Kinder spüren einfach, ob ihnen jemand authentisch Mut und Zivilcourage vorlebt oder ob er nur darüber redet, ohne wirklich zu wissen, worüber er eigentlich spricht.

DH: Musstest du als Polizistin selbst schon physische Gewalt anwenden oder gar die Waffe ziehen?

Daniela: Also, die Waffe ziehen und sie für alle Fälle bereit haben, musste ich schon öfter mal, wenn ich zum Beispiel nicht wusste, ob hinter einer verschlossenen Tür jemand mit einer Waffe im Anschlag lauert. Oder bei Einsätzen, bei denen es um Einbrüche ging und der Täter eventuell noch vor Ort sein konnte. Aber schießen musste ich bisher zum Glück noch nie. Das ist ein Eindruck vom Polizeialltag, wie er fälschlicherweise von Fernsehkrimis vermittelt wird, aber er entspricht nicht der Realität. Ich kenne nur einen Kollegen, der seinerseits wieder einen kannte, der einmal schießen musste. Das passiert also ganz selten ... Und körperliche Gewalt musste ich bisher nur anwenden, wenn es zum Widerstand gegen die Staatsgewalt kam, also zu Schlägereien mit der Polizei. Aber das war nie ein selbst gewähltes Mittel zur Konfliktlösung, sondern immer nur dazu da, um Widerstand zu lösen oder Gewalttätigkeiten zu stoppen. Und das ist bei mir immer schon mit einfachem Festhalten oder Rangeln, aber nie durch direkte Schläge ins Gesicht abgegangen.

DH: Es gibt also eine Gewalt, die notwendig ist, um unser Zusammenleben zu organisieren und zu kontrollieren. Gibt es positive Gewalt?

Daniela: Aggression bedeutet zunächst einmal, „sich auf etwas zubewegen". Kinder würden verhungern, würden sie als Baby nicht aggressiv schreien. Die Wut über nicht vorherrschende Gerechtigkeit hat in vielen Ländern zu gesellschaftlichen Veränderungen geführt. Diese Form der Aggression hat in gewaltlosen Demonstrationen zum Beispiel zu Demokratie, zu mehr Gleichberechtigung der Frau und zum Mauerfall in Deutschland geführt.

Gandhi und andere weise Menschen haben es schon lange gesagt: „Es gibt keinen Weg, wenn der Weg dorthin nicht schon Frieden ist." Aber es gibt sehr viele Menschen, die mit sich nicht im Frieden sind. Und sie sind mit sich zumeist nicht im Frieden, weil sie sich ihrer Unzufriedenheit nicht bewusst sind, sie zum Teil nicht benennen oder erkennen können. Für viele junge Menschen, die mit Gewalt erzogen werden, ist die Gewalt als Instrument der Problemlösung selbstverständlich. Einen friedlichen Weg zu gehen haben sie entweder nicht gelernt oder halten ihn für schier unmöglich. Die Gewalt wird noch nicht einmal infrage gestellt oder kritisch reflektiert, da sie ihnen vorgelebt wurde und wird – Stichwort „häusliche Gewalt". Dazu kommt dann noch, dass sich viele Gleichaltrige ähnlich verhalten, und in den Medien ist Gewalt und Brutalität ohnehin an der Tagesordnung.

Ich glaube, wenn sich mehr Menschen erlauben würden, ihre individuelle Aggression im konstruktiven Sinne auszuleben, könnten wir auch als Kollektiv eher etwas verändern. Dann würden sich die Menschen nicht mehr nur über bestimmte Verhältnisse aufregen, sondern sich auch aktiv um Verbesserung bemühen. Doch wegen verschiedener Ohnmachts-Erfahrungen – Behördengänge, die zu lange dauern, Verurteilungen, die ungerecht erscheinen – sagen viele einfach: „Ach, ich kann ja eh nichts machen!", oder: „Es bringt doch eh nichts, eine Anzeige zu erstatten!"

Dieser Gesellschaft fehlt es an Zivilcourage, weil die Bevölkerung sich nicht mehr ermutigt sieht, sich für eine Sache einzusetzen. Wenn sich jedoch jeder darüber im Klaren ist, wer er ist und welche Werte für ihn und für ein gelungenes Miteinander in der Gesellschaft wichtig sind, würden wir wesentlich friedlicher miteinander leben. Wenn Schwächezeigen erst einmal als Stärke – besonders vom männlichen Teil der Gesellschaft – begriffen und auch gelebt wird, sind wir einen wesentlichen Schritt weiter. Denn wer würdevoll mit sich selbst umgeht, hat es nicht nötig, andere zu diskriminieren, herabzusetzen, auszurauben, zu beleidigen oder zu demütigen. Nur wer sich innerlich klein fühlt, muss andere kleiner machen, um sich „größer" fühlen zu können. Das ist die Strategie von Tätern. Sie projizieren ihre Ohnmacht auf ihre Opfer, um sich wenigstens einmal für einen Moment „stärker" zu fühlen.

DH: Kann Gewalt nicht auch zum Selbstläufer werden, wenn man erst einmal die Schwelle zum brutalen Übergriff auf jemanden überschritten hat?

Daniela: Das kommt auf die Motive des Aggressors an. Macht der sich „nur mal Luft"? Denn es gibt schon auch Menschen, die nur einmal platzen, weil sie einfach viel zu lange Schreckliches erdulden mussten. Dafür platzen sie dann aber umso heftiger, und man kann dann zum Beispiel in den Zeitungen lesen: „Sohn hat seinen Vater umgebracht." Aber natürlich gibt es auch Menschen, die das immer wieder machen und deren Übergriffe immer brutaler werden. Eigentlich wollen sie damit nur ihre innere Leere füllen, was aber nicht funktioniert, sondern die Gewaltspirale verstärkt. Das zieht dann wiederum nur immer noch heftigere Konsequenzen bis hin zum Knast nach sich. Und die Chance, im Knast als Persönlichkeit anerkannt zu werden, ist verschwindend gering. Es fehlt also an Selbstliebe, um diese Spirale der Gewalt friedlich aufzulösen, genau wie es an alternativen Lösungen fehlt, besser mit Stress umzugehen.

DH: Wie gehst du mit deinen Gefühlen um, wenn du Gewaltopfer siehst?
Daniela: Ich hab natürlich im Laufe der Jahre gelernt, professionell damit umzugehen. Gerade wenn Menschen nicht mit dem Leben davongekommen sind ... Egal, ob durch Unfall oder durch Tötung. Anfangs brauchte ich eine Menge Sarkasmus und Ironie, um das Ganze ertragen zu können. Das ist jetzt nicht mehr der Fall, wenn ich einem seelisch oder körperlich beeinträchtigten Opfer gegenüberstehe. Nach außen muss ich die kompetente Polizistin zeigen, die aber trotzdem mitfühlend ist. Das ist eigentlich die größte Herausforderung an diesen Beruf: das richtige Maß von Mitgefühl und kompetenter Selbstkontrolle. Natürlich steckt darin immer die Gefahr, dass man sich in seinen Gefühlen verliert. Man darf sich zum Beispiel als Frau nicht zu sehr mit weiblichen Opfern von Gewalt identifizieren oder, weil man selbst Mutter ist, mit misshandelten Kindern. Man muss die eigenen Gefühle immer reflektieren, das ist die Kunst dabei.

DH: Und welche Kunst benötigst du, wenn du einem Täter gegenüberstehst?
Daniela: Auch da verhält es sich nicht anders. Bei aller Wut, Empörung und Abscheu muss ich es dennoch schaffen, noch den Menschen hinter der Tat zu sehen. Das gelingt leider

nicht vielen Polizistinnen und Polizisten, entweder weil sie es nicht wollen, oder aber einfach nicht dazu in der Lage sind. Ein Tatverhalten verstehen zu lernen bedeutet ja nicht zugleich, auch Verständnis für den Täter zu haben. Für mich ist das allerdings absolut notwendig zu verstehen, warum jemand etwas tut oder warum er es nicht tut. Die Täter- und Knast-Diskussion ist in unserem Land entweder sehr tabuisiert oder aber von starken Vorurteilen geprägt. Vorurteile basieren jedoch oft auf der Unkenntnis der tatsächlichen Umstände und Gegebenheiten. Die Meinung der Öffentlichkeit wird ja sehr stark von den Medien manipuliert. Einen Knast von innen haben aber die Wenigsten gesehen, geschweige denn, dass sie sich selbst schon einmal mit einem Straftäter beziehungsweise der Möglichkeit, selbst Täter zu werden, auseinandergesetzt haben. Böse sind immer nur die anderen, und die gehören hinter Gitter.

DH: Wie gehst du damit um, wenn Kollegen Gewalt anwenden, die eindeutig über das Ziel hinausschießt?
Daniela: Ich hatte direkt zu Anfang meiner Arbeit mehrere Situationen, bei denen ich mich fragte, ob es nicht besser gewesen wäre, verbal deeskalierend vorzugehen, anstatt sprachlich noch dazu beizutragen, dass die Situation schließlich eskalierte. Da ist es einfach zu einer Grenzüberschreitung gekommen ... Das ist mir sehr nahegegangen, und ich habe mich lange damit alleine auseinandergesetzt.

DH: Hat sich das oftmals deeskalierende weibliche Moment positiv in die Polizeiarbeit einbringen lassen?
Daniela: Danach solltest du wohl besser ein paar ältere Kollegen fragen, die den Polizeidienst noch ohne Frauen erlebt haben. Aber ich habe zumindest von vielen gehört, die

deine Frage bejahen würden. Es gibt aber auch Kollegen, die nie zwei Frauen alleine losschicken würden. Es hat sich jedoch herausgestellt, dass von geschlechtlich gemischten Streifen tatsächlich mehr und verstärkt Deeskalation betrieben wird.

DH: Gibt es denn Bereiche, in denen sich Gewalt deiner Meinung nach ganz besonders ausbreitet?

Daniela: Wenn ich meine Schulzeit mit der heutiger Schüler vergleiche, dann hat sich eindeutig die Form von Gewalt nachteilig verändert. Stichwort „Gewaltverherrlichung": Was heutzutage über Handy so alles an Videos und Fotos ohne jedes Unrechtsbewusstsein weiterverschickt und verharmlost wird, ist oft strafrechtlich verfolgbar. Pornografisches und gewaltverherrlichendes Material so unbedacht weiterzuleiten gab es damals bei uns nicht. Und dass man Mitschüler im Internet bloßstellt, sie entwürdigt und subtil diskriminiert, ebenfalls nicht. Ob wir, hätten wir die technischen Möglichkeiten gehabt, genauso reagiert hätten, bleibt eine theoretische Frage. Ich glaube aber nicht. Ich glaube eher, dass das heutige Zusammenleben mit all dem Markendruck, dem Mobbing und der Sucht nach Anerkennung grundsätzlich härter geworden ist. Parallel dazu haben auch die psychischen Erkrankungen bei Jugendlichen stark zugenommen. Ich denke, dass die Gesellschaft, gerade mit den schnellen Veränderungen in Technik und Wirtschaft, zu viel Konsumdruck und Wandel erfährt und dass die psychische Natur des Menschen dem nicht mehr gewachsen ist. Man muss sich einmal vorstellen, dass das Wissen in den letzten 100 Jahren um ein Vielfaches mehr gewachsen ist als in den ganzen Jahrhunderten davor. Diese Überforderung, gekoppelt mit ansteigender Arbeitslosigkeit und der Kaltherzigkeit der Ellenbogengesellschaft, drängt viele

Menschen an den Rand unserer Gesellschaft. Und wer sich erst einmal dort befindet, dem ist der Weg nach ganz unten schon so gut wie vorgegeben.

Und noch etwas hat sich entscheidend verändert, wenn ich die frühere Form von Gewalt mit der heutigen vergleiche. Heute schlagen viele auch dann noch mal zu, wenn der andere schon am Boden liegt. Früher wusste man, dass man in diesem Fall gewonnen hatte, und hörte mit dem Schlagen auf. Das ist definitiv nicht mehr der Fall. Manchmal kommen danach sogar noch andere dazu, die die Auseinandersetzung vorher beobachtet haben und dann auch noch mal zuschlagen oder -treten. Die Gewalt ist roher, der Ton ist rauer geworden. Und gerade Beleidigungen sind mittlerweile so alltäglich, dass es als normal gilt, wenn man mit „Schlampe", „Hure", „Wichser" begrüßt wird. Bei näherem Befragen finden die Betroffenen das zwar gar nicht toll, aber sie haben Angst, ihr Gesicht zu verlieren, wenn sie sich anders verhalten, und tun es daher als „nicht schlimm" ab.

DH: Warum sind Jugendliche mit Migrationshintergrund bei Gewaltdelikten überdurchschnittlich vertreten?

Daniela: Das ist ein sehr komplexes Thema, das sich nicht mit einem Satz beantworten lässt. Dennoch lässt sich sagen, dass mangelnde Integration und Entfremdung bewirken, dass die Konfrontation mit dem Neuen oft nicht als Chance erlebt wird. Die Folge davon ist häufig die eigene Isolation. Hinzu kommt noch, dass viele Migranten aus Kulturen kommen, in denen Gewalt als probates Mittel der Auseinandersetzung gesehen wird, ich denke da nur an das Züchtigungsrecht von Kindern und so weiter ... Da kommt vieles zusammen. Diese Kinder erleben zu Hause Gewalt als eine normale Erziehungsmaßnahme. Sie erleben auch die subtile Gewalt zwischen Mann und Frau, und auch, dass ihre Eltern entwurzelt sind und sich hier fremd fühlen. Gerade männliche Jugendliche haben manchmal ein Männerbild, das starke Machozüge aufweist. Sie haben ein Bild von Stärke, in dem Schwächezeigen nicht vorkommt. Und weil sie die „Ehre" der Schwester oder der Mutter und der Familie um jeden Preis verteidigen müssen, sind sie bereit, dafür auch einen gewalttätigen Weg zu gehen. Sie haben weder die Gelassenheit noch das Wissen in sich, dass jeder für seine eigene Würde verantwortlich ist. Aber das ist wirklich so ein komplexes Problem, dass es nur auf mehreren Wegen gelöst werden kann. Interkulturelle Ansätze zeigen schon die ersten Früchte. Wichtig ist jedoch, dass die Vorbilder für ein anderes Verhalten aus den eigenen Reihen kommen müssen.

Ich habe als deutsche Frau und Polizistin diesbezüglich jedenfalls immer wieder meine Grenzen deutlich aufgezeigt bekommen. Trotz aller Motivation stand ich diesem Phänomen oft sehr ohnmächtig gegenüber.

DH: Aber muss unsere Gesellschaft nicht den Anstoß zur Diskussion geben und deutlich machen, dass sich alle nach den Menschenrechten zu richten haben, egal, aus welchen kulturellen Anteilen diese Gesellschaft auch besteht?
Daniela: Das sollte so sein, ja. Dennoch bleibt die Frage bestehen, aufgrund welcher kulturellen Einflüsse die Menschenrechte auch wirklich gelebt und befolgt werden können. Ich würde mir für Deutschland jedenfalls wünschen, dass wir alle ehrlicher und direkter hinschauen und die Probleme wirklich an der Wurzel packen, denn nur so kann Prävention effektiv und schnell stattfinden. Es ist unsere eigene Ignoranz, die uns dabei oft im Weg ist. So ist zum Beispiel seit mindestens 15

Jahren bekannt, dass sexuelle Gewalt meist von Leuten aus dem direkten Umfeld des Opfers ausgeübt wird. Das ist auch überwiegend angekommen bei den Menschen, aber eben nicht bei allen. Die haben das zwar auch verstanden, wollen es aber nicht so richtig glauben. Denn das hieße ja, zukünftig mehr zu schauen, was Onkel Willi, der Sportlehrer oder andere vertraute Leute und Bekannte so machen, damit man Grenzüberschreitungen schon in den Anfängen abwehren kann. Einen unbekannten Täter steckt man eben leichter in den Knast als den eigenen Partner, Bruder oder die Nachbarin. Und an diesem Beispiel wird auch nochmals deutlich, dass Leugnen ein Symptom von Gewalt ist. Man will das Schreckliche einfach nicht in seiner Nähe, will nicht drüber reden, will es nicht wahrhaben.

In manchen Kulturen herrscht zudem noch ein ganz anderer und stärkerer Familienzusammenhalt. In vielen Familien wird die Ehre als einer der höchsten Werte angesehen. Jemanden aus einer solchen Familie der Täterschaft zu beschuldigen könnte zum Ausschluss aus dem Familienverbund führen. Einmal davon abgesehen, dass gewisse Formen von Gewalt – insbesondere gegen Frauen – in diesen Familien selbstverständlich und frei von jedem Unrechtsbewusstsein und jeder Schuld eingesetzt werden, um die Familienehre oder -tradition aufrechtzuerhalten. Diesen Kodex nach mehreren tausend Jahren in Frage zu stellen oder aufzubrechen, ist, wie wir auf politischer Ebene oft genug verfolgen können, kein leichter Akt. Zum Glück gibt es aber immer wieder mutige Pioniere, die sich in der Öffentlichkeit zugunsten der Menschenrechte stark machen.

DH: Wie lautet der grundsätzliche Auftrag der Polizei?

Daniela: Der Auftrag der Polizei ist die Gefahrenabwehr und

Strafverfolgung. Kurzum: Sie soll für Sicherheit und Ordnung sorgen beziehungsweise diese vermitteln. Das hat so gründlich wie möglich, aber auch so gründlich wie nötig zu geschehen. Dabei lassen sich die einzelnen Wirkungsbereiche der Polizei nicht immer exakt durch Paragraphen und Erlasse voneinander abgrenzen. Zum Beispiel ist gerade bei jugendlichen Straftätern mehr als nur reine Strafverfolgung notwendig.

DH: Hat sich der Umgang der Bevölkerung mit ihrer Polizei – Stichwort Respekt – verändert?
Daniela: Als Polizist ohne Uniform wird einem nicht unmittelbar Respekt gezollt. Wohingegen man als Uniformierter, der aus dem Streifenwagen aussteigt, eine gewisse Ehrfurcht bis hin zur übertriebenen Angst erfährt.

DH: Hat die Gewaltbereitschaft insgesamt zugenommen, oder werden heute einfach nur mehr Gewalttaten angezeigt?
Daniela: Es trifft wohl beides zu.

DH: Sollte sich Präventionsarbeit nicht noch mehr auf die Stärkung der Zivilcourage bei der von dir zuvor genannten schweigenden Mehrheit konzentrieren?
Daniela: Ich glaube, dass man durch Präventionsarbeit eine Menge verhindern kann, weil man durch Aufklärung und Informationen gewisse Situationen einfach besser durchdenken und durchspielen kann und dadurch im Ernstfall besser vorbereitet ist. Viele Menschen wissen aber gar nicht, wie sie helfen können, oder trauen es sich nicht zu. Zivilcourage-Kampagnen können dazu motivieren, sich mit seinem eigenen Verhalten und seinen eigenen Ängsten auseinanderzusetzen, um effektiv Hilfe zu leisten oder holen zu können.

Gerade die Polizei kann aufgrund ihrer Erfahrungen und

ihrem Wissen über Täterstrategien und das Verhalten von Opfern gute Aufklärungs- und Präventionsarbeit leisten.

DH: Ist Präventionsarbeit nicht auch eine Gratwanderung zwischen notwendiger Zivilcourage und übertriebener Einmischung in die Privatsphäre anderer?

Daniela: Es kommt darauf an, wofür man sich verantwortlich fühlt! Ich habe sehr oft beobachten können, dass Leute die Polizei eher rufen, wenn ihr Nachbar eine zu laute Party feiert, als wenn das Nachbarskind zu häufig schreit oder die Nachbarsfrau um Hilfe ruft. Der Partylärm stört, also ruft man an. Wenn aber Kinder oder Frauen schreien, dann will man sich nicht einmischen und hat Angst vor den Konsequenzen, weil man Ärger befürchtet, wenn man die Situation falsch eingeschätzt hat. Man redet sich ein, dass sich die Frau schon melden würde, wenn sie Hilfe braucht, oder das Kind vielleicht nur krank ist. Viele unterschätzen ihre Möglichkeiten, Gewalt verhindern zu können, und sehen nur den Nachteil, den sie im schlimmsten Fall erleiden könnten. Den Nachteil, den das potenzielle Opfer erleiden könnte, nur weil sie nichts tun, werfen sie dabei nicht in die Waagschale. Nach meiner Erfahrung ist es für Kinder und Jugendliche jedoch am Schlimmsten, wenn sie Opfer geworden sind und andere Erwachsenen davon wussten, aber nichts dagegen getan, sondern dem Ganzen untätig zugesehen haben.

DH: Ist es nicht frustrierend, jugendliche Intensivtäter bis zur Vollendung des 14. Lebensjahres nicht für ihre Taten zur Verantwortung ziehen zu können?

Daniela: Das ist schon frustrierend. Da kann ich für viele Kolleginnen und Kollegen sprechen. Es ist übrigens egal, ob es

Erwachsene oder Kinder sind, die man nicht zur Verantwortung ziehen kann. Ich weiß, dass Gewalt immer eine Geschichte hat, und ich habe gelernt, den Blick auf den Menschen hinter dieser Geschichte nicht zu verlieren, um zu sehen, was zuvor hätte getan werden müssen, damit es nicht so weit mit ihm gekommen wäre. Das ist für mich der Ansatz, um weitere kriminelle Handlungen zu stoppen. Hinter jeder Gewalttat steckt Angst und der Schrei nach Liebe. Aber das ist dann nicht mehr Aufgabe der Polizei. Und damit sind wir wieder bei den Eltern angelangt. Ich weiß von vielen Lehrern und Kollegen, dass sie hilflos sind und nicht mehr wissen, wie sie die Eltern der jungen Intensivtäter erreichen können. Die Eltern wiederum sind oftmals ebenfalls hilflos und völlig mit ihrem Erziehungsauftrag und ihrer eigenen Lebenssituation überfordert: Arbeitslosigkeit, Armut, Sucht und Gewalt. Kinder aus solchen Familien versuchen immer durch irgendwelche Aktionen zumindest etwas Aufmerksamkeit auf sich zu ziehen, auch wenn das negative Konsequenzen, bis hin zur Strafverfolgung, für sie und ihr Leben haben kann.

Als Täter werden sie wenigstens für eine kurze Zeit lang wahrgenommen, auch wenn es körperlich und psychisch wehtut. Doch das scheint weit weniger schmerzhaft als das Gefühl der Vernachlässigung zu sein.

Deswegen ist der gerade wieder diskutierte Ansatz, die Altersgrenze im Jugendstrafrecht runterzusetzen, um durch Strafandrohung besser abschrecken zu können, für mich auch kein geeignetes Mittel, um die wahren Ursachen der Gewalt zu beheben.

DH: Gerade die Streifenpolizisten, die oft im Einsatz sind und oft nicht wissen, was sie bei diesen erwartet, sind doch Experten für deeskalierendes, pragmatisches Handeln in Stress-

situationen. Müssten sie nicht viel stärker in die Präventionsarbeit anderer wissenschaftlicher Fachbereiche einbezogen
werden?

Daniela: Definitiv. Also, ich weiß von Pädagogen und
Pädagoginnen, die oft bei der Polizei nachfragen, wie man
am besten mit aggressiven Jugendlichen umgeht, weil sie das
im Studium nicht lernen. Sie partizipieren von den praktischen Erfahrungen der Polizei, die ständig mit gewalttätigen Jugendlichen zu tun hat. Umgekehrt gibt es mittlerweile
auch im Studium der Polizeivollzugsbeamten den Ansatz,
gewisse Phänomene aus dem Blickwinkel anderer wissenschaftlicher Forschungsdisziplinen zu hinterfragen und nach
neuen Lösungswegen zu suchen. Aber ich denke, die Uni und
die Polizei könnten durchaus noch effektiver zusammen-
arbeiten.

DH: Ist es nicht auch ein Problem, dass Lehrer – ohne damit
der Prügelstrafe das Wort zu reden – der Gewalt lediglich
durch verbales Handauflegen begegnen dürfen? Viele Jugendliche lassen sich dadurch nicht mehr beeindrucken.

Daniela: Würden die Lehrer ein Nein so klar rüberbringen,
dass es auch als ein „Bis hierhin und nicht weiter" erkannt
wird, würden die Jugendlichen auch verstehen, dass es, wenn
sie diese Grenze überschreiten, auch Konsequenzen haben
wird. Die meisten Lehrer drohen Konsequenzen jedoch nur
an, aber lassen dem nichts folgen. Vielleicht, weil sie sich
nicht trauen oder weil sie nicht wissen, wie weit sie wirklich
gehen dürfen. Eine klare Ansprache bewirkt meiner Ansicht
nach jedoch mehr als tausend leere Worte.

Stichwort:
Polizei und Prävention

Noch immer nimmt die Prävention innerhalb der Polizeiarbeit eine untergeordnete Rolle ein. Das ist einerseits verständlich, denn natürlich haben die Präsidien und Polizeidienststellen gar nicht genug Personal, um diese Arbeit wirklich zufriedenstellend erfüllen zu können. Und die Politik setzt sowieso in erster Linie auf Repression, sobald wieder einmal ein besonders gravierender Fall von Jugendkriminalität bekannt wird – siehe das Beispiel Münchner U-Bahn an Weihnachten 2007, als dort ein Rentner von zwei jugendlichen Intensivtätern krankenhausreif geprügelt wurde.

In solchen Fällen wird schnell der Ruf nach einer stärkeren Präsenz der Ordnungskräfte und nach einem harten Durchgreifen laut. Übersehen wird dabei nur gern, dass die Polizei natürlich nicht überall sein kann und dass strengere Strafen dem Opfer auch nichts mehr nützen, wenn die Tat schon geschehen ist.

Prävention bedeutet, es gar nicht erst so weit kommen zu lassen, dass Repression notwendig wird. Im Gespräch mit der Polizistin Daniela wird bereits deutlich, wie Konzepte zur Prävention entwickelt werden könnten. Die Zusammenarbeit und der Austausch mit Universitäten und Forschungsinstituten müssten intensiviert werden, und auch Erkenntnisse aus der Praxis der Sozialarbeit, Psychologie und Neurobiologie könnten, wie wir schon aus dem Interview mit der Schulleiterin Katharina Probst-Bauer erfahren haben, wertvolle Unterstützung leisten und Hinweise darauf liefern, wie Gewalttätigkeit im Vorfeld am besten bekämpft werden kann.

Aber natürlich wäre polizeiliche Präventionsarbeit damit überfordert, wenn man von ihr zusätzlich noch erwarten würde, die tieferen und eigentlichen Ursachen von Jugendkriminalität anzugehen. Zerrüttete Familien, überkommene, ja geradezu brutale Erziehungsideale, schlechte Bildungschancen und persönliche Perspektivlosigkeit sind in aller Regel kein Einsatzgebiet für die Polizei und sollten es auch nicht werden. Dennoch gibt es genug Möglichkeiten für die Ordnungshüter, das Abgleiten Einzelner in die Gewaltszene frühzeitig zu verhindern oder wenigstens zu beeinflussen. Ein Beispiel nannten die beiden Förderschulleiter in einem der ersten Kapitel dieses Buches: Jugendgangs und Schlägerbanden kann die Polizei durchaus in den Griff kriegen, wenn sie Präsenz zeigt und den einzelnen Mitgliedern immer wieder deutlich zu verstehen gibt, dass sie bereits unter Beobachtung stehen und sich nichts erlauben dürfen, ohne sofort in Verdacht zu geraten und bestraft zu werden. In Berlin etwa ist dieses Vorgehen seit Jahresbeginn 2008 sogar zum gängigen Konzept geworden, um Intensivtäter rechtzeitig in die Schranken zu weisen: Jugendliche, die fünfmal durch Gewaltdelikte aufgefallen sind, stehen danach unter besonderer Beobachtung eines Kriminalbeamten, der den Kandidaten regelrecht kriminalistisch durchleuchtet, über sämtliche Kontaktdaten verfügt und das den Jugendlichen auch spüren lässt.

219

Feisal, 21:
„Ich hab einen Menschen auf dem Gewissen"

Feisal ist 21 Jahre alt und sitzt wegen Totschlags im Gefängnis. Aufgewachsen ist der Deutschtürke in einer konservativen türkischen Familie. Ich kenne ihn seit Monaten, weil ich in dem Gefängnis, in dem er seine Strafe verbüßt, mehrere Insassen betreue. Er ist ein ruhiger, bedächtiger Mensch, der älter und erfahrener wirkt, als er ist. Seine Zelle ist so sauber und ordentlich, wie es unter den gegebenen Umständen möglich ist. Feisal hat sich zwar sofort bereit erklärt, dieses Interview mit mir zu machen, aber es ist ihm nicht wohl dabei. Er hat jemanden getötet, und ich werde auf keinen Fall versuchen, durch gezielte Fragen Antworten aus ihm herauszuholen, zu denen er noch nicht bereit ist. Dass dem so ist, kommt auch in unserem Gespräch zum Ausdruck. Je näher wir der Schilderung des Tatgeschehens kommen, umso unsicherer und sogar widersprüchlicher wird Feisal. Mal spricht er beispielsweise davon, dass seine „alten Freunde" ihn zum Trinken verleitet hatten, dann wieder sagt er, er hätte seinen Mittäter zum Trinken aufgefordert. Damit unterstelle ich Feisal mitnichten, dass er mich anlügt, sondern vermute, dass er sich seiner Tat und seiner Täterschaft einfach noch nicht stellen kann.

Feisal ist noch nicht so weit, über seine Tat in aller Offenheit zu sprechen. Er scheut sich sogar, vermeintlich aggressive Äußerungen zu machen. Das geht so weit, dass er mich höchstens einmal, und dann auch nur ganz vorsichtig, um etwas bittet. Er fragt kein zweites Mal. Denn die Hilfe, die er braucht, wird ihm im Gefängnis nicht gewährt, das Gespräch mit Sozialarbeitern von deren Seite aus verweigert. Natürlich sind diese wegen notorischer Unterbesetzung oft hoffnungslos überfordert. Aber leider gehen sie auch oft falsch mit den Gefangenen um, indem sie sich nicht als Menschen zu erkennen geben, sondern sich hinter ihrer Funktion verstecken. Damit pflegen sie nahtlos an die herkömmliche Lehrerschaft an, die den längst etablierten Missständen gleichfalls hilflos gegenübersteht. Ausnahmen bestätigen wie immer die Regel.

DH: Ich stelle dir meine Fragen, und du schaust einfach, wie und ob du darauf antworten möchtest. Sollen wir das so machen?
Feisal *(leise):* Alles klar. Alles klar.

DH: Wie viele Jahre hast du bekommen?
Feisal: Siebeneinhalb. Sechs Jahre für die Tat, und ein Jahr und sechs Monate hatte ich noch Bewährung. Die wurden dazugezählt.

DH: Was hast du getan?
Feisal: Totschlag.

DH: Und die Bewährung war wofür?
Feisal: Wegen Körperverletzung und räuberischer Erpressung. Bei mir hatte das viel mit meinem Freundeskreis zu tun. Ich wollte immer mit dabei sein. Obwohl ich schon immer sehr gläubig war und gebetet habe. Keine Ahnung, wie es dazu gekommen ist. Bevor die Tat passiert ist, habe ich ja auch immer fünfmal am Tag gebetet. Das war kurz vor dem Ramadan. Die letzten zehn Tage vor Ramadan kann man in der Moschee übernachten, und dann wird nur gelernt und gebetet. Da war ich dabei, aber dann habe ich abgebrochen und bin raus-

gegangen. Ich dachte: „Geh mal wieder zu deinem alten Freundeskreis." Weil ich so viel in der Moschee war, hatten wir uns einfach aus den Augen verloren. Ich wollte einfach gucken, was die so machen ... Das war ein Fehler.

DH: Ist es an dem Tag passiert?
Feisal: Einen Tag später. Die haben mich zum Alkohol überredet. Ich habe erst nein gesagt, aber nach dem vierten Nein dann doch mitgetrunken. Und am zweiten Tag habe ich wieder getrunken. Und dann ist es auch so weit gekommen.

DH: Du hast jemanden totgeschlagen ...
Feisal: Ich kann das immer noch nicht wahrhaben. Dass ich einen Menschen auf dem Gewissen hab.

DH: Wie lange ist das her?
Feisal: Das sind jetzt 22 Monate.

DH: Weißt du, wie es seiner Familie geht?
Feisal *(missversteht mich):* Schrecklich. Schlimmer als mir, denke ich mal. Weil es auch nicht leicht für meine Mutter ist, dass ich jetzt nicht mehr zu Hause bin.

DH: Und wie, glaubst du, geht es der Familie deines Opfers?
Feisal: Auch schrecklich. Ich stell mir manchmal vor, wie das wäre, wenn das mir passiert wäre, wie ich reagieren würde? Wie würde ich mich fühlen? Ich würde mich gar nicht gut fühlen, überhaupt nicht ... Ja, ich versuche ... Ich will immer einen Brief schreiben an den Sohn, aber ... Ich weiß nicht. Ich will das nicht alles wieder auffrischen für den Sohn, wenn ich jetzt einen Brief da hinschreibe.

DH: Du hast also seinen Vater getötet?

Feisal: Ja ... Ja, das ist so ... Ich will immer schreiben, aber ich traue mich irgendwie nicht.

DH: Wie alt ist der Sohn?

Feisal: Ich will jetzt nicht lügen, aber ich glaub, der ist so 30.

DH: Was ist an dem Tag passiert?

Feisal: An dem Tag hatte ich einen Kollegen – mein Mittäter ist auch hier im Knast – angerufen und ihn gefragt, ob wir was trinken sollen, wegen Weihnachten. Ich merkte schon, ich komm wieder in die alten Kreise rein ... Und dann sind wir raus, haben was getrunken, und ich sagte: „Lass uns lieber in eine Wohnung gehen, bevor mich mein Bruder oder sonst wer sieht und es Schläge gibt." Aber während des Trinkens habe ich meine Angst wieder vergessen. Und mein Mittäter erzählte mir ständig von einer Prügelei, die er mal hatte, und ich habe mich da reingesteigert und bin schon ganz aggressiv rumgelaufen, habe Leute angepöbelt ... Ich kann mich nicht so richtig an die Tat erinnern ... Vielleicht will ich mich auch nicht an die Tat erinnern ...

DH: Woran erinnerst du dich?

Feisal: Es gab einen Streit. Ich wollte nicht, dass das so weit kommt. Ich hab irgendwas wie „Alles klar" oder so gesagt. Ich war sehr besoffen und die auch. Und der hat mich scheinbar falsch verstanden und dachte wohl, ich hätte ihn beleidigt. Jedenfalls bin ich weggelaufen, und als ich mich umdrehte, hat mich jemand an der Hand gepackt. Ich glaub ... Ich weiß es nicht so richtig, aber ... Ich hab die ganze Zeit mit einem Messer gespielt, glaube ich ... Und als er mich an der Hand gepackt hatte, wollte er mich schlagen ... Dann bin ich zurück und hab zugeschlagen ... Dann kam mein Mittäter dazu ... Und es schlugen sich immer mehr ... Ich Blödmann, ich Idiot! Ich hab vor lauter Aggression vergessen, dass ich das Messer die ganze Zeit in der Hand hatte ... Und als ich zuschlug, schlug ich mit dem Messer zu ... Und erst, als alles vorbei war, habe ich das Messer in meiner Hand gesehen. Ich hab einen Schock gekriegt, ich wusste nicht mehr, was ich machen sollte ... Ich bin gerannt ... Und dann hatte ich keinen Bock mehr zu laufen, habe mich einfach hingesetzt ... Und dann kamen mir die Tränen ... Ich hab sehr geweint, muss ich zugeben ...

DH: Bist du zurück zum Tatort?
Feisal: Ich bin erst mal zu meiner Frau gegangen. Ich wusste nicht mehr, was ich machen sollte. Ich war so verzweifelt ... Aber ich wusste noch nicht, dass so was Schlimmes passiert ist, dass da einer ums Leben gekommen ist. Ich hab nur das Blut gesehen, an meiner Hose. Als ich bei meiner Frau war, hab ich nur geweint ... Dann hab ich gesagt: „Ich muss raus." Ich hab mir irgendwas angezogen und wollte gucken, was da passiert ist. Aber ich hab an der Stelle, wo es passiert ist, nichts gesehen, da war nichts – kein Blut, gar nichts ... Und dann hat irgendeiner erzählt, dass da einer ums Leben gekommen ist ... Da war ich fertig und wusste nicht mehr, was ich machen sollte. Dann bin ich erst mal zu einem Kollegen gegangen und hab mich da hingesetzt: „Was soll ich machen, was soll ich machen?" Die haben mir viele Vorschläge gemacht, haben gesagt: „Du kannst in die Türkei abhauen, wir machen das mit dem Geld und so." Dann hab ich überlegt und gesagt: „Wenn ich in die Türkei abhaue, kann ich da eh nicht leben, denn ich würde die ganze Zeit daran denken, dass hier jemand ums Leben gekommen ist, und ich laufe hier rum." Ich konnte das mit meinem Gewissen nicht

vereinbaren. Das ging nicht. Ich hatte die Möglichkeit und wäre dann weg gewesen. Aber das wollte ich nicht. Ich hab auch gesagt, dass ich die Strafe, die ich kriege, absitzen werde.

Ich werde irgendwann hier rauskommen, auch wenn ich siebeneinhalb Jahre sitzen werde, ich komm hier raus ... Aber der Vater von dem Jungen kommt überhaupt nicht mehr wieder ... Und deswegen ... Ich sehe diese Strafe als gerecht an, die ich bekommen hab.

DH: Hast du dich der Polizei gestellt?
Feisal: Ja, ich bin da hingegangen. Ich konnte nicht anders. Ich hab mit meinem Bruder geredet, und der hat mir auch geraten, nicht in die Türkei abzuhauen und meine Strafe abzusitzen: „Hier siehst du wenigstens deine Familie alle zwei Wochen." Dann sind wir zusammen zum Anwalt gegangen, und danach habe ich mich der Polizei gestellt.

DH: Wurde das vom Gericht berücksichtigt?
Feisal: Das haben die mir nicht gesagt.

DH: Du hast die Tat gestanden.
Feisal: Ich habe gesagt, ich habe das getan, aber ich kann mich nicht so richtig erinnern. Aber dass ich es getan habe, weiß ich, habe ich gesagt. Aber ich kann nicht mehr sagen, als dass es mir leidtut ... Wenn ich es ändern könnte, ich würde es ändern, aber es geht nicht. Es gibt nichts mehr, außer es tut mir leid. Ich wollte nicht, dass es so weit kommt.

DH: Warum hattest du das Messer an jenem Tag dabei?
Feisal: Ich bin damit nicht rumgelaufen und hab gesagt, heute versaue ich ein Menschenleben, oder zwei ...

DH: Aber du hattest es dabei.

Feisal: Ja, ich weiß ... Der Richter hat gesagt, er glaubt mir, dass ich das nicht absichtlich gemacht habe, aber Strafe muss sein. Ich hab das auch verstanden und dem Richter gesagt: „Ich akzeptiere alles, was ich kriege ..." Denn ich denke die ganze Zeit an diese Familie und wie gestraft die ist ... Ich komme hier irgendwann raus, aber für die Familie wird es nie vorbei sein. Das tut mir echt weh, und ich kann nichts machen. Meine Strafe ist gerecht, aber ich finde es falsch, mich hier einfach so links liegen zu lassen, ohne mit mir zu reden. Aus seinen Fehlern zu lernen ist die Kunst.

DH: Glaubst du, dass die Familie deines Opfers deine Strafe für angemessen hält?

Feisal: Im ersten Moment, könnte ich mir vorstellen, haben sie an die Todesstrafe gedacht. Oder dass ich vielleicht lebenslang bekommen würde. Das hab ich im Gericht bemerkt, als jemand bei der Urteilsverkündung den Raum laut Türe schlagend verlassen hat. Ich verstehe, dass sie so denken, denn die kennen mich ja nicht, können nicht glauben, dass das so passiert sein soll. Das erwarte ich auch nicht von denen, dass die mit mir Mitleid haben oder so ...

DH: Und wenn es dein Vater gewesen wäre, der getötet worden wäre?

Feisal: Im ersten Moment hätte ich etwas gedacht, was vollkommen falsch wäre: „Den mache ich kalt!" Aber was richtig wäre, das wäre verstehen lernen und versuchen zu verzeihen ... Also, wenn man mal richtig überlegt ... Es war bei mir nicht nur der Alkohol. Schuld bin ich selbst. Aber das wird mir nie wieder passieren. Ich erhebe nicht noch mal die Hand gegen einen anderen.

DH: Wie gehst du mit deiner Schuld um? Wie findest du einen Weg für dich und deine Familie, weiterzuleben?
Feisal: Ich bin nach islamischem Recht verheiratet, und ich hab sogar einen Sohn, der ist sechs Jahre alt. Die Familie meiner Frau hat natürlich große Probleme mit dem, was ich getan habe, deshalb sehe ich auch seit zwei Jahren meinen Sohn nicht mehr. Was ich getan habe, hat nicht nur mir geschadet, es hat meiner Familie geschadet, der Familie des Opfers geschadet, meinem Sohn. Es hat so vielen Leuten geschadet. Ja, ich sitze hier manchmal so ruhig, aber das heißt nicht, dass ich darüber nicht nachdenke.

DH: Warum hast du es bisher nicht geschafft, diesen Brief an den Sohn deines Opfers zu schreiben?
Feisal: Es ist jetzt zwei Jahre her. Ich will nicht, dass das für die Familie alles wieder hochkommt. Ich will nicht noch mal ... Ja ...

DH: Bist du der Familie vor Gericht begegnet?
Feisal: Ja.

DH: Wie war das?
Feisal: Ich hab die gar nicht angeguckt. Ich hab die ganze Zeit weggeguckt. Ich konnte da gar nicht hingucken.

DH: War die Witwe auch da?
Feisal: Das weiß ich nicht.

DH: Aber du weißt, dass der Sohn da war?
Feisal: Ja. Aber ich war währenddessen irgendwie wie weggetreten ... Meine Familie sitzt da, seine Familie sitzt da ... Ich

war am Ende, ich wusste gar nicht, was ich machen sollte. Ich hab so abgenommen in der Zeit, es war schlimm.

DH: Hat der Sohn etwas zu dir gesagt?
Feisal: Nein, gar nichts ... Ich fand das ... Dass der noch so ruhig bleiben konnte. Ich glaube, ich hätte nicht so reagiert, wenn einer meinem Vater so was angetan hätte. Das fand ich echt respektvoll, dass der noch so ruhig saß ... Ich weiß nicht, was ich tun kann. Ich würde so gerne etwas tun für die Familie, aber was soll ich tun? Ich weiß es nicht ... Ich überleg jeden Tag: „Was soll ich machen?" Aber ...

DH: Glaubst du, du wirst es irgendwann wissen?
Feisal: Ich muss ... Sonst mache ich auch noch meine Familie kaputt ... Das macht keinen Sinn ...

DH: Erzähl mir etwas über deine Kindheit. Du hast mir mal gesagt, dass du mit Geschenken und Schlägen erzogen wurdest.
Feisal: Ja. Wenn ich zum Beispiel Hausaufgaben gemacht habe, hab ich mich gar nicht getraut, meinen Vater etwas zu fragen – weil, wenn ich einen Fehler gemacht habe, habe ich sofort eine Ohrfeige kassiert. Da hast du keine Lust, überhaupt was zu fragen, und wenn ich was nicht kann, dann mache ich die Hausaufgaben eben nicht. Mein Vater ist sehr jung nach Deutschland gekommen und hat selbst kaum Vaterliebe erfahren. Der kennt das nicht, wie man Liebe an den Sohn weitergibt. Ich hab viele Schläge gekriegt, sehr viele. Und als mein Vater damit aufgehört hat, hat mein ältester Bruder das übernommen. „Das ist nur gut für dich", hat er immer gesagt. Ich hatte mal so einen stylischen Bart – dafür habe ich Schläge bekommen, weil man das in unserer

Religion nicht darf. Ich musste mich dann immer auf einen Stuhl setzen und die Stuhlkanten festhalten. Und dann gab es Ohrfeigen. Und wenn ich es wagte, mein Gesicht zu schützen, dann gab es Fäuste ... Irgendwann staut sich das bei einem, weil man nichts machen kann, außer die Ohrfeigen zu kassieren. Du bist ja kein Roboter.

DH: Geschah das mit Zustimmung deiner Eltern?
Feisal: Nein, meine Eltern wollten dazwischen, aber mein Bruder war sehr aggressiv.

DH: Wie ist dein heutiges Verhältnis zu deinem Bruder?
Feisal: Mein Bruder sagt immer: „Ich hab das ja nicht gemacht, weil ich Spaß daran hatte, sondern weil du Scheiße gebaut hast." Der hat das so bei meinem Vater erlebt. Der ist ja nicht mein Feind.

DH: Warum ist das bei so vielen Moslems so?
Feisal: Es wird so weitergegeben, vom Vater zum Sohn. Und da stauen sich die Aggressionen auf. Das ist einfach so. Du bist einfach dran gewöhnt.

DH: Würdest du das auch mit deinem Kind so machen?
Feisal: Nein, nein, nein.

DH: Also würdest du dieses Erbe durchbrechen.
Feisal: Weil ich gesehen habe, was alles mit mir passiert ist. Ich hoffe, ich würde das niemals ... Nein, nein! ... so weit kommen lassen. Ich hab das oft bei deutschen Familien gesehen und das auch sehr respektiert und schön gefunden, dass die mehr reden als schlagen. Wenn ich Schläge für etwas bekam, dann hab ich das hinterher extra gemacht. Ich weiß nicht, warum.

DH: Wann hast du das erste Mal selbst einen anderen brutal geschlagen?

Feisal: Da war ich 13. Ich glaube, das war, weil ich immer ruhig bleiben musste, wenn ich Schläge bekam. Und dann kam das aus mir raus. Ich hab das gemerkt: Wenn ich mich aufgeregt habe, dann hab ich gar nichts mehr gesehen, gar nichts mehr – nur noch diesen Typen ... Ich weiß nicht. Seit ich in Haft bin, bin ich nicht einmal mehr so aggressiv geworden. Ich weiß nicht, ob es daran liegt, dass ich seitdem keine Schläge mehr von meinem Bruder bekommen habe. Ich lerne den jetzt auch ganz anders kennen, wir reden jetzt auch öfter. Und ich sag ihm, ich habe mich geändert und dass er mit den Schlägen nichts erreicht. Leider fängt er jetzt mit meiner jüngeren Schwester an. Sie trägt auch ein Kopftuch. Mein Bruder ist sehr streng mit ihr, sehr streng ... Ich sag ihm immer, er soll lockerer sein und dass das mit dem Schlagen nicht geht, dass das Mädchen davon nichts lernt. Das endet nur schlimm, wenn man alles versteckt machen muss. Du hast dann kein Vertrauen in die Familie. Ich war 13, da hat mich mein Bruder verprügelt, weil er dachte, ich hätte Gras geraucht. Ich hatte kein Gras geraucht! Aber am nächsten Tag, da hab ich dann Gras geraucht ... Und so hat alles angefangen. Diese blöden Drogen! Damit hat die Faulheit angefangen und das Kriminellwerden. Mein Umgang wurde immer schlimmer, je schlimmer ich wurde, und umgekehrt.

DH: Möchtest du deine kleine Schwester nicht vor deinem Bruder beschützen?

Feisal: Doch, klar! Wenn die zu Besuch kommen, dann sag ich ihr öfter, dass ich mich um sie kümmern werde, wenn ich rauskomme. Wir haben gemerkt, dass wir miteinander reden können. Man braucht einen Menschen in der Familie, dem man vertrauen kann, sonst geht man kaputt. Ich hatte das nicht. Ich konnte mit niemandem über meine Probleme reden. Aber das will ich meiner Schwester sein – ein Mensch, dem sie sich anvertrauen kann.

DH: Was sagst du zu so etwas wie „Ehrenmord"?
Feisal: Nein, nein, nein! Das darf man nicht im Islam. Das hat nichts mit dem Islam zu tun. Das ist Schwachsinn. Das machen nur solche Bauern …

DH: Warum werden muslimische Mädchen so oft unterdrückt und muslimische Jungen so oft mit der Faust erzogen? Schreibt das der Koran vor?
Feisal: Nein. Überhaupt nicht. Menschen, die nach dem Islam leben, dürfen ihre Kinder nicht schlagen, und sie wissen, dass Männer und Frauen die gleichen Rechte haben. Denn was ist der Mann ohne eine Frau? Alle sind gleichberechtigt. Unser Prophet hat seiner Frau auch beim Haushalt geholfen. Und wir sollen ihn als Vorbild nehmen. Seine Frau war gleichberechtigt. Unser Prophet hat nicht gesagt: „Du musst!" Man darf niemandem den Glauben aufzwingen. Meine Eltern haben mir nicht gesagt, dass ich in die Moschee gehen soll. Da war ein Junge, der hat mich dazu gebracht, doch leider ist der sehr früh verstorben.

DH: Gibt es Freundschaft im Knast?
Feisal: Man hat hier keine Freunde.

DH: Respektiert man dich?
Feisal: Die Leute reden mit mir schon anders, weil sie wissen, dass ich sehr religiös bin und fünfmal am Tag bete. Das finde ich okay, das möchte ich auch so. Ich suche mir Leute, die

besser zu mir passen, nicht so wie früher. Die, die hier nachts gegen die Türen trommeln und rumschreien, die kommen auch wieder in den Knast, weil sie nichts lernen und auch noch Spaß daran haben. Wenn man fünfmal am Tag betet, lernt man Disziplin, lernt, mit der Zeit umzugehen, weil man Zeitgefühl haben muss. Und das ist auch gut für die weltlichen Sachen. Fünfmal am Tag muss ich mich waschen, da lernt man Sauberkeit und achtet auf alles.

DH: Also hilft dir der Islam, die Disziplin zu erlangen, die dich von schlechten Taten abhält?
Feisal: Im Islam muss man die weltlichen und die geistlichen Dinge auf eine Waage legen, damit man beides nicht aus den Augen verliert.

DH: Gibt es hier im Knast religiöse Spannungen zwischen den Gefangenen?
Feisal: Nein, gar nicht. Es gibt hier viele, die nur so tun, als wären sie Moslems, aber eigentlich beleidigen sie Allah damit nur. Ich komm hier mit jeder Religion gut aus. Wieso soll ich mit einem Menschen nicht klarkommen, nur weil der einen anderen Glauben hat?

DH: Hast du eine Chance, hier früher rauszukommen? Oder bist du auf Endstrafe? *(Endstrafe bedeutet, die vom Gericht verhängte Strafe komplett abzusitzen, ohne vorher auf Bewährung freizukommen.)*
Feisal: Ich hoffe, nicht auf Endstrafe. Endstrafe ist der Horror ... Ich hab einen Sohn, ich ...

DH: Schreibst du deinem Sohn Briefe, die du nicht abschickst?

Feisal: Da hab ich nicht dran gedacht. Das hab ich jetzt von Ihnen, Dirk, da haben Sie mir wieder einen Rat gegeben. So was braucht man, ehrlich. Das ist 'ne super Idee.

DH: Schreib ihm eine Art Tagebuch. Dann wird er irgendwann sehen, dass du mit ihm gelebt hast, auch wenn du nicht da warst.

Feisal: Sehen Sie, meine Frau trägt ein Kopftuch. Und vor einem Monat wollte sie mich verlassen, weil sie sich nicht getraut hat, mir zu sagen, dass sie in ihrer Ausbildungsstelle das Kopftuch ausziehen muss. Da hat sie mir einen Brief geschrieben, dass sie mich nach sieben Jahren verlassen wird. Dann erlaubte mir hier ein Beamter, mit ihr zu telefonieren. Und am Telefon hat sie mir alles erklärt, und ich sagte ihr, dass das doch kein Grund sei, mich zu verlassen, nur weil sie auf der Arbeit ihr Kopftuch ausziehen müsste. „Wir können über alles reden", habe ich ihr immer gesagt. Jetzt ist wieder alles okay. Wo soll es noch Vertrauen geben, wenn nicht zwischen Frau und Mann? Wenn ich ihr sagen würde: „Lass diese Arbeit", dann wäre ich ein Arschloch, weil sie diese Arbeit braucht.

DH: Wie oft seht ihr euch?
Feisal: Einmal alle zwei Monate.

DH: Du bist in Deutschland aufgewachsen?
Feisal: Ich bin hier geboren und war auch nur zweimal in der Türkei. Ich hab mir früher gedacht, vielleicht wäre es gut, einfach mal zwei Jahre in den Knast zu kommen, damit ich lerne. Den Umgang mit der Familie, dass man über alles reden kann, zum Beispiel. Wenn mich hier einer anmacht, dann würde ich einfach weitergehen. So weit bin ich ge-

kommen. Ich sehe keinen Sinn mehr drin, mich zu schlagen. Denjenigen nicht zu beachten macht den viel mehr fertig.

DH: Wie ist es denn überhaupt so weit gekommen, dass du straffällig geworden bist?
Feisal: Das war bei mir immer komisch. Mal zog ich mit Kollegen rum, baute Scheiße, und dann widmete ich mich wieder nur dem Islam. Ich glaube, es hätte viel schlimmer geendet ohne meine Religion, weil ich mich immer fragte, was für eine Strafe kriege ich, wenn ich tot bin. Auch hat mich mein Bruder oft von meinem Freundeskreis ferngehalten und nicht nur mir, sondern auch manchem meiner Freunde Ohrfeigen gegeben. Und hier drin habe ich viel gelernt, und ich weiß genau, was für mich richtig ist, wenn ich hier rauskomme. Und dafür bin ich dankbar.

DH: Warum habt ihr untereinander nicht geredet, du und deine Kumpels zum Beispiel?
Feisal: Das geht nicht zwischen Jugendlichen. Die sind so flippig. Mit denen kann man nicht reden. Die lachen einen aus, die nehmen das nicht ernst. Für die ist das ja Alltag, und das macht denen Spaß, was sie da machen, auch wenn wir nicht wussten, was wir machen sollten, wohin wir gehen könnten. Wir saßen in einem Internetcafé rum, weil es nichts für Jugendliche in der Gegend gibt. Und man hängt ab, und plötzlich kommt einer auf eine Idee: „Lass uns dahin gehen, oder dorthin." Aber Jugendliche brauchen Abwechslung, und die kriegen sie draußen nicht. Dann kommen die Drogen, und dann wird dir alles egal.

DH: Auf welcher Schule warst du?
Feisal: Eine Schule für Lernbehinderte.

DH: Du...?! Das kann ich kaum glauben.

Feisal: Das glaubt keiner ... Ich war nicht dumm, ich hab mich nur nicht getraut, jemanden zu fragen, wenn ich etwas nicht wusste. Meine Familie hat sich für meine Schule nicht interessiert. Jetzt mache ich hier im Knast eine Ausbildung, und ich lese viele Bücher.

DH: Was glaubst du, sollte der Knast leisten, damit nicht so viele wieder zurückkommen?

Feisal: Wir brauchen viel mehr Gruppenveranstaltungen, damit sich die Abteilungen mal austauschen können, dass man erfährt, wie die anderen denken. Ich bin zur Psychologin gegangen und hab ihr gesagt: „Ich will über meine Tat reden, ich kann manchmal nicht schlafen, weil ich daran denke", und sie sagt: „Ich hab keine Zeit, vielleicht irgendwann mal." Das sind solche Sachen, da denkt man sich, was soll man an sich ändern? Ohne einen Rat? Und hier gibt es viele Leute, auf die die Psychologen zugehen müssten, anstatt darauf zu warten, dass sie einen Antrag stellen. Hier drin sitzt du nur deine Zeit ab, ohne wirklich zu lernen. Ich war ja erst auf Sozialtherapie, aber ich will nicht mit Vergewaltigern und Mördern in einen Topf geschmissen zu werden. Auch wenn ich einen Menschen getötet habe, ich habe es nicht absichtlich getan und brüste mich auch nicht damit, wie so manche in der Sozialtherapie ... Und obwohl ich das den Therapeuten erklärt habe, verstehen die mich nicht. Ich hab darum gebeten, einmal pro Woche oder alle zwei Wochen mit jemanden über meine Tat reden zu können. Damit mir jemand einen Rat geben kann. Ich renn immer noch wie ein Idiot zu denen hin, aber ich hab mir vorgenommen, ich stelle einen Antrag nach dem anderen. Ich finde es so schade, weil ich ja auch sehe, wie die Psychologin mehrmals zur gleichen

Person geht. Nur für mich hat sie keine Zeit ... Und dann wundern sich die Leute, dass so viele wieder reinkommen. Das ist doch nicht unsere Schuld, alles. Ich warte seit vier Monaten auf ein Gespräch. Keiner kommt auf einen zu. Mein Vater ist auch nicht auf mich zugekommen, und was ist passiert? Und hier sitzen viele, die so sind, die sich nicht trauen, auf jemanden zuzugehen. Das hier sind doch jetzt sozusagen meine Eltern, und ich brauche Rat von denen! Okay, die müssen sich um viele kümmern, ich weiß ...

DH: Ist unsere Gesellschaft gewalttätiger geworden?
Feisal: Die Gewalt ist Alltag geworden, weil keiner mehr redet.

Petra, Mitte 20:
„Im Strafvollzug herrscht Willkür"

Bei meinem ersten Besuch in einem Frauengefängnis in Niedersachsen war ich Gast eines klassischen Konzerts, das in der eisigen Anstaltskirche gegeben wurde. Im Anschluss daran mischten sich im Verwaltungsflügel des Gefangenenhauses Inhaftierte, Personal und Besucher am Büffet untereinander. Alle trugen Zivil, und so waren die Inhaftierten nicht von den anderen Anwesenden zu unterscheiden. Alsbald gesellte sich eine junge Frau Mitte 20 zu mir, und wir unterhielten uns über den Grund meines Hierseins und über mein Buchprojekt. Nach zehn Minuten schlug sie vor, mir ein Interview zu geben, und deckte erst jetzt ihre Identität auf. Ich hatte fälschlicherweise angenommen, mit einer Justizvollzugsbeamtin zu sprechen. Ich teilte ihr meine irrtümliche Annahme mit, worauf sie nur nickte. Es war ihr wohl nicht zum ersten Mal passiert. Ich nahm ihr Angebot, mir ein Interview zu geben, gerne an, und so verabredeten wir uns für zwei Wochen später. Petra stellte allerdings die Bedingung, nur dann mit mir über ihre Tat sprechen zu wollen, wenn sie sich auch über die Zustände in der Haftanstalt unzensiert äußern dürfte. Aus diesem Grund zog sie es auch vor, ihren richtigen Namen nicht nennen zu müssen. Als wir uns am Besuchstag in das leer stehende Büro direkt neben der Beruhigungszelle zurückziehen, sitze ich einer Frau gegenüber, die mich mit ihren Augen leicht von unten nach oben blickend fixiert. Sie spricht sehr konzentriert und bedacht, und ich habe zu Beginn unseres Gesprächs nicht die leiseste Ahnung, warum sie im Gefängnis sitzt.

DH: Wie lange sitzen Sie hier schon ein?
Petra: Zweieinhalb Jahre.

DH: Sie haben zwischenzeitlich ein Fernstudium begonnen. Wie läuft es damit?
Petra: Gut. Glücklicherweise. Also „gut" heißt, die Ergebnisse sind gut. Das Studium selber wird dadurch erschwert, dass man mir zu Beginn viele Sachen, wie zum Beispiel Internetzugang, versprochen hat, die ich dann aber nicht gekriegt habe. Also muss ich mir jetzt irgendwie anders behelfen.

DH: Wie studiert man hier ohne Internetzugang?
Petra: Ich hab Freunde, die ich anrufe, wenn ich etwas wissen muss. Und die frage ich dann danach. Ohne die wäre ich aufgeschmissen.

DH: Warum sind Sie im Gefängnis?
Petra: Versuchter Mord.

DH *(ich zucke innerlich zusammen):* Ja?
Petra: Ja.

DH: Wie viele Jahre haben Sie insgesamt bekommen?
Petra: Fünf Jahre.

DH: Versuchter Mord bedeutet, dass das Opfer überlebt hat.
Petra: Ja. Er hat überlebt und auch keine körperlichen Schäden davongetragen.

DH: Bei unserem Kennenlernen hatte ich das Gefühl, dass Sie eindeutig dazu bereit waren, mit mir zu reden. Woher kommt diese Bereitschaft?

Petra: Eigentlich ist es ja weniger die Bereitschaft, über mich zu sprechen ... Das will ich gerne tun, denn das ist für mich ein Teil meines Handels. Aber mir geht es vor allem darum, über die JVA *(Abkürzung für Justizvollzugsanstalt)* zu sprechen. Das ist mein Grundanliegen. Darüber zu sprechen, wie mit Inhaftierten umgegangen wird, denn das geht weit über den Freiheitsentzug – der natürlich stattfindet – hinaus. Und da es Ihnen ja auch um das Thema Gewalt geht, kann ich dazu sagen, dass man in der Haft nicht etwa von der Gewalt weg, sondern zur Gewalt hin erzogen wird.

DH: Sie haben versucht, jemanden umzubringen, und sind dafür bestraft worden. Sehen Sie Ihre Strafe als gerechtfertigt an?
Petra: Selbstverständlich.

DH: Die Höhe der Strafe ist auch gerechtfertigt?
Petra: Ja nun, die Höhe der Strafe ... Das ist immer auch eine Sache der Kultur, in der man lebt. Meine Strafe gilt hier als angemessen, also ist sie auch richtig. Es gibt Zeiten und Kulturen, da hätte man mich für meine Tat aufgehängt. Es gibt aber auch Zeiten und Kulturen, in denen man mich freigelassen hätte.

DH: Was soll Strafe bewirken?
Petra: Na ja, in meinem Fall ging es ja um so etwas wie Selbstjustiz, und das ist natürlich etwas, was wir in unserer Gesellschaft nicht wollen. Also, dass das bestraft werden muss, ist schon klar. Man kann kein Gesetz erlassen und sagen, da muss man sich dran halten, und wenn man sich nicht dran hält, dann macht es auch nichts. Das ergäbe wenig Sinn. Ich erkläre es mal so: Der Mensch, den ich durch Gift habe töten wollen, ist mein Stiefvater. Ich wurde von meinem

Stiefvater als Kind körperlich misshandelt und auch vergewaltigt. Und er setzte dazu an, das Gleiche mit meinem sehr viel jüngeren Bruder zu tun. Und da das Jugendamt eine nicht vorhandene Institution ist – ich weiß nicht, was die machen, aber die machen nichts! –, habe ich selbst eingegriffen. Dass das verboten ist, ist mir völlig klar.

DH: Ist der Missbrauch, den Sie erleiden mussten, als mildernder Umstand berücksichtigt worden?
Petra: Teilweise. Das Problem ist, dass das Wesentliche, nämlich mein Glaubwürdigkeitsgutachten, erst nach der Urteilsverkündung erstellt wurde, weil ich natürlich meinerseits einen Prozess gegen meinen Stiefvater anstrebe. Insofern wäre mein Urteil revisionsfähig, weil der eigentliche Beweis erst danach aufgetreten ist. Aber dass ich fünf Jahre gekriegt habe, sagt schon alles, denn eigentlich kann versuchter Mord auch mit zwölf Jahren bis lebenslang bestraft werden.

DH: Halten Sie Ihre Strafe für gerechtfertigt?
Petra: Sie ist gerechtfertigt. Ich habe versucht, einen Menschen zu töten.

DH: Hat ihre Inhaftierung dazu geführt, dass Sie sich verstärkt mit Ihrem Handeln auseinandergesetzt haben?
Petra: Damit muss ich mich eigentlich nicht mehr groß auseinandersetzen, weil ich das vorher schon getan habe! Ich wusste ja, dass es nicht geht. Und weiter kann ich in der Auseinandersetzung gar nicht kommen, als dass ich sage: „Man darf das nicht tun, ich darf es nicht tun." Die Ungerechtigkeit sehe ich an einer ganz anderen Stelle, nämlich dass mein Stiefvater, der ja selber Strafe verdient, immer noch frei rumläuft. Da sehe ich die Ungerechtigkeit.

DH: Bitte erzählen Sie.

Petra: Die ermitteln angeblich ... Ich hab ihn jetzt vor zwei-einhalb Jahren angezeigt, und alles, was an Ermittlungen gemacht werden kann, ist schon lange gelaufen. Spätestens mit diesem Glaubwürdigkeitsgutachten ... Weil meine Aussage im Grunde alles ist, was wir haben. Ich habe den Eindruck, die wollen so lange ermitteln, bis die Tat verjährt ist. Da scheint niemand richtig Lust zu haben, sich damit zu beschäftigen. Ich bin sofort in Untersuchungshaft gewandert, er nicht. Und das ist etwas, was ich als ungerecht empfinde.

DH: Kann Ihr Anwalt den Vorgang nicht beschleunigen?

Petra: Mein Anwalt beantragt in regelmäßigen Abständen Akteneinsicht, um die Staatsanwaltschaft daran zu erinnern, dass sie da noch eine Akte liegen haben. Viel mehr kann er nicht tun.

DH: Warum werden der Missbrauch und die Misshandlung von Kindern oft derart nachlässig verfolgt?

Petra: Das weiß ich nicht.

DH: Haben Sie eine Vermutung?

Petra: Nein. Die Frage, warum das so ist, stelle ich mir selbst.

DH: Ist es nicht eine der größten Niederlagen jeder menschlichen Gesellschaft, wenn sie ihre Kinder nicht schützen kann?

Petra: Ja, sicher. Und ich verstehe auch nicht, warum das so ist. Ich hab das nie verstanden. Aber es ist so.

DH: Was studieren Sie?

Petra: Kulturwissenschaften.

DH: Sie sagten, Sie willigen zu diesem Interview nur ein, wenn Sie auch die Möglichkeit bekommen, über Gewalt im Vollzug zu sprechen. Warum empfinden Sie den hiesigen Strafvollzug als Gewalt gegen Ihre Person?

Petra: Weil hier Willkür herrscht. Eigentlich müsste es ja so sein, dass bestimmte Regeln herrschen, wenn ein Mensch eingesperrt ist. Die Regeln haben dann für alle Strafgefangenen gleichermaßen zu gelten. Damit könnte ich leben. Sogar mit fast jeder Regel. Tatsache ist aber, dass die Bediensteten im Prinzip tun, was sie wollen. Wenn sie gute Laune haben, sind Sachen erlaubt, wenn sie schlechte Laune haben, sind sie nicht erlaubt. Wenn sie bestimmte Inhaftierte mögen, dürfen die mehr als andere. Das gilt natürlich nicht für alle Bediensteten. Wir haben hier auch welche, die wirklich nett sind, und man hat den Eindruck, sie machen ihre Arbeit, weil sie den Menschen helfen wollen. Aber wir haben hier auch ein paar, die 50 Jahre zu spät geboren worden sind. Die hätten sich gut als KZ-Aufseher gemacht. Das ist halt das Bedenkliche. Dass jemand zur Arbeit kommt und zu Hause Streit hat oder was weiß ich, was der Grund ist, und deshalb den erstbesten Inhaftierten niedermacht, wegen einer Sache, an der der Inhaftierte gar nicht schuld ist. Und dann fallen eben auch so Äußerungen wie: „Sie sind ja sowieso nur eine dreckige Gefangene, sind sowieso nur eine Kriminelle." „Abschaum" habe ich auch schon gehört. Aber Beschwerdestellen gibt es hier nicht, und selbst wenn ich mich bei der nächsthöheren Instanz beschweren würde, wäre es so, also ob das alles gar nie passiert wäre! Und ich nur eine aufmüpfige Querulantin bin.

DH: Dafür gibt es in NRW seit dem Mord unter Häftlingen in der JVA Siegburg den Ombudsmann *(ein unabhängiger*

*Schiedsmann mit direktem Zugang zum Minister, an den sich
Gefangene wie Bedienstete gleichermaßen jenseits des Dienst-
weges wenden können).* Wäre das auch für Niedersachsen eine
Lösung?

Petra: Wenn der unabhängig wäre ... Das Problem ist doch,
dass meist Aussage gegen Aussage steht. Sagt ein Bedien-
steter gegen einen Kriminellen aus – wem wird man glauben?

DH: In der Regel glaubt man dem Bediensteten.
Petra: Eben!

DH: Und man weiß von diesen Missständen?
Petra: Man weiß das, aber es ist anscheinend egal.

DH: Wie sollte Strafvollzug in Ihren Augen aussehen? Damit
man nicht nur seine Strafe absitzt, sondern auch aus ihr
lernt?
Petra: Es würde eine Art soziales Training voraussetzen. Es
würde voraussetzen, dass sich eben nicht derjenige durch-
setzt, der am lautesten schreit und am brutalsten ist – das ist
unter Frauen auch nicht anders als unter Männern. Sie
bedienen sich nur anderer Methoden. Man bräuchte eigentlich das, was unsere niedersächsische Justizministerin so
formvollendet als „Chancenvollzug" bezeichnet *(damit ist die
Kooperation des Gefangenen mit den Vollzugsorganen gemeint.
Jeder soll die „Chance" haben, sich positiv in seine
Resozialisierung einzubringen).* Ich bin sehr für den Chancenvollzug, aber dann auch richtig. Denn im Moment haben
wir den nicht. Es müsste so sein, dass man sich durch gesell-
schaftlich anerkanntes richtiges Verhalten, das ja antrainiert
werden soll, Vorteile erwerben kann. Und dass man sich
umgekehrt diese Vorteile wieder verscherzt, wenn man sich

nicht richtig verhält. Aber hier ist es genau andersrum. Wer am lautesten schreit, kriegt als Erster was, und wer sich einigermaßen normal benimmt, muss halt sehen, wo er bleibt. Es ist genau das Gegenteil von dem, was gewünscht ist.

DH: Müsste man die Ausbildung der Bediensteten ändern?
Petra: Ich weiß nicht, ob es eine Frage der Ausbildung ist. Ganz sicher ist es eine Frage des Bemühens. Wir haben ja ein paar, die sich wirklich Mühe geben und ihren Job gut machen. Die kriegen das auch hin, die können auch unterscheiden, wem sie glauben können und wem nicht. Die anderen sind leider schrecklich faul! Was machen die eigentlich die ganze Zeit? Die verteilen Post und holen Mittagessen. Ansonsten sitzen sie im Büro und lesen Bildzeitung. Und wenn sie nicht im Büro sitzen und Bildzeitung lesen, ist die Station unbesetzt, weil sie nämlich in einem anderen Büro sitzen und sich unterhalten. Und das ist wirklich nicht übertrieben. 90 Prozent der Zeit sind wir ohne Aufsicht. Da ist überhaupt gar keiner da. Da sitzen die irgendwo und trinken erst Kaffee, danach essen sie Kuchen und führen Privatgespräche. Die haben einfach keine Lust, sich richtig zu kümmern.

DH: Wird in diesem Frauengefängnis Gewalt untereinander ausgeübt?
Petra: Es gibt einige wenige, die tatsächlich körperliche Gewalt ausüben. Die sind aber in der Minderzahl. Die Allermeisten üben psychische Gewalt aus, zum Beispiel, indem sie Lügen verbreiten oder Intrigen spinnen bis hin zum Stehlen von etwas, was man der anderen dann in die Zelle legt, damit geglaubt wird, die hätte das geklaut. Diese Hinterhältigkeit ist es überwiegend. Und natürlich zu den Bediensteten laufen und

Geschichten erzählen: „Die und die hat das und das gemacht!"
Und wenn man einen faulen Bediensteten hat, was ja nun mal
die meisten sind, dann schreiben die das auch ungeprüft in die
Akte. Das ist dann so und fertig. Ich hab da schon einiges miterlebt, wo ich nur noch gestaunt hab: „Warum fragen Sie nicht,
was wirklich passiert ist? Es gibt Zeugen, der ganze Flur war
dabei, warum fragen Sie nicht?"

DH: Ich kenne das auch aus dem Männervollzug. Es gibt eine
Menge Menschen, die Vor-jemand-Respekt-Haben mit
Angstverbreiten verwechseln, weil sie dadurch Macht aus-
üben können.
Petra: Genau das ist das Problem.

DH: Müsste man in einem so sensiblen Bereich wie dem
Strafvollzug die Bediensteten nicht nach ihrer sozialen Kom-
petenz auswählen?
Petra: Wie wollen Sie das prüfen?

DH: Man hat Sie in Ihrem Prozess doch auch begutachtet und
Ihre psychische Verfassung analysiert. Und man hat befun-
den, dass Sie nach fünf Jahren Haft keine Gefahr mehr für die
Gesellschaft darstellen. Wir erlauben uns ständig, andere
Menschen zu beurteilen. Weshalb dann nicht auch Strafvoll-
zugsbedienstete?
Petra: Weil das praktisch sehr schwierig Ist. Das sind alles
gute Schauspieler. Meine Stationsleiterin hätte unter Stalin
eine gute Figur abgegeben. Aber was meinen Sie, wie
freundlich die wäre, wenn sie mit Ihnen sprechen würde? Die
würde auch bei einem entsprechenden Test durchkommen.
Die sind ja alle nicht dumm! Gut, ein paar sind auch dumm
und primitiv. Aber die Allermeisten wissen sehr gut, sich zum

richtigen Zeitpunkt gut zu benehmen und die richtigen Antworten zu geben.

DH: Wie müsste Strafvollzug aussehen, damit solche Auswüchse weitestgehend ausgeschlossen werden können?
Petra: Man müsste jemanden haben, der – sagen wir mal – eine wöchentliche Sprechstunde hat und bei dem sich die Inhaftierten melden können. So was Ähnliches wie ein Vertrauenslehrer in der Schule. Wo man hingehen kann und sagen: „Das und das ist passiert, so und so wurde entschieden, und damit bin ich nicht einverstanden, bitte gehen Sie dem nach." So in der Art. Aber es muss jemand sein, der unabhängig ist.

DH: Eine Art Ombudsmann also in jeder JVA?
Petra: Ja, wo man auch hingehen kann. Denn wenn ich dem Ombudsmann nur einen Brief schreiben kann, geht der über die JVA raus ... Woher weiß ich dann, dass der auch wirklich ankommt?

DH: Das ist tatsächlich ein Riesenproblem, denn dieser Brief muss ungeöffnet sein Ziel erreichen, aber die Realität sieht anders aus.
Petra: Ja, ich weiß selbst, wie oft hier meine Briefe geöffnet und gelesen wurden. Solche Dinge geschehen ja. Es gibt hier ja noch ganz andere Sachen. Ich hatte hier eine Auseinandersetzung mit einer Bediensteten und stellte danach plötzlich fest, dass die Psychologin der JVA etwas dazu geschrieben hatte, ohne vorher mit mir darüber gesprochen zu haben. Darin hieß es dann, sie wäre zu diesem und jenem Ergebnis über meinen psychischen Zustand gekommen ... Aber die hat nicht mit mir gesprochen! Das ist von vorne bis hinten gelogen!

DH: Weiß Ihr Anwalt davon?

Petra: Ich habe das natürlich meinem Anwalt berichtet, und der sagte dazu: „Was soll ich tun??" Er kann nichts tun! „Ich kann nicht beweisen, dass sie nicht mit Ihnen gesprochen hat." Und da hat er Recht. Ich empfinde dieses Gefängnis mitunter als eine Art rechtsfreie Zone, in der das Personal machen kann, was es will. Ich kann mich nirgendwo beschweren. Gut, ich krieg meine Briefe überall hin, weil ich einen – natürlich illegalen – Weg gefunden habe, Post aus der JVA herauszubekommen. Aber der normale Inhaftierte kriegt doch seine Post nicht raus.

DH: Glauben Sie, dass diese Zustände eine Resozialisierung fördern oder sie im Gegenteil torpedieren?

Petra: Sie laufen einer Resozialisierung absolut zuwider. Das Verhaltensmuster, das man hier lernt, wenn man sich nicht bewusst dagegen wehrt, ist ja gerade ein kriminelles. Derjenige, der am brutalsten ist, der am meisten lügt, der setzt sich durch, der gewinnt. Das ist ja gerade das Falsche, denn ich lerne es nicht nur von den Mitinhaftierten, ich lerne es auch von den Bediensteten. Das ist genau das, was wir nicht wollen. Ich empfinde es auch als kriminell, wenn hier eine Psychologin einen Befund ohne das dazu vorher notwendige Gespräch mit der Betroffenen schreibt. Da würde ich sagen, es handelt sich um eine Straftat. Wenn ich etwas Dementsprechendes tue, verscherze ich mir damit meine Bewährung, falls ich überhaupt eine bekommen sollte.

DH: Können die Bediensteten, zu denen Sie einen guten Draht haben, in Ihrer Sache nichts unternehmen?

Petra: Nein, was sollen die denn gegen ihre Kollegen machen? Und sie würden natürlich auch nichts tun.

DH: Wie verleben Sie hier ihre Tage?

Petra: Meine sind glücklicherweise sehr gefüllt. Ich hab mein Fernstudium, meinen Klavierunterricht, meinen Sport, und dann ist der Tag meistens auch schon um. Ich schreib noch ein paar Briefe, lese natürlich sehr viel und hab eigentlich weniger Zeit, als ich gerne hätte.

DH: Wie schlimm ist der Umstand für Sie, Ihre Freiheit verloren zu haben?

Petra: Das empfinde ich als gar nicht so gravierend. Natürlich vermisse ich einiges. Ich bin ein Naturmensch, und was ich vor allen Dingen vermisse, ist, mal einen Baum zu sehen. Oder mal in die Weite zu sehen. Man sieht ja immer nur die nächsten 20 Meter und dann 'ne Mauer. Diese Weite fehlt mir natürlich. Andererseits ist das Leben draußen ja auch sehr reglementiert. Man hat seine Arbeitszeiten, man hat zu bestimmten Zeiten hier und da zu sein und sich an Regeln zu halten. Und mit der Reglementierung an sich, mit dem Eingesperrtsein an sich, kann ich durchaus umgehen. Damit kann man sich arrangieren. Das stört die ersten zwei Wochen, und danach hat man sich seinen Plan gemacht, wie man den Alltag gestaltet, und das geht. Unangenehm sind nur die Mitmenschen. Ich hab schon mal gesagt, das Schönste für mich wäre Einzelhaft. Tür zu, meine Ruhe haben, keinen sehen müssen, solange ich krieg, was ich brauch ...

DH: Sie haben mir kurz geschildert, dass Sie körperlich und sexuell missbraucht wurden. Steht Ihnen hier jemand therapeutisch zur Seite?

Petra: Ja, Gott sei Dank. Aber das ist schon so 'ne Geschichte, bei der muss ich ein bisschen weiter ausholen. Ich habe in meinem Urteil ein Therapieanrecht *(der Betroffene kann eine*

Therapie aktiv einfordern) festgeschrieben bekommen. Nicht etwa eine Therapiepflicht *(der Betroffene wird zur Therapie verpflichtet, ob er will oder nicht).* Dieses Anrecht zu bekommen ist sehr selten. Daraufhin hat mich diese Anstalt jedoch mit aller Gewalt dazu gezwungen, in die sozialtherapeutische Teilanstalt zu gehen. In der Sozialtherapie sind in der Regel die Frauen, die ihre Kinder umgebracht haben. Über die Qualität der Therapie will ich gar nicht reden. Man hat mir da das Studieren verboten, man hat mir alles verboten. Ich sollte irgendwelche Sachen zusammenschrauben und hatte plötzlich ganz viele Probleme, von denen ich gar nicht wusste, dass ich sie hab ... Zum Beispiel mit pünktlichem Aufstehen und Hygiene. Also alles Sachen, die ein normaler Mensch kann, und plötzlich sollte das mein Problem sein, weil es das war, was sie da therapieren konnten. Ich hab mich geweigert und bin zurückgekommen. Seitdem sagt man mir, ich kriege keine Hafterleichterung. Ich kriege hier überhaupt nichts, weil ich ja nicht gehorcht habe. Denn ich koste die Anstalt ganz unglaublich viel Geld. Ich kriege hier eine Therapie von einem externen Psychotherapeuten. Ich bin meines Wissens die einzige Inhaftierte in den letzten zehn Jahren, die so was überhaupt kriegt. Das kostet natürlich. Deswegen mögen die mich hier auch nicht besonders. Der Anstaltsleiter ließ durchblicken, dass ich entweder in die Sozialtherapie gehe oder hier nichts mehr kriegen werde. Mir war aber das Studium wichtiger.

DH: Hilft Ihnen der Therapeut?
Petra: Nö, aber es ist gut für die Akte. Wie soll das helfen? Erst mal bräuchte ich eine Therapeutin. Das ist, glaube ich, in meinem Fall so sonnenklar wie nur irgendetwas. Aber es gibt angeblich keine weiblichen Therapeuten in dieser Ortschaft

hier. Kann ich mir schwer vorstellen, aber soll so sein. Der Therapeut ist ein persönlicher Bekannter der Anstaltspsychologin. Vielleicht wollte sie ihm einen Gefallen tun, ich weiß es nicht. Zweitens ist es ein Verhaltenstherapeut. Ich hab nichts gegen Verhaltenstherapeuten. Aber was sollen die in einer JVA? Das ist doch gar nicht ihr Spielfeld. Ein Verhaltenstherapeut muss doch raus und mit seinem Patienten Verhalten trainieren. Und das kann er hier nicht.

DH: Sie bräuchten eine Traumatologin.
Petra: Natürlich. Selbstverständlich. Ich muss dazu sagen, dass ich gegen den Mann selber nichts habe. Das ist ein ganz freundlicher und auch sehr intelligenter Mensch, der seinen Job, soweit ich das sehe, auch gut macht. Ich hab schon Schlimmere erlebt. Der in der Sozialtherapie hat zum Beispiel einen an der Waffel, der ist selber nicht ganz normal. Aber das gibt es ja öfter mal, dass die ein bisschen gestört sind. Meinen Therapeuten sehe ich einmal wöchentlich, und ich gehe da auch regelmäßig hin und freue mich, mal wieder mit einem normalen Menschen zu sprechen, und dann gehe ich wieder.

DH: Welche Schritte werden Sie einleiten, falls Ihr Stiefvater nach ihrer Entlassung noch auf freiem Fuß sein sollte?
Petra: Ich kann nichts tun. Was ich tun werde, ist etwas ganz anderes. Meine Eltern werden nicht erfahren, wo ich mich aufhalte. Ich werde zusehen, mich tunlichst unsichtbar zu machen, soweit das in Deutschland möglich ist. Denn ich sehe das Problem andersrum: Ich bin für ihn im Moment eine Gefahr, und der Mann ist ein Choleriker. Ich möchte ihm nicht über den Weg laufen.

DH: Haben Sie Freunde, mit denen Sie über alles reden können?
Petra: Ja, sicher.

DH: Helfen die Ihnen auch, wenn Sie hier rauskommen?
Petra: Ja. Es gibt jemand, zu dem ich ziehen werde, bis ich eine eigene Wohnung habe, und noch jemand anderen, über den ich Anschluss an andere Menschen finden kann, damit ich nicht völlig allein bin. Solche Freunde habe ich glücklicherweise. Und die brauche ich auch, weil mir sonst keiner hilft. Denn der hiesige Sozialdienst ist de facto nicht vorhanden. Ich arbeite natürlich an meiner vorzeitigen Entlassung, und sollte man mich tatsächlich vorzeitig entlassen, werde ich von heute auf jetzt auf der Straße stehen, ohne Wohnung, ohne alles.

DH: Besteht für Sie die Möglichkeit auf Zweidrittelstrafe *(vorzeitige Freilassung nach Verbüßung von zwei Dritteln der Strafe)?*
Petra: Nein, auf Halbstrafe! Ich habe diese Möglichkeit deswegen, weil nach meinem Urteil neue Beweise aufgetaucht sind. Mein Urteil ist also prinzipiell revisionsfähig. Eine Revision würde zu lange dauern, aber mein Anwalt kann trotzdem besondere Umstände geltend machen, weil er jetzt ja begründen kann: Wenn diese Beweise vorgelegen hätten, wäre das Urteil anders ausgefallen. Und auf die Weise kann er möglicherweise 'ne Halbstrafentlassung bewirken.

DH: Den versuchten Mord haben Sie gestanden, und jetzt sind neue Beweise für das Verbrechen Ihres Stiefvaters aufgetaucht?
Petra: Neue Beweise für meine Angaben. Man ist im Urteil – das steht glücklicherweise auch drin – davon ausgegangen,

dass meine Aussage nicht stimmt, weil ja keine Belege dafür vorhanden waren. Die sind nun vorhanden. Jetzt läuft ein Ermittlungsverfahren gegen meinen Stiefvater. Nur eben noch kein Strafverfahren.

DH: Aber das könnte aus den Ermittlungen heraus entstehen?
Petra: Das ist zu hoffen. Sofern das eben nicht bis in alle Ewigkeit verschleppt wird. Das ist meine Sorge.

DH: Wie lange ist die Verjährungsfrist?
Petra: Ab Volljährigkeit 15 Jahre. Da hab ich noch ein bisschen. Obwohl mein Stiefvater schon 70 ist und vorher sterben könnte.

DH: Haben Sie aus Hass heraus gehandelt?
Petra: Nein. Das kann ich ganz sicher sagen. Nein. Ich war in der Situation, meinen Bruder schützen zu müssen und womöglich auch noch meine Mutter, die ... Na ja, völlig wehrlos ist, die nur weinte und sagte, sie hielte es nicht mehr aus, und sie würde sich das Leben nehmen, und ich müsse ihr helfen. Also, die spielte auch noch 'ne Rolle, aber beileibe nicht die Hauptrolle. Denn die kann sich selber helfen, wenn sie denn nur will. Mein Bruder kann es nicht.

DH: Gab es nur noch diesen Ausweg?
Petra: Es gab nur diesen Ausweg. Ich bin überall gewesen. Ich bin beim Jugendamt gewesen. Und die haben mir gesagt, ich sollte meinem Bruder sagen, er möchte sich an einen Vertrauenslehrer wenden. Wozu brauche ich einen Vertrauenslehrer, wenn ich ein Jugendamt habe? Gut, ich war nicht bei der Polizei. Das war wohl mein Fehler. Bloß, ob die was gemacht hätte ... Wer weiß?

DH: Warum sind Sie nicht zur Polizei gegangen?

Petra: Ja ... Weil ich meine Geschichte nicht erzählen wollte. Ich bin natürlich zum Jugendamt gegangen und habe gesagt: „Er schlägt seinen Sohn", habe aber nicht erzählt, was mit mir war. Und der Polizei hätte ich eben genau das erzählen müssen, um Strafanzeige stellen zu können. Das wollte ich nicht.

DH: Was hätte Sie bewegen können, doch zur Polizei zu gehen?

Petra: Das hat, glaube ich, nichts mit dem Bild der Polizei in der Öffentlichkeit zu tun. Es war mehr eine Frage der Erziehung. Ich bin so groß geworden. Es gibt Dinge, über die spricht man nicht, und man wäscht seine Wäsche nicht vor den Wachbeamten. Schamgefühl. Ich weiß es nicht. Ich hab es auch sonst niemandem erzählt.

DH: Und doch haben Sie diese Schamgrenze übertreten, als es um Ihren Bruder ging.

Petra: Aber das ist ja gerade der Kern dieser Erziehung, dass man das für andere darf, nur nicht für sich selber.

DH: Ist das nicht auch die Taktik eines Verbrechers, mit der er vorgeht, um die Kinder, die er missbraucht, einzuschüchtern?

Petra: Sicher, natürlich.

DH: Es hat auch bei Ihnen funktioniert, und Sie sitzen jetzt im Gefängnis.

Petra: Ich denke mal, das ist ja gerade die Crux, wenn so etwas in einer Familie passiert. Wenn es ein fremder Täter wäre – dagegen könnte man sich wehren. Aber bei den eigenen Eltern? Das hat eine psychische Komponente, die viel schwerer wiegt.

Das Argument meines Stiefvaters, mit dem er mich unter Druck setzte, war nicht: „Dir glaubt ja doch keiner", sondern meine Mutter war schwer krank, immer wieder schwer krank. Und er hat einfach gesagt, wenn ich es ihr erzähle, regt sie sich auf, und wenn sie sich aufregt, stirbt sie. Funktioniert wunderbar. Das ist ein stärkeres Argument als: „Dir glaubt keiner." Ich denke, das hätte bei mir gar nicht mal so stark gezogen. Aber: Ich bin dran schuld, dass sie stirbt ...? Ich war erst zwölf und glaubte das. Stärke und Schwäche, Aggressivität und Nicht-Aggressivität sind keine körperlichen Dinge. Das ist etwas Psychisches. Genuin psychisch.

DH: Glauben Sie, dass Sie, wenn Sie hier rauskommen, wieder freier atmen können?

Petra: Die Frage ist schwer zu beantworten, weil Freiheit eigentlich mehr ein innerer als ein äußerer Zustand ist. Ich hab vielleicht schon jetzt mehr Freiheit als so manch einer, der hier drin arbeitet und mit seinem täglichen Leben derart unzufrieden und unglücklich ist, dass er mehr Gefangener seiner selbst ist, als ich es bin. Ich werde natürlich wieder mehr körperliche Freiheit, andererseits aber auch mehr Verpflichtungen haben. Eigentlich erwarte ich, dass in den ersten Monaten erst einmal eine Phase ganz fürchterlichen Stresses auf mich zukommt. Ich hab so viel zu organisieren. Ich besitze ja fast nichts. Ich besitze nur, was ich hier an Kleidung habe, und ein paar andere Kleinigkeiten. Ich muss zusehen, wo ich Geld herbekomme. Zum Beispiel: Ich bin Fernstudentin. Ich kriege kein Arbeitslosengeld, kein Bafög. Was krieg ich denn? Für solche Fragen müsste eigentlich eine Sozialarbeiterin da sein. Es könnte also sein, dass ich mich in den ersten Wochen durchaus nach einem ruhigen Vormittag hier drin sehnen werde.

DH: Sie haben in einem anderen Zusammenhang betont, dass Sie gläubige Christin sind. Betrachten Sie Ihre Tat als Christin anders, als Sie sie als Privatperson sehen?

Petra: Ja, das ist eine andere Ebene. Die Ebene der Privatperson ist diejenige, die mit einer Gefängnisstrafe abgegolten wird. Die metaphysische Ebene der Schuld vor Gott ist eine andere. Das Christentum ist eine Religion, in der die Sünden vergeben werden, wenn man nur drum bittet. Insofern ist die Sache für mich relativ einfach. Schuldig vor Gott bin ich so oder so. Es geht ja nicht nur darum, dass man nicht töten soll. Irgendwo steht auch geschrieben: „Wer seinen Bruder in Gedanken einen Narren schimpft, der hat ihn damit getötet." Die Sündhaftigkeit geht ja viel weiter und viel tiefer. Ich denke, dass der Mordversuch an sich im religiösen Sinne vielleicht gar nicht mal die schlimmste Tat gewesen ist. Denn das war eine Tat aus Verzweiflung, wo ich gar nicht anders konnte. Ich habe moralisch gesehen aber vielleicht viel bösartigere Dinge gedacht und getan als die Tat, für die ich juristisch verurteilt worden bin! Ich denke, dass die Schuld vor Gott das Geringste ist, um das ich mir Sorgen machen muss.

DH: Und worüber müssen Sie sich mehr Sorgen machen?

Petra: Ich werde den Makel der Kriminellen natürlich nicht mehr los, der Schwerkriminellen sogar. Den habe ich für den Rest meines Lebens.

DH: Sieht man Ihnen das denn an?

Petra: Nein, aber es steht in meiner Akte. Ich kann zum Beispiel nicht mehr Medizin studieren. Wenn ich mich irgendwo um eine Stelle bewerbe, und die wollen mein Führungszeugnis sehen, werden die darin genau das lesen können. Das wird da nicht wieder gelöscht. Und sie werden mich fragen, warum ich gesessen habe.

Später erfuhr ich, dass Petra ihren Stiefvater selbst ins Krankenhaus gebracht hatte und die Ärzte auf eine mögliche Vergiftung aufmerksam machte, als diese in der kurzen Zeit nicht feststellen konnten, warum der Mann zu sterben drohte ...

Der Vollzugsbeamte:
„Es geht immer nur darum,
wer der Stärkere ist"

Peter, 52, ist seit 27 Jahren als Justizvollzugsbeamter tätig. Bei seiner Arbeit ist er nahezu täglich mit Gewalt konfrontiert. Zum einen mit der Gewalt, die von den Gefangenen ausgeht, zum anderen mit der Gewalt, die von den Bediensteten ausgeübt wird. Wie verändert ein so gewalttätiger Ort wie der Knast einen Menschen? Peter weiß aus eigener Erfahrung, wie schmal der Grat zwischen gebotener Durchsetzungsfähigkeit und der Bereitschaft, selbst Gewalt auszuüben, ist.

Wer sich nach so vielen Jahren im Justizdienst die Einstellung bewahrt hat, dass er nicht dazu da ist, die Gefangenen nach ihrer Verurteilung durch die Justiz noch ein weiteres Mal zu verurteilen, der ist entweder ein Narr oder weiß ganz einfach, wovon er spricht. Ich habe Peter mehrfach im Umgang mit Gefangenen erlebt und gesehen, dass er ihnen stets mit Respekt begegnet ist. Er reagiert nicht seine niederen Instinkte an ihnen ab, wie es manch andere tun. Dennoch ist Peter skeptisch, was seine wahren Gefühle seinem Beruf gegenüber betrifft. Ihm nehme ich das Erschrecken über sein eigenes, unerschrockenes Handeln ab, wenn er gewalttätige Gefangene zu Boden bringt. Ihm glaube ich, wenn er über seine heimliche Befriedigung spricht, wenn es den Richtigen getroffen hat. Denn genau in diesem Spannungsfeld bewegen sich Menschen, die tagtäglich als Regulativ mit Gewalt umgehen müssen. Der Knast ist ein gefährlicher Ort für das eigene Seelenheil.

Dass Peter seinen wahren Namen nicht preisgeben will, hat

auch damit zu tun, dass jemand wie er schnell als Nest-beschmutzer dastehen könnte. Im Gefängnis funktioniert der „Korpsgeist" ganz ähnlich wie die „Ganovenehre". Peters Ruf bei den Gefangenen ist rundweg positiv, und selbst nach Dienst-schluss setzt er sich noch für „die Jungs" ein.

Peter: Ich bin vor 27 Jahren in den Justizvollzug gewechselt. Meine private Situation hatte sich so verändert, dass ich eine gewisse Sicherheit suchte. Obwohl ich mir als 25-Jäh-riger nicht vorstellen konnte, was da auf mich zukommen würde.

DH: Was war dein erster Eindruck, als du das erste Mal deinen neuen Arbeitsplatz, den Knast, betreten hast?
Peter: Es war erschreckend für mich. Dieser Bau ... Die ersten zwei Tage waren sehr schlimm. Und auch heute erfahre ich noch von neuen, jungen Kollegen, dass es erdrückend für sie ist, wenn sie reinkommen. Die offenen Gänge, die offene Bauweise und die Geräuschkulisse ...

DH: Wie war dein erster Kontakt mit „deinem" ersten Gefan-genen?
Peter: Das ist so eine Art Bewährungsprobe vor meinem Praxisanleiter gewesen. Ich sollte dafür sorgen, dass ein be-stimmter Gefangener unsere Abteilung verlässt. Und ich wusste nicht, inwieweit das als dienstliche Anweisung zu verstehen war. Der Gefangene stand also mitten auf dem Gang unserer Abteilung, und ich versuchte, ihn mit Worten dazu zu bewegen, die Abteilung wieder zu verlassen. Er hat aber nur den jungen, 65 Kilo leichten Vollzugsbediensteten, den Frischling, in mir gesehen. Und so baute er sich dement-sprechend vor mir auf: „Wat willst du denn, mach dich ab ..."

Aus dem Beamtenraum heraus beobachtete mein Praxisanleiter die Szene, ich hatte noch Probezeit. Ich hab dann angefangen, den Gefangenen in Richtung Treppe zu schieben,
wo er sich dann am Geländer festgehalten hat. Er wollte sich
von einem Frischling nicht verjagen lassen. Ich hab ihm dann
mit dem Schlüssel auf die Hand geschlagen, worauf er geschrien hat: „Mensch, musst doch nicht direkt so grob
werden, ich geh ja schon!" Einen Tag später entschuldigte er
sich bei mir für sein Verhalten, und wir hatten danach fast so
etwas wie ein freundschaftliches Verhältnis.

DH: Das typische Männerritual.
Peter: Ja, wenn zwei Männer aufeinandertreffen, geht es
meist nur darum, wer dem Druck am längsten standhält.

DH: Hat sich durch die weiblichen Mitarbeiter im Vollzug
etwas geändert?
Peter: Ja, sie sind eine Bereicherung, weil sie deeskalierend
wirken und die Umgangsformen dank ihnen angenehmer
werden. Allerdings hätte man in den achtziger Jahren ihre
Aufnahme als Vollzugsbeamte noch nicht empfehlen können.
Denn damals hatten wir noch keine Funkgeräte, über die wir
Hilfe herbeirufen konnten. Da erwartete man noch von uns,
dass wir selbst mit einem Problem fertigwurden. Man durfte
die Gefangenen nicht anfassen und stand ohne jede recht-
liche Rückendeckung da.

DH: Werdet ihr in der Ausbildung auf tätliche Angriffe der
Gefangenen vorbereitet?
Peter: Nein, nicht wirklich. Viele Kollegen machen das privat.
Aber man kann sich auch nicht wirklich auf solche
Situationen vorbereiten. Die Zellen sind so eng, dass man nur

wenig Bewegungsfreiheit hat, und man muss ja auch immer aus dem Moment heraus handeln.

DH: Wenn ein Gefangener in der Zelle randaliert, geht ihr mit drei bis fünf Leuten rein.

Peter: Ja.

DH: Drei gehen rein und zwei stehen an der Tür.

Peter: Das hängt davon ab. Seit Neuestem haben wir auch Schilde, mit denen wir in die Zelle reingehen. Früher hatten wir Feuerlöscher, mit denen wir in die Zelle reingeblasen haben, um den Sauerstoff kurzzeitig zu eliminieren. Das war allerdings nicht statthaft.

DH: Ihr dürft nicht offensiv vorgehen, sondern andere nur verteidigen oder Nothilfe leisten.

Peter: Ja, wobei man das aber nie so eindeutig voneinander trennen kann. Das muss man schon auch im Gefühl haben. Wenn man einen „Feind", denn das ist er in dem Moment, das erste Mal anfasst, sinkt die Hemmschwelle, ihn beim nächsten Mal noch härter anzufassen, automatisch, und man geht schnell zum Kreuzfesselgriff über. Das sollte aber nicht zum Tagesgeschäft werden, weil ich dann nicht mehr darüber nachdenke, was ich da so mache.

Es ist schwer in Worte zu fassen, wo die Grenze ist: Was darf ich noch, und was kann ich auch durch andere, de-eskalierende Maßnahmen verhindern? Das ist eine Kunst, die man nicht in Worte fassen kann. Man lernt das im Laufe der Zeit, indem man zum Beispiel anderen Vollzugsbeamten bei ihrer Arbeit zuschaut. Es gibt Leute, die strahlen de-eskalierende Eigenschaften aus und andere eher Aggressivität.

DH: Ist eine menschliche Behandlung der Gefangenen im Sinne einer Resozialisierung nicht zielführender?

Peter: Ja, aber sie ist auch schwierig, weil man nicht müde werden darf, immer wieder bei Null anzufangen. Außerdem werde ich immer älter, während die Gefangenen immer so um die 20 Jahre herum sind.

DH: Das Alter der Gefangenen bleibt zwar ungefähr gleich, aber der Umgang mit ihnen hat sich doch über die Jahre hinweg sicher geändert. Hat er sich aus deiner Sicht heraus auch etwas gebessert?

Peter: Das ist gar nicht so einfach zu beantworten, weil das auch sehr von der jeweiligen Politik abhängt. In den achtziger Jahren hatten wir die so genannte „Behandlungs-Euphorie", mit viel Aufschluss *(Aufschluss ist eine kontrollierte Freizeitmaßnahme, bei der alle Haftraumtüren für eine gewisse Zeit aufbleiben. Der Aufschluss wird von einem Vollzugsbediensteten überwacht.)* und einem Heer von Sozialarbeitern, Psychologen und Seelsorgern, die den Vollzug alle täglich neu erfunden haben. Wir Vollzugsbeamte waren da nicht so gefragt und bekamen sehr enge Vorgaben, was unsere Zuständigkeiten betraf. Wir mussten beispielsweise dabei zusehen, wie die schwachen Gefangenen von den starken Gefangenen gedeckelt wurden, und hatten keinerlei Handhabe, das zu unterbinden. Wir durften nur bei offensichtlichen physischen Übergriffen zwischen den Gefangenen einschreiten. So waren damals die Vorgaben. Wir hatten hier sowieso schon die Schlimmsten der Gesellschaft und mussten denen aber auch noch freien Lauf lassen. Das hat sich in den letzten 15 Jahren geändert. In denen hatten wir dann vorrangig den weggeschlossenen Gefangenen *(der Gefangene ist 23 Stunden am Tag auf seinem Haftraum)*. Was auch wieder verkehrt war. Den gesunden Mittelweg haben wir bislang jedenfalls noch nicht gefunden.

DH: Erhalten die Gefangenen denn die nötige therapeutische Unterstützung, um sich mit ihrer Schuld auseinandersetzen zu können?

Peter: In der Sozialtherapie, in der sich überwiegend Mörder und Sexualstraftäter getrennt von den anderen Gefangenen befinden, ist das so. In den anderen Abteilungen ist das fast gar nicht umsetzbar, weil der Vollzugsalltag mit seinen Verwaltungsaufgaben kaum noch Zeit für ein Gespräch lässt. Das zu ändern wäre zu personalintensiv.

DH: Aber es wäre möglich?

Peter: Es ist eine Frage des Geldes, das der Staat zur Verfügung stellt, und wo es am besten angelegt ist. Im Vollzug oder in den Schulen oder in den Kindergärten? Meiner Meinung nach sollten wir reagieren, bevor das Kind in den Brunnen fällt.

DH: Du hast eben die Zustände von damals beschrieben, als ihr zusehen musstet, wie die Schwachen ausgebeutet wurden. Habt ihr heute mehr Möglichkeiten, zu intervenieren?

Peter: Ja, schon. Dafür müssen wir uns heute auch schon wieder mit einem neuen Problem, dem so genannten Russenproblem, auseinandersetzen. Die Russen bilden hier bei uns Gruppen und suchen sich dann die schwachen deutschen Jungs aus. Sie gehen auf sie zu und schlagen ihnen mal ganz leicht mit der flachen Hand gegen das Brustbein: „Du bringst mir nächstes Mal vom Einkauf Nutella mit!" Und jeder der deutschen Jungs, der dann nicht nein sagt, ist beim nächsten Mal wieder dran. Jeder wird nur mit Kleinigkeiten gedeckelt, damit keine zu große Gegenwehr aufkommt. Aber die Russenjungs gehen hin und fordern ihren Tribut. Und auf diese Weise sind die immer, trotz Arbeitslosigkeit, gut ausgerüstet. Beispielsweise mit den feinsten Jogginganzügen, die ursprünglich andere von draußen geschenkt bekommen hatten. Die haben einfach ihre Struktur, und keiner bricht diese Mauer des Schweigens.

DH: Von den Russen bricht keiner das Schweigen?
Peter: Nein, auch die Deutschen brechen das Schweigen nicht. Die haben Angst vor Repressalien. Die haben Angst davor, dass sie von acht, neun Russen innerhalb von zwei, drei Sekunden zusammengeschlagen werden. Das ist einfach so: Die stellen sich dann im Kreis um das Opfer auf, und jeder schlägt ein-, zweimal auf es ein, bevor er wieder weitergeht. Eine Blitzaktion. Wir bekommen das kaum mit. Irgendwo bildet sich ein Kreis, und dann steht auch schon einer vor dir, der komplett vermöbelt worden ist. Trotzdem sagt er: „Nein, mir ist grad nichts passiert." Wir haben da kaum eine Handhabe.

DH: Mauer des Schweigens bedeutet also, dass, solange der Betroffene nichts sagt und die Schläger nicht anzeigt, ihr auch nichts machen könnt.
Peter: Ja. Und wenn er sie anzeigt, wird er irgendwann von den Russen noch mal rangenommen. Oder die Russen drohen ihm damit, dass seine Familie draußen angegriffen wird ... Bei uns wird schon sehr häufig Angst und Schrecken verbreitet.

DH: Wenn ein Gefangener sich umbringen konnte, ohne dass du es verhindern konntest, wie gehst du damit um?
Peter: Unterschiedlich, sehr unterschiedlich. Einmal habe ich während des Nachtdienstes bei einer Krankenhausbewachung

gesehen, wie einer an meinem Fenster vorbei nach unten fällt und dort auf den Gitterrosten aufgeschlagen ist. Er war aus dem dritten Stock gesprungen, und man musste ihn in einem Bettlaken zusammengerollt auf die Bahre legen ... Als ich dann morgens in der Bäckerei stand, bin ich einfach wortlos wieder raus ... Diese Szene, dieser kurze Schatten, der am Fenster vorbeisauste, das Runterschauen auf die Gitterroste und der markerschütternde Schrei der Krankenschwester – das sind so Momente, die habe ich heute noch in mir drin ...

Eine andere Situation, die ich auch immer wieder durchlebe, hat sich ebenfalls während des Nachtdienstes ereignet. Da war einer, der so verzweifelt war, weil seine Freundin mit ihm Schluss gemacht hatte, dass er keinen Ausweg mehr für sich gesehen hat. Und der stand mir dann mit einer Rasierklinge in der Hand gegenüber. „Kommen Sie keinen Schritt näher, sonst schneide ich mir den Hals auf!", rief er, und dann hat er sich den Hals tatsächlich aufgeschnitten. Und dieses Bild, das sehe ich immer wieder wie in Zeitlupe vor mir. Es ist so unwirklich. Man kann sich einfach nicht vorstellen, dass ein Mensch einfach diese Handbewegung macht, vor seinem Hals her, und man zunächst gar nichts sieht, bis plötzlich dieses Blut aus seinem Hals rauskommt. Danach war er erst richtig am Abdrehen und hat sich mit dieser Rasierklinge die ganze Brust zerschnitten – der hat das gar nicht mehr gemerkt, soviel Adrenalin hatte der in seinem Körper. Dann konnten wir ihn endlich überwältigen, brachten ihn ins Lazarett und riefen den Notarzt. Der hat ihn noch an Ort und Stelle zusammengenäht ... Auch makaber, wie schwer es in dem Moment ist, einem Menschen die Halshaut wieder zusammenzunähen, wie zäh diese Haut ist. Das sind alles so unwirkliche Momentaufnahmen, die ich da gesehen hab. Die Haut musste mit einer Pinzette festgehalten werden, und jedes Mal, wenn der Gefangene schluckte, hat der Kehlkopf wieder alles auseinandergedrückt. Das sind Bilder, die vergisst man nicht.

DH: Kam er danach in die Psychiatrie?

Peter: Nein. Er kam danach in die so genannte Beruhigungszelle, das geschieht auch heute noch nach einem Selbstmordversuch.

DH: Kannst du die Beruhigungszelle kurz beschreiben?

Peter: Das ist ein harmloses Wort für einen schrecklichen Ort. Die Beruhigungszelle ist einfach eine Zelle mit einem schwarzen Betonboden. In diesen Boden ist eine Toilette eingelassen, eine dieser französischen Stahlblechtoiletten, die kein Mensch zerstören kann, mit einer Wasserspülung. Dann sind noch Holzdielen in den Boden eingelassen, auf denen eine feuerhemmende Matratze liegt. Außerdem befinden sich Verankerungslöcher im Boden, an denen zur Not ein Mensch auch fixiert werden kann.

DH: Und die Zelle wird videoüberwacht?

Peter: Sie wird sowohl per Video als auch akustisch überwacht.

DH: Wann kommt man in diese Zelle, außer nach Selbstmordversuchen?

Peter: Wenn einer völlig abdreht, wenn einer einen anderen Gefangenen schlägt, ohne zu wissen, wann er aufzuhören hat. Wenn er einfach nicht mehr weiß, was er tut. Und bei jeder Art von Suizidversuch sollen die eigentlich da schon rein. Das klingt auch wieder schlimm. Aber es kann auch heilsam sein, wenn einer meint, nicht mehr tiefer fallen zu können. Die Beruhigungszelle ist für jeden Gefangenen der absolute Tiefpunkt in der Anstalt. Wenn einer ein oder zwei Tage da drin war, erkennt er auch wieder die Chance, sich sein Leben neu aufzubauen.

Ich habe einmal versucht, einen Gefangenen durch ein Gespräch von seinen Selbstmordgedanken abzubringen. Nachdem ich seine Zelle dann nach über einer Stunde verlassen und geglaubt habe, dass es mir gelungen wäre, hat er versucht, sich zu erhängen ... Da hab ich mir gesagt, dass es einfach zu heikel ist, sich auf eine solche Problematik einzulassen.

DH: Hast du selber in all den Jahren massiven körperlichen Zwang ausüben müssen?
Peter *(nach langer Pause):* Sehr oft schon.

DH: Wie fühlst du dich in diesen Momenten?
Peter: Im Laufe der Jahre habe ich Distanz dazu gewonnen und gelernt, diese Sache möglichst schnell durchzuziehen, damit die andere Gefangenen nicht auch noch auf irgendwelche dummen Ideen kommen und wir vom System her keine Schwachpunkte zeigen. Wenn sich die Leute im Fernsehen immer stundenlang auf dem Boden herumwälzen, zeigt das einfach nicht die Realität. Ein Zweikampf, der bei uns im Gefängnis geführt wird, ist innerhalb von wenigen Sekunden entschieden. Wenn man beherzt zugreift und einen guten Schlag hinsetzt, ist die Sache meistens erledigt. Oder man weiß, dass man den Mann mit einem guten Griff außer Gefecht setzen kann. Es ist für alle leichter, wenn ich mitunter übertrieben massiv vorgehe. Der Mann weiß dann sofort: „Okay, hier ist Schluss, ich kann nicht mehr weitergehen." Es hilft einfach.

DH: Wenn das verbale Kräftemessen nicht mehr funktioniert, braucht es also das körperliche.

Peter: Ja, es geht immer nur darum, wer der Stärkere ist ... Wir haben einmal einen Muskelprotz in unsere Abteilung bekommen, der mir körperlich um Welten überlegen war. Der wollte sich schnell einen guten Namen machen. Während des Wäschetausches, wenn viele Gefangene zusehen können, suchte er sich einen Kleineren, einen Opfertypen, heraus, um den dann vorzuführen zu können. Ich bin dann gleich am Anfang dazwischengegangen und hab die zwei getrennt. Die meisten Gefangenen kennen mich, für die wäre das Ganze damit erledigt gewesen. Aber der besagte junge Mann kannte mich nicht und hat deshalb versucht, um mich herumzugehen und weiter auf den Kleineren einzuschlagen. Daraufhin hab ich eben etwas mehr zugefasst und ihn in Brusthöhe weggeschoben, während ich ihn zugleich am Hinterkopf gegriffen und nach vorn gedrückt habe, sodass er vornüber fiel und ich ihn auf dem Boden sofort in den Kreuzfesselgriff nehmen konnte. Er wurde quasi lächerlich gemacht, statt seine eigene Stärke zu demonstrieren. Das sind heikle und riskante Momente, die man nur dann bringen kann, wenn man weiß, was man macht. Hätte ich gezögert und zu lange gewartet, wären andere Gefangene vielleicht noch auf die Idee gekommen, mitzumischen. Sehen die Gefangenen allerdings, dass die Situation innerhalb von Sekunden geklärt wird und der Bedienstete dabei ruhig bleibt und nicht weiter auf den Mann einschlägt, dann geht der Wäschetausch ganz normal weiter, als wenn nichts geschehen wäre. Später hat sich der Gefangene sogar bei mir entschuldigt.

DH: Respekt durch das Verbreiten von Angst zu erringen ist im Knast ein ganz besonderes Thema.

Peter: Bei uns läuft alles auf dieser Respektschiene, das ganze Leben verläuft bei uns so. Weil die Leute bei uns viel elementarer leben als der Normalbürger draußen. Der normale Bürger draußen kann sich auf eine gute Ausbildung berufen, kann sich ins Familienleben zurückziehen, in sein Häuschen, das er sich gebaut hat. Der Gefangene bei uns hat dagegen keine Ausbildung, er hat auch kein Haus und keine Familie, der hat nichts. Der hat nur sich allein und sein Handgepäck und gegebenenfalls noch seine dicken Arme. Das ist alles, womit er sich Geltung verschaffen kann. Gerade die mangelnde Bildung ist einfach ein Problem bei uns.

DH: Hast du manchmal ein mulmiges Gefühl, wenn du alleine mitten unter den Gefangenen stehst?

Peter: Schon oft gehabt! Am Anfang haben mir bei Schlägereien sogar noch zwei Stunden später die Knie gezittert, die Hände ebenso, sodass ich nicht einmal eine Anzeige schreiben konnte. So was geht einem einfach an die Substanz. Man hat einfach diesen irren Adrenalinschub. Viele Leute machen sogar irgendwelche verrückten Sachen, nur um diesen Schub zu bekommen, während er hier in den achtziger Jahren fast schon an der Tagesordnung war, weil die Übergriffe durch die Vorgaben der Politik viel häufiger waren. Alles war unwahrscheinlich extrem in dieser Zeit. Es gab viel mehr Schlägereien, viel mehr Ausbrüche und viel mehr Selbstmordversuche ... Da stand man dann ein, zwei oder drei Leuten gegenüber, und dir zitterten die Knie ...Das hab ich oft erlebt.

Oder auch bei einem Ausbruchsversuch. Da habe ich genau den Moment beobachtet, in dem zwei Männer aus einem Gitter rausgingen. Das ist auch so eine unwirkliche Situation: Ich dachte, ich würde mir gleich in die Hose machen. Dieser Bruchteil einer Sekunde, in der du nicht weißt, was mit dir passiert, da spielt der Körper erst mal verrückt, bis du dich wieder einigermaßen gefangen hast und der Sache nachgehen kannst. Aber diesen Moment, in dem ein Ausbruch passiert, es zudem Nacht ist und du weißt, dass du gleich zwei Leuten gegenüberstehen wirst, die voller Adrenalin sind – das kannst du selbst durch Bungee-Springen nicht erzeugen.

DH: Wenn im Knast einer sagt: „Den mache ich platt", ist das also ernst gemeint und nicht bloß so dahingesagt?
Peter: Genau.

DH: Bist du schon angegriffen worden?
Peter: Schon sehr oft. Das erste Mal war auf meinem ersten Kommando. So nennt man das Begleiten und Beaufsichtigen von Gefangenen außerhalb der Haftanstalt. Damals begleitete ich mehrere Gefangene zu Bau- und Gartenarbeiten außerhalb der Anstalt. Die mussten mit Äxten das Unterholz wegschlagen. Das waren Äxte mit 1,20 Meter langen Stielen. Und als dann in der Mittagspause einer der Gefangenen mit der Axt Indianer spielen wollte, hab ich ihm das sehr bestimmt untersagt. Darauf kam es zu einem Wortwechsel zwischen uns, und dann tickte der einfach aus. Die tickten früher schneller aus als heute, weil sie weniger Konsequenzen zu fürchten hatten. Also, der rollte nur noch mit den Augen, riss die Axt hoch und kam schreiend auf mich zu ... Was da in einem vorgeht, kann man kaum in Worte fassen geschweige denn im Fernsehen zeigen. Wenn du siehst, wie einer auf dich zuläuft und dich mit der Axt von oben bis unten spalten will, hast du schon ein Problem damit. Ich konnte ihm zwar ausweichen und ihn relativ schnell mit ein paar Handgriffen unschädlich machen. Aber auf der Fahrt zu-

rück hörten meine Knie einfach nicht zu zittern auf. Das mag für manche komisch klingen, aber wenn man wirklich in so einer Situation ist, und da kommt so ein Kerl, der einem auch kräftemäßig überlegen ist ...

DH: Das war ein Angriff mit einer tödlichen Waffe.
Peter: Dafür bekam er zwei Wochen Freizeitsperre.

DH: „Popshop" nennt man das im Gefangenenjargon, nach einer Radiosendung in den Siebzigern, die abends genau zu der Zeit ausgestrahlt wurde, in der die Gefangenen in ihren Zellen eingeschlossen waren und nur Radio hören durften.
Peter: Genau. Heute würde man in so einem Fall wie dem mit der Axt ein Verfahren gegen den Angreifer eröffnen, aber damals wurde so etwas einfach unter den Teppich gekehrt, weshalb wir das auch den „Teppichvollzug" nannten. Es durfte nichts nach außen dringen, was nicht sein durfte. Nur keine Negativpresse. Eine Unmenge von Ausbruchsversuchen wurde ebenfalls nicht bekannt. Außer den geglückten natürlich.

DH: Der Knast ist eine Welt für sich, und was nicht für die Öffentlichkeit bestimmt ist, das erfährt sie auch nicht. Außer es passiert so etwas wie der Mord in Siegburg.
Peter: Davon sind sicher auch nur Teile nach außen gedrungen ...

DH: Der Knast ist eine Welt für sich. Aber innerhalb dieser Welt stehen sich zwei Gruppen gegenüber, die irgendwie miteinander zurechtkommen müssen. Die Gefangenen auf der einen Seite, die Justizvollzugsbeamten auf der anderen. Gibt es da so etwas wie einen Ehrenkodex?

270

Peter: Bei den Vollzugsbeamten ist das der so genannte Korpsgeist. Und es ist schwer, damit umzugehen. Einerseits muss es einen absoluten Zusammenhalt zwischen den Beamten geben: Wenn einer meiner Kollegen angegriffen wird, habe ich die Verpflichtung, ihm unter allen Umständen zu helfen. Das gilt zwar auch, wenn sich Gefangene untereinander schlagen. Aber bei einem Kollegen frage ich erst mal nicht, warum der angegriffen wird, sondern gehe sofort dazwischen. Ob der Recht oder Unrecht hatte, ist zweitrangig. Da geht es los mit dem Korpsgeist.

DH: Widerfährt den Gefangenen Gerechtigkeit, wenn ein Kollege unrecht gehandelt hat?
Peter: Also, in der Regel schlagen Kollegen nicht einfach so drauflos. Da kursieren zwar viele Geschichten, die ich so aber nicht bestätigen kann.

DH: Behandelst du Gefangene nach der Schwere ihrer Straftat?
Peter: Im Regelfall sehe ich mich als Dienstleister. Das Urteil im Namen des Volkes spricht der Richter. Mir steht es nicht zu, im Namen des Volkes noch ein zweites Mal zu urteilen. Das klappt aber nicht immer, vor allem dann nicht, wenn man ein Verbrechen zu nah an sich rankommen lässt ... Vor nicht allzu langer Zeit hatte ich einen Gefangenen, der hatte insgesamt schon 18 Jahre Knast hinter sich. Danach war er kurz draußen und hat während dieser Zeit eine behinderte Frau mehrfach vergewaltigt. Dieser Gefangene war der typische Beschwerdeschreiber. Der ließ jeden Tag eine neue Beschwerde raus. Zum Petitionsausschuss, zum Ministerium und so weiter. Der beschwerte sich über alles. Das war ein kräftiger Zweimetermann, 130 Kilo schwer, ein typischer

Knacki mit Riesenkopf und Stiernacken. Und ich hatte seine Akte einfach gelesen und mir vorgestellt, was er gemacht hat ... Eines Tages kam dieses Riesenmonster von der Freistunde zurück und ging urplötzlich auf einen kleinen Inderjungen von 1,60 Meter und 55 Kilo zu, drückte den gegen seine Zellentür und fing an, auf ihn einzuschlagen. Ich habe das vom Beamtenraum aus gesehen und bin gleich losgelaufen. Und während ich gerannt bin, kam mir die ganze Akte, die Vergewaltigung wieder in den Sinn ... Das beflügelte mich schon, das muss ich leider zugeben. Und aus zwei, drei Metern Abstand flog ich quasi auf diesen Riesen zu, packte ihn mit der linken Hand in seinem Stiernacken und hab ihm mit dem rechten Ellbogen, so fest ich konnte, ins Gesicht geschlagen ... Mit normalem Krafteinsatz hätte ich den nie von seinem Opfer abbringen können. Dann griff ich ihm sofort ans Kinn und drehte es derart, dass er sofort zu Boden ging und sich dabei noch eine Platzwunde am Arm zuzog. Das war eine grenzwertige Aktion, die ich nicht ohne eine gewisse innere Befriedigung erlebt habe. Sein Opfer ist noch an Ort und Stelle zusammengesunken und hat überhaupt nicht verstanden, wie ihm das passieren konnte. Und ich verspüre heute noch Befriedigung, wenn ich an diesen Moment zurückdenke. Das war so eine Art Seelendusche. Das hat gutgetan. Ich kann nicht erklären warum, aber es hat gutgetan.

DH: Du sprichst mit mir darüber, anonym. Gibt es sonst noch jemand, mit dem du darüber reden kannst?
Peter: Nein, gibt es nicht. Es gibt da keine Stellen, zu der man hingehen oder an die man sich wenden kann. Vielleicht redet man im engsten Kollegenkreis darüber. Das hilft auch mitunter. Und das sage ich auch meinen Kollegen immer: dass

sie zu einer Vertrauensperson gehen und einfach denken sollen, dass die so etwas wie eine Parkuhr ist. Einfach reden, damit es nicht in ihrer Seele haften bleibt.

DH: Aber es gibt Kollegen, die in ihrem Job eine Möglichkeit sehen, Macht auszuüben?
Peter: Das ist leider so, und ich erlebe es immer wieder, dass sich Kollegen hinter ihrer Uniform und dem Zellenschlüssel verstecken, weil es ihnen Autorität verleiht. Wer den Zellenschlüssel hat, hat das Sagen.

DH: Hast du viele Gefangene in den Knast zurückkommen sehen?
Peter: Unzählbar viele.

DH: Worin steckt dann der Sinn von Knast, und woher holst du dir die tägliche Motivation für deine Arbeit?
Peter: Indem ich nicht mehr darüber nachdenke. Es gibt keine Ideallösung für ein Gefängnis. Wir können Gefängnisse aber auch nicht abschaffen. Wir brauchen sie, sonst herrscht draußen bald nur noch Angst und Schrecken. Wie man einen Gefangenen richtig behandelt, weiß ich allerdings selbst nach fast 30 Jahren Dienst noch nicht. Ich habe viele unterschiedliche Ansätze und Methoden der Resozialisation erlebt, fand sie aber immer alle irgendwie fehlerhaft.

DH: Ich habe die Anfrage einer Schule, die mich darum bittet, einem Zwölfjährigen mit hohem kriminellem Potenzial eine Schocktherapie im Knast zu verpassen. Für ihn ist es komplett normal, Verbrechen zu begehen ...
Peter: Dann ist er jetzt schon verloren.

Stichwort:
Strafvollzug und Resozialisierung

Rein theoretisch soll die Gefängnisstrafe den Häftling zu einem besseren Menschen machen, insbesondere den jugendlichen Häftling. Die Möglichkeit, einen Schulabschluss nachzuholen oder eine Ausbildung zu machen, ist dabei aber häufig schon das Äußerste, was der Staat im Hinblick auf resozialisierende Maßnahmen im Angebot hat. Psychologische Betreuung oder Hilfen durch Sozialarbeiter sind dagegen eher Mangelware, und gerade das ist es, was den straffällig gewordenen Jugendlichen oft fehlt: die Möglichkeit der Ansprache, die Gelegenheit, ihre Taten zu hinterfragen und zu verarbeiten. Kurz: Auch für sich selbst herauszufinden, wie es zur Straftat kommen konnte und wie sie sich in Zukunft vermeiden lässt.

Natürlich kosten solche Betreuungsangebote Geld, und zwar nicht eben wenig. Deshalb sind sie auch extrem unpopulär. Denn der normale Steuerzahler hat wenig Verständnis dafür, dass Gewalttäter in Gefängnissen auch noch psychologisch betreut werden. Er sieht, auf den ersten Blick, nur den Straftäter, der auf seine, des Steuerzahlers, Kosten offensichtlich auch noch gehätschelt und gepflegt wird ...

Dass diese Sichtweise zu kurz greift, dürfte nach den vorangegangenen Interviews, die in diesem Buch dokumentiert sind, eigentlich klar geworden sein. Ernsthafte Verhaltensänderungen im Sinne einer Resozialisierung sind in aller Regel nur dann zu erreichen, wenn dem Straftäter die grundlegenden Ursachen seines Tuns bewusst werden und er in der Lage ist, sie zu reflektieren und sie in der Zukunft nicht mehr zur Grundlage seines Handelns zu machen.

Wenn das gelingt, dann hat der Strafvollzug sein eigentliches Ziel erreicht, das nicht allein und ausschließlich in der Sühne des begangenen Verbrechens liegen kann. Und dann ist er auch sein Geld im Sinne des Steuerzahlers „wert". Denn in Wirklichkeit verhält es sich doch so: Sozialarbeiter- und Psychologenstellen kosten zwar etwas – aber jeder Häftling, der nicht wieder straffällig wird und erneut in die Justizvollzugsanstalten einrücken muss, spart letztlich Steuergelder, für ebendiese Justizvollzugsanstalten. Ganz banal gesagt: Wer wiederkommt, kostet auch wieder, wer dagegen den Übergang in ein straffreies Leben schafft, verursacht auch keine Kosten mehr.

Auch auf diesem Hintergrund sind unsere Haftanstalten extrem uneffektiv: Die Rückfallquoten bei jugendlichen Straftätern liegen konstant bei etwa 80 Prozent. Nur einer von fünf schafft also den Absprung aus der kriminellen Karriere. Und es ist längst kein offenes Geheimnis mehr, dass diese Karriere häufig erst im Gefängnis den entscheidenden Schub erhält, weil hier die Kontakte geknüpft werden, die draußen in Freiheit dann zu einer weiteren Verstrickung in kriminelle Kreise führen.

Der Wissenschaftler:
„Wir sind zur Hoffnung verurteilt"

Prof. Dr. Philipp Walkenhorst ist Inhaber des Lehrstuhls für Erziehungshilfe und Soziale Arbeit an der Universität Köln. Er beschäftigt sich unter anderem mit der pädagogischen Gestaltung des Jugendstrafvollzugs und Resozialisierungsmöglichkeiten. Ich habe ihn über eine seiner Studentinnen kennen gelernt, mit der ich an einer Förderschule ein gemeinsames Projekt gegen Gewalt initiiert habe. Prof. Dr. Walkenhorst ist ein Querdenker, der sich ständig bemüht, seine Studenten mit der Realität in Verbindung zu bringen, und sie bereits schon, lange bevor das Studium ihnen dies abverlangt, zu praktischen Erfahrungen ermutigt. Außerdem ist er ein ausgewiesener Kenner des Jugendstrafvollzugs, und da ich schon immer Gespräche geschätzt habe, die mich auch inhaltlich fordern, habe ich mich gerade auf dieses Interview besonders gefreut. Zusammen mit Prof. Dr. Walkenhorst versuche ich, einigen Bedingungen von Gewalt auf einer wissenschaftlichen Ebene nachzugehen, um so die Emotionen, die das Thema unweigerlich hervorruft, besser einordnen zu können.

Für mich ist dieses Gespräch im Ergebnis eine eindeutige Absage an all diejenigen, die nach härteren Strafen rufen, um eines Problems Herr zu werden, das nicht in den Genen, sondern in den sozialen Verhältnissen seinen Ursprung hat. So handelt es sich zum Beispiel um eine bewusste Manipulation niederer Instinkte, wenn jemand einen Zusammenhang zwischen Gewaltkriminalität und Migrationshintergrund behauptet. Denn nicht der Migrationshintergrund ist die Ursache für Gewalt, sondern in aller Regel die soziale Ausgangslage eines Menschen.

DH: Herr Professor Walkenhorst, was ist der eigentliche Sinn von Strafe?

Walkenhorst: Das ist eine alte Diskussion. Prinzipiell würde ich zwei Zwecke herausstellen wollen. Der eine ist Vergeltung, der andere die Nicht-Wiederholung und Befähigung des Straftäters zu einem Leben ohne Straftaten. Letzterer beinhaltet, was, unseren Strafvollzugsgesetzen zufolge, sowohl im Erwachsenen- als auch im Jugendstrafvollzug das Ziel einer modernen demokratischen Gesellschaft sein sollte. Den Täter also dazu zu befähigen, Straftaten nicht noch einmal zu begehen.

DH: Aber die öffentliche Diskussion konzentriert sich oftmals weit mehr auf den Aspekt der Vergeltung. Welche Hoffnung haben Sie, dass Resozialisierung nicht nur ein Wort bleibt?

Walkenhorst: Wir sind zur Hoffnung verurteilt. Und wir sind auch dazu verurteilt, modern ausgedrückt „ressourcenorientiert" zu denken. Der Strafvollzug ist vielfach kritisiert worden, und mir wäre es natürlich lieber, wenn es ihn in seiner heutigen Form gar nicht gäbe. Aber das ist eine unrealistische Wunschvorstellung. Denn die Öffentlichkeit will die vollzogene Strafe, will Vergeltung, will auch die Symbolik einer solchen Vergeltung. Und dieser Wunsch der Bevölkerung wird politisch auch immer wieder mobilisiert. Immer wieder wird die Verlängerung von Haftzeiten im Jugendvollzug diskutiert, plädieren einige für die Heraufsetzung des Höchstmaßes auf fünfzehn Jahre und für die Herabsetzung des Mindestalters der Strafmündigkeit auf zwölf Jahre. Beides wird aus kriminologischer, pädagogischer und psychologischer Sicht heraus aber für weitestgehend unverantwortlich gehalten.

Wir wissen noch nicht einmal, welche Zeitspanne die

Sozialisierung eines Straftäters in Anspruch nimmt. Wir wissen nur anhand von vorläufigen Untersuchungsergebnissen, dass Strafzeiten, die über vier bis fünf Jahre hinausgehen, mehr schädigende und entsozialisierende Wirkungen haben. Also nicht im Sinne einer Reintegration in adäquate soziale Lebensverhältnisse und in ein Leben ohne Straftat sozialisierend sind.

Das Problem ist ein anderes. Auf der politischen Ebene ist jeder Justizminister daran interessiert, dass es in den Anstalten seines Landes ruhig zugeht. Alles andere ist weitestgehend uninteressant. Gleiches gilt auch für einige Ministerialbeamte. Hauptsache, die Maschinerie der Justiz funktioniert. Was danach passiert – also wenn der Gefangene die Anstalt wieder verlässt –, hat mit der Justiz nichts mehr zu tun, sondern geht allein auf Rechnung des Haftentlassenen und ist somit politisch nicht mehr relevant. Das ist die eine Tragik.

Die andere Tragik ist die, dass das Gefängnis eine jahrhundertealte Tradition der Repression und der Bestrafung mit sich herumschleppt, die man auch in einer demokratischen Gesellschaft nicht so ohne Weiteres abschütteln kann. Deshalb bilden sich bislang auch der Gedanke der Behandlung und der Gedanke der Förderung von jungen Menschen – obwohl es das Strafvollzugsgesetz von 1977 und die neuen Jugendstrafvollzugsgesetze vorschreiben – noch nicht wirklich in der Ausbildung und Auswahl des Personals des allgemeinen Vollzugsdienstes ab. Und sie bilden sich nicht in den Formen der Zusammenarbeit verschiedener Mitarbeitergruppen innerhalb des Vollzuges ab. Und damit, wenn man so will, auch nicht in einem förderlich-erzieherischen Ethos, das all diese Gruppen zusammenführen und ihrem Wirken eine gemeinsame Stoßrichtung geben könnte.

Das nächste Problem ist, dass die Justiz, die Jugendjustiz, die Jugendhilfe, die Kinder- und Jugendpsychiatrie und die Schule in der Regel nichts miteinander zu tun haben, obwohl sie die gleiche Klientel haben. Manche Schüler sind schon mehrfach mit dem Strafjustizsystem in Verbindung gekommen, und trotzdem erfahren die Schulen meistens nichts davon. Sie erfahren teilweise noch nicht einmal, wenn ihre Schüler in den Knast wandern, obwohl man die Förderpläne und die Wissensbestände der Schulen ja auch in den Haftanstalten weiter fortschreiben und vermitteln könnte. Das heißt, die Verbindung der einzelnen Hilfesysteme untereinander, sowohl vor als auch nach der Inhaftierung, funktioniert in den seltensten Fällen.

Dabei stellen gerade die ersten drei bis sechs Monate nach der Haft einen Hochrisikozeitraum dar. Und besonders gefährdet sind bindungslose junge Männer ohne familiären Anhang, der ihnen Hilfe geben könnte. Das heißt also: Für diese jungen Leute haben wir nichts.

DH: Die Einrichtung eines Ombudsmanns im Strafvollzug deutet auf ein Anerkennen der von ihnen beschriebenen Missstände hin.
Walkenhorst: Ja, das sehe ich ähnlich.

DH: Muss die Politik die Öffentlichkeit nicht verstärkt darüber aufklären, dass die Verhinderung weiterer Straftaten eher durch Menschlichkeit im Strafvollzug als durch harte Repression zu erreichen ist?
Walkenhorst: Ich halte das – entschuldigen Sie, das ist nicht persönlich gemeint –, ich halte das für naiv, weil Politik daran nicht im Mindesten interessiert ist. Auch die Öffentlichkeit ist kaum an gelingenden Projekten interessiert. Die lassen sich

auch nicht gut verkaufen. Die Medienvertreter winken nur ab, wenn man ihnen sagt: „Guckt euch mal den Laden an, das funktioniert bei uns." Man ist nur dann interessiert, wenn es Morde, wenn es Übergriffe gibt. Weil das die Öffentlichkeit auch in ihrer Meinung über das System bestätigt.

Natürlich haben Sie Recht, dass auch auf politischer Ebene verantwortlich mit den Fakten umgegangen werden müsste.

Und deshalb stößt es mir bitter auf, wenn hier in Nordrhein-Westfalen unsere Justizministerin ständig vorgeführt wird, auch als Person. Denn gerade bei ihr habe ich den Eindruck gewonnen, dass sie vielleicht zu denjenigen gehört, die sich mit ein wenig Herzblut um die Thematik kümmern. Sie hat sich jedenfalls im Vergleich zu einigen ihrer Vorgänger durch lange Besuche in den Anstalten ausgezeichnet und sich wenigstens ein eigenes Bild gemacht. Ob dieses Bild dann auch der Wirklichkeit entspricht, ist wieder eine andere Frage. Aber sich dem als politischer Mensch an höchster verantwortlicher Stelle auszusetzen, auch den Widersprüchen, und vor Ort zu fragen, das halte ich für äußerst anerkennenswert. Deshalb sollte die Politik, sollten die Politiker auch mit einem solchen Menschen im Hinblick auf die zuletzt stattgefundenen Vorfälle in den Anstalten anständig umgehen. Ansonsten zeigt man in der Öffentlichkeit ja die gleiche asoziale Haltung, die man anderen Menschen wiederum zum Vorwurf macht. So viel zum Thema politische Glaubwürdigkeit.

Ferner würde ich mir einfach wünschen, dass die Anstaltsleitungen selbstbewusster und selbstständiger an die Öffentlichkeit gehen und sehr deutlich benennen, was zu leisten sie in der Lage sind und was nicht. Und sie sollten der Politik auch einige deutliche Monita *(Ermahnungen)* ins Stammbuch schreiben, selbst auf das Risiko hin, dass das unter Umständen auch Ärger für den eigenen internen Apparat bedeuten kann. Von den Schulleitungen des öffentlichen Schulwesens verlangt man angesichts der Diskussion um selbstständige Schulen ja auch ein solches Vorgehen. Weshalb sollte man dann nicht auch von den Anstaltsleitungen verlangen dürfen, dass sie in verantwortlicher Weise auf die Grenzen ihrer Leistungsfähigkeit hinweisen. Zumal ihnen die ja auch von der Politik auferlegt worden sind. Stichwort: schlechte Personalausstattung. Das muss dann alles in verantwortlicher Weise öffentlich diskutiert werden, damit wir gemeinsam überlegen können, wie sich das ändern läßt. Das wäre ein fairer, demokratischer Umgang.

DH: Was sind denn die notwendigen Grundbedingungen, die ein Kind zum Erwachsenwerden jenseits von Straffälligkeit braucht?
Walkenhorst: Ich würde mich dieser Frage anders nähern wollen. Ich würde eher fragen, was muss die Menschen auszeichnen, die mit solchen Jugendlichen zu tun haben? Denn den jungen Menschen können wir ja nur mittelbar, über genau diese Menschen, erreichen.

Ein ganz wesentlicher Punkt wäre meiner Meinung nach, gerade bei den Förderschulen mit den Förderschwerpunkten „Lernen" und „Soziale und Emotionale Entwicklung" anzusetzen und Konzepte einer Ganztagsschule mit klarer Struktur, Ermutigungen und Grenzen, vielen Bildungsangeboten und intensiver Freizeitgestaltung anzubieten, um den jungen Menschen, die dort lernen und leben, auch die Möglichkeit zu geben, sich zu entfalten.

Man darf getrost davon ausgehen, dass es so gut wie keinen jungen Menschen gibt, der große Lust daran empfindet, sich dauerhaft asozial zu verhalten und andere

Menschen zu schädigen. Das trifft nur auf psychopathologischen Fälle zu, die einer entsprechenden Behandlung bedürfen.

Was wir brauchen, sind Schulen, in denen Lehrer und Sozialarbeiter, Sozialpädagogen und Ehrenamtliche mit Engagement und Leidenschaft zusammenwirken. Sie alle müssen Offenheit gegenüber devianten *(abweichenden)* jungen Menschen zeigen, gleichzeitig aber auch in der Lage dazu sein, den jungen Menschen die Normen unserer demokratisch humanen Gesellschaft vorzuleben und ihnen zu signalisieren, dass diese Normen für alle Beteiligten gleichermaßen gelten und auch durchgesetzt werden.

Das heißt: Wir brauchen Schulen, die von genau diesem Ethos beseelt sind, die sich an der Entwicklung junger Menschen in einer demokratischen Gesellschaft orientieren, weil sie selber daran glauben. Die Lehrer an diesen Schulen dürfen keine Zyniker sein, sie sollen ihre Schüler auch gern haben und sie bei ihrem Verantwortungsgefühl packen. Das mag zwar so manchen Streit, sowie heftige Konflikte und Auseinandersetzungen in sich bergen, aber das sind nun einmal notwendige Bestandteile auf dem Weg zur Selbstverantwortung.

DH: Glauben Sie, dass die deutsche Vergangenheit noch heute ihren Teil dazu beiträgt, diesbezüglich notwendige Diskussionen zu erschweren?

Walkenhorst: Das kann sehr wohl sein. Und ich finde das im Hinblick darauf, dass wir mit unserem Land und mit unserer Geschichte in einer nach wie vor historischen Verantwortung stehen, auch richtig. Dieser Verantwortung müssen wir mit unserem Denken und Handeln auch gerecht werden und alles daransetzen, dass sich eine solche systematische Vernichtung von Menschen niemals wiederholt, ebenso wenig wie die sie vorbereitenden Denkmuster und Wahrnehmungsstrukturen.

Das entbindet uns aber nicht davon, uns mit unseren Mitmenschen, auch denjenigen, die einem anderen Kulturkreis angehören, darüber auseinanderzusetzen, wie wir hier leben wollen. Das Problem dabei ist natürlich, dass der öffentliche Diskurs leider immer nur einige wenige, extrem problematische Entwicklungen im Hinblick auf Migration und Einwanderung hochspielt und damit jede sachliche Diskussion über das Zusammenleben in einer pluralistischen Gesellschaft polarisiert und ad absurdum führt. Das, finde ich, ist dieses Landes nicht würdig und auf dem Hintergrund unserer Geschichte vollkommen unakzeptabel.

Was wir dagegen machen können, ist, zu versuchen, mit unseren Überlegungen zur Mäßigung solcher Diskurse beizutragen. Aber auch, die Auseinandersetzung mit Menschen aus aller Herren Länder über das Zusammenleben in dieser Republik immer wieder neu zu führen.

DH: Zementiert der Mensch lieber den Status quo, als dass er das Neue wagt?
Walkenhorst: Ich möchte hierüber keine anthropologische Behauptung aufstellen. Gut nachvollziehbar ist in einer zumindest gefühlt unsichereren und kaum vorhersagbaren Welt jedoch die Sehnsucht nach schattigen Ruheplätzen. Ebenso die Ängstlichkeit der Menschen, sich immer wieder neu auf Veränderungen, auf Fremdes einzulassen und dabei lieb gewordene Gewohnheiten und Denkmuster infrage zu stellen, selbst wenn diese nur wenig hilfreich sind und neue Entwicklungen und Sichtweisen vielleicht verhindern. Nach wie vor weit verbreitet ist auch das Unverständnis darüber, jungen

Straftätern Bildung, Ausbildung und Therapien zu vermitteln, obwohl das fast das Einzige ist, was ihre Chancen auf eine nicht kriminelle Lebensführung erhöht. Nur Strafen und Wegsperren nutzt bekanntermaßen wenig, das ist auch hinreichend erwiesen. Und dennoch muss gerade dieser Aspekt immer wieder neu und mühsam vermittelt, muss Überzeugungsarbeit geleistet werden, dass es hier nicht um Kuschelpädagogik, sondern um harte Arbeit am und mit jungen Menschen geht. Wie oft muss man am Ende solcher Diskurse die stereotype Frage hören: „Muss man erst straffällig werden, um eine Ausbildung zu bekommen? Denen geht's doch besser als im Hotel..." Vielleicht geht es aber gar nicht so sehr um das „Neue", sondern vielmehr darum, den Inhalt des „Neuen", der so neu gar nicht ist, besser zu vermitteln: Nämlich dass wir stolz darauf sein sollten, auch junge Straftäter anständig zu behandeln und ihnen immer wieder und unter hohem finanziellem Aufwand neue Chancen vermitteln, ein Leben ohne Straftaten zu führen.

DH: Lernt der Mensch nur aus eigener Erfahrung?
Walkenhorst: Ich befürchte es. Vieles weist darauf hin, dass Menschen nur selten aus den Erfahrungen anderer lernen. Allerdings haben wir hier an der Universität durchaus Möglichkeiten, Einfluss zu nehmen, indem wir unsere Studenten an gewisse Erfahrungen heranführen. Zum Beispiel, indem wir zukünftige Lehrer und Lehrerinnen schon im Studium mit entgleisten Biografien vertraut machen. Indem wir ihnen die Orte zeigen, an denen solche Menschen leben – leben müssen. Indem wir sie in Kontakt mit solchen Menschen bringen und sie auf diesem Weg deren Geschichten kennen lernen. Indem wir mit ihnen in Einrichtungen wie zum Beispiel Gefängnisse gehen, die sie sonst nie zu sehen be-

kommen würden. Und wenn ihnen dort dann noch wohlwollende, vernünftige Menschen vermitteln, was für Erziehungsfehler bei den jungen Leuten gemacht wurden, die dort sitzen, und sie auf das hinweisen, was sie nach ihrem Studium selbst eines Tages mit ihrer Arbeit dagegen tun können – dann sind wir schon einen großen Schritt weiter.

DH: Wir lernen mehr und mehr zu verstehen, warum Gewalttäter so handeln, wie sie handeln. Was müssen wir für Konsequenzen aus diesem Verständnis ziehen?

Walkenhorst: Das Verständnis darf ganz sicher nicht dazu führen, dass man nur Mitleid mit einem Täter hat, „weil der ja nicht anders kann". Genauso wenig dürfen wir ihm unerträgliche Erschwerungen auferlegen, indem wir ihn mit unseren „Erkenntnissen" frontal angehen. Denn wenn wir das tun, müssen wir davon ausgehen, dass beide Formen der Zuwendung den Straftäter eher in seinem Tun bestätigen und ermutigen, als dass sie ihn innehalten lassen und davon abbringen. Wir sollten im Gegenteil dazu in der Lage sein, ihn einerseits als Person wertzuschätzen, und ihm andererseits ganz deutlich zu verstehen geben, dass wir dessen ungeachtet sein Handeln missbilligen, weil wir es als asozial bewerten.

Wenn wir ihm darüber hinaus dann auch noch anbieten, über Bildung, Qualifizierung und legalen Gelderwerb Ziele zu erreichen, die fast jeder erreichen will – nämlich, sich irgendwo geborgen zu fühlen, einen Menschen zu haben, an den man sich anlehnen kann, vielleicht eine Familie zu gründen –, werden wir sicher eine gewisse Aussicht auf Erfolg haben.

DH: Kann Zivilcourage nicht auch ein Schlüssel zum Erfolg sein? Dass wir wieder genauer darauf achten, was in unserem Umfeld passiert?

Walkenhorst: Ja. Ein großes Problem sind ja die hohen Dunkelfelder. Bei der Gewaltkriminalität vielleicht sogar etwas weniger, weil die Menschen diesbezüglich doch etwas sensibilisierter sind. Natürlich soll sich niemand durch sein Eingreifen in Gefahr bringen, aber das Handy herauszuholen und die Polizei zu rufen, wenn man Zeuge einer Gewalttat wird, ist in der Tat das Mindeste. Das ist kein Denunziantentum, sondern schlicht und einfach eine Notwehrsituation, bei der es geboten ist, einzugreifen. Damit wird auch Gewaltbereiten deutlich, dass sie nicht die „Herrscher der Straße" sind und auch, dass sie sich weniger herausnehmen können, als sie gedacht haben. Manchmal ist das auch eine heilsame Erfahrung, den „Ball flach halten" zu müssen.

DH: Halten Sie es für nötig, die Eltern in besonderem Maß in die Gewaltprävention mit einzubeziehen? Und wenn ja, wie?
Walkenhorst: Ich glaube, mit der Lösung dieses Problems werden wir uns immer wieder von Neuem befassen müssen. Aber es ist richtig, dass das Verhalten von Eltern und anderen erwachsenen Bezugspersonen zentrale Prädiktoren *(Vorbedingungen)* für ein Gelingen oder Misslingen von Erziehung sind – und damit für gelingende oder misslingende Lebensabschnitte. Und ich sage ausdrücklich, dass die Miteinbeziehung der Eltern ein ganz zentrales Problem darstellt. Wir haben beispielsweise in der schulischen Erziehungshilfe große Schwierigkeiten, die Eltern zu erreichen.

Vorgeschlagen werden deshalb Patensysteme, in denen sich Menschen ehrenamtlich und vorbehaltlos zur Verfügung stellen, um mit bestimmten Kindern und Jugendlichen ein Stück ihres Lebensweges gemeinsam zu gehen und auch den Erziehungsberechtigten unaufdringlich zur Seite zu stehen. Professionelle Erziehung stößt da an Grenzen.

Zudem sehe ich nur die Möglichkeit, immer wieder und unermüdlich Eltern- und Angehörigenarbeit *(die Arbeit von Pädagogen mit Eltern betreuter Kinder, zum Beispiel Elternkurse oder die Durchführung schulischer Elternabende durch Lehrer)* zu betreiben. Und zwar sowohl mit Eltern, die aufgrund ihrer materiellen Situation betrüblicherweise andere Sorgen haben, als sich ausschließlich um ihre Kinder zu kümmern, weil es für sie ums eigene Überleben geht, als auch mit Eltern, die ihre Kinder mit allem massenmedialen Schnickschnack ausstatten – sozusagen als Ersatz für nicht vorhandene Zuwendung –, um sie ruhig zu halten. Das ist eine gravierende Fehlentwicklung.

DH: Da niemand kriminell geboren wird, dürfen wir als Gesellschaft aber auch nicht aufgeben?
Walkenhorst: Nein, niemals.

Mit den Eltern fängt alles an

Aus den Interviews in diesem Buch wird unter anderem eines ziemlich klar: Fast immer stehen am Beginn der Karriere eines Gewalttäters Gewalterfahrungen in der eigenen Familie und Eltern, die mit der Erziehung ihrer Kinder heillos überfordert sind. Mehrere Gesprächspartner berichten von traumatischen Kindheitserfahrungen, fast alle von körperlicher Züchtigung und viele von Schlägen, die in manchen Familien als völlig normales Mittel der Bestrafung angesehen werden. Manche berichten gar, dass die Schläge, die sie zu Hause erhielten, dazu führten, dass sie unmittelbar danach nach draußen gingen und sich dort geprügelt haben.

Ganz so einfach ist es natürlich nicht, und nicht jede Gewaltkarriere kann allein durch häusliche Gewalt in der Familie erklärt werden. Der in Stammtischdiskussionen häufig zu hörende Satz: „Ich bin von meinen Eltern auch geschlagen worden, und mir hat's nicht geschadet", greift zwar einerseits viel zu kurz, hat andererseits aber auch einen Aspekt, der der Wahrheit durchaus nahe kommt: Tatsächlich wird nicht jeder automatisch zum Schläger und Straftäter, der in seiner Kindheit brutale Eltern hatte und von ihnen geschlagen wurde. Offenbar müssen noch eine Reihe anderer Faktoren hinzukommen, bevor die Gewalt wirklich explodiert. Dennoch ist der Umkehrschluss sicher richtig: Wer andere physisch bedroht und verletzt, ist in seiner Kindheit fast immer selbst Opfer von Gewalt gewesen.

Diese Erkenntnis ist alles andere als neu. Wenn wir auf die Welt kommen, sind gewisse Potenziale in uns angelegt, die bei entsprechender Förderung durch die Umwelt, im guten wie im schlechten Sinne, zum Ausdruck kommen können. Es steht außer Frage und ist wissenschaftlich hinlänglich fundiert, dass die Grundlagen für menschliches Verhalten in den ersten Lebensjahren gelegt werden. Um genau zu sein, lernt schon das Ungeborene, sobald sich das Gehirn auszubilden beginnt. Es reagiert neurochemisch auf die emotionalen Erlebnisse der Mutter. Um wie viel mehr werden die frühkindlichen Erfahrungen dann erst durch die Atmosphäre des Elternhauses und die Verhaltensweisen, die in der Familie vorherrschen, geprägt? Die Weltgesundheitsorganisation WHO schrieb 2003 in ihrem bereits zitierten „Weltbericht Gewalt und Gesundheit": „Beispielsweise erhöht sich für Kinder, die sich abgelehnt und vernachlässigt fühlen oder strenge körperliche Bestrafungen durch die Eltern erleiden, das Risiko aggressiver und asozialer Verhaltensweisen, was auch beinhaltet, dass sie selbst als Erwachsene andere misshandeln." Und in dem Reader „Wege aus der Gewalt", der von den Kriminalämtern der Länder und des Bundes herausgegeben wurde, heißt es: „Studien zeigen: Wer in seiner Kindheit von den Eltern geschlagen oder misshandelt wurde, wird auch selbst häufiger gewalttätig als jemand ohne derartige Erfahrungen."

Ein Kind zu zeugen bedeutet eine hohe Verantwortung, der viele nicht gerecht werden – oder nicht gerecht werden können, weil sie es nie gelernt haben. Die Forderung nach einem „Führerschein" für Eltern mag wie eine Plattitüde klingen, aber sie hat in meinen Augen ihre Berechtigung. Unsere Schulen haben in erster Linie die Aufgabe, uns auszubilden und uns für das spätere Berufsleben und das Funktionieren in der Wirtschaft fit zu machen. Für den Fall, dass die enorme Erziehungsverantwortung von manchen Eltern nicht wahrgenommen wird, hat sie jedoch so gut wie kein Rüstzeug zur Hand. Hier könnte die Gesellschaft schon frühzeitig, ja sogar vor der Geburt eines Kindes, wichtige

Hilfestellung leisten – und zugleich auch Defizite erkennen. Zum Beispiel könnte man jenen, die der Aufgabe, ein Kind großzuziehen, erkennbar nicht gewachsen sind, von Anfang an Erziehungshelfer zur Seite stellen, die Schlimmeres verhindern können. In den USA, wo die Kriminalitätsrate erheblich höher ist als bei uns, gibt es in einzelnen Staaten und Regionen bereits derartige Programme, die gefährdeten Eltern über mehrere Jahre hinaus Hilfen zur Verfügung stellen. Diese Programme wurden ins Leben gerufen, nachdem das Problem der Gewalt in diesen Regionen über Jahre hinweg gewachsen war, und mittlerweile kann man feststellen, dass die Kriminalitätsraten dadurch signifikant gesunken sind.

Solche Maßnahmen scheinen jedoch erst dann auf Verständnis zu treffen, wenn alles andere nichts mehr hilft und der Problemdruck zu groß geworden ist. Natürlich sollte sich der Staat so wenig wie möglich in die Familienangelegenheiten seiner Bürger einmischen. Aber es geht hier auch nicht darum, eine neue Form des Überwachungsstaats einzuführen. Sondern es geht um die gesamtgesellschaftliche Verantwortung für das geglückte Heranwachsen unserer Kinder. Wer Misshandlung, Verwahrlosung und das Abgleiten in kriminelle Karrieren vermeiden will, kommt nicht umhin, sich einzumischen. Und dabei genügt es nicht, nur an die Zivilcourage Einzelner zu appellieren, wie es von Politikerseite immer wieder getan wird, sobald ein neuer, schrecklicher Fall von Kindsmisshandlung oder gar Kindstötung bekannt wird. Natürlich ist Zivilcourage wichtig, und jeder Einzelne ist gefordert, nicht wegzuhören und wegzusehen, wenn in seiner unmittelbaren Nachbarschaft Kinder geschlagen werden. Aber es muss auch mehr als bisher über Sanktionen nachgedacht werden. Das Gesetz verbietet das Schlagen von Kindern zwar schon heute – die entsprechenden Sanktionen werden offenbar jedoch nur selten rigoros angewandt. „Schon heute können prügelnde türkische Väter für sechs Monate aus der elterlichen Wohnung verwiesen werden", nennt Christian Pfeiffer, Direktor des Kriminologischen Forschungsinstituts Niedersachsen, ein Beispiel: „Ich finde, an dieser Stelle sollten wir konsequenter sein ... Das wäre auch ein klares Symbol dafür, dass unsere Gesellschaft prügelnde Väter nicht duldet." Wie nötig derartige klare Symbole sind, zeigen die regelmäßigen Schülerbefragungen, die Pfeiffers Institut unter Neuntklässlern durchführt: Demnach haben 17 Prozent der deutschen Jugendlichen in der Kindheit Züchtigung und Misshandlung erlebt, unter den türkischen Jugendlichen waren es gar 30 Prozent.

Freilich: Es spielen stets mehrere Faktoren zusammen, um ein heranwachsendes Kind letztlich in die Gewalttätigkeit zu treiben. Aber was ihm im Elternhaus vorgelebt wird, ist dabei ganz sicher ein wichtiger, zentraler Punkt. Hier könnte die Gesellschaft viel früher eingreifen, und zwar eben nicht bloß durch die Zivilcourage Einzelner, sondern schon durch ein gezieltes Vorgehen in Kinderhorten und Kindergärten. So empfehlen zum Beispiel manche Experten eine Ganztagesbetreuung für Kinder ab zwei Jahren – die helfen soll, Defizite im Elternhaus auszugleichen, sofern genügend engagierte Erzieherinnen oder Erzieher vorhanden sind. Mit einer wirklich intensiven Betreuung, die diese Bezeichnung auch verdient, lassen sich nicht nur Fehlleistungen der Eltern leichter und schneller erkennen und gegebenenfalls durch Einschaltung des Jugendamts korrigieren, auch die Sprachförderung könnte so viel früher einsetzen, zu einem Zeitpunkt, in dem noch wirklich etwas zu bewegen ist. Gerade letzterer Punkt ist gleich in zweifacher Hinsicht bedeutend: Wenn man etwas gegen Gewalt tun will, ist es wichtig, Kindern die Möglichkeit zu geben, sich auch anders, nämlich durch Sprache, ausdrücken zu können. Und gleichzeitig – das wird ja in nahezu allen Interviews dieses Buchs deutlich –

brauchen die Jugendlichen dringend jemanden, mit dem sie einfach nur reden können.

Doch die Realität sieht anders aus. Die erforderlichen Stellen werden eher ab- als ausgebaut, und es gibt zu wenig Kindertagesstätten und Einrichtungen zur Frühförderung. Es müssen aber in unser aller Interesse die notwendigen Summen investiert werden, um die Lücken, die elterliche Versäumnisse aufreißen, mit zukunftsweisenden Konzepten zu füllen. Und dazu gehört eben auch die frühkindliche Sprachförderung. Denn Sprache ist der Schlüssel zu jeder Form gesellschaftlichen Zusammenhalts und Bildung. Wobei es ein großer Gewinn wäre, wenn man die Eltern in diese Maßnahmen mit einbinden könnte, damit das Gefälle zwischen Bildungseinrichtung und zu Hause nicht zu groß wird.

Eltern sind das Wichtigste und Prägendste für ein Kind. Wenn sie es nicht schaffen, ihre Aufgaben zu erfüllen, muss die Gesellschaft unterstützend eingreifen. Und, wenn es sein muss, auch mit Sanktionen reagieren. Das ist kein unzulässiger Eingriff in die Freiheitsrechte der Familie, sondern eine Vorverlegung des Interventionszeitpunkts hin zur Prävention – weg von der bloßen Schadensbegrenzung.

Schule des Lebens?

Die Berliner *tageszeitung* brachte es mit ihrer Überschrift vom 10. Januar 2008 auf den Punkt: „Dumm schlägt gut." Tatsächlich hängen Gewalttätigkeit und geringer Bildungsgrad eng zusammen. Der vergleichsweise hohe Anteil von Gewalttaten ausländischer Jugendlicher in der Polizeistatistik hat keine ethnischen Gründe, sondern soziale. Denn vergleicht man junge Ausländer und Deutsche, die in einer ähnlichen familiären und sozialen Situation aufwachsen, so stellt sich heraus: Die Rate derer, die gewalttätig wird, ist gleich hoch. Zugleich lässt sich feststellen, dass mit höherer Schulbildung offenbar auch die Gewaltbereitschaft nachlässt: Jugendliche, die die Realschule oder das Gymnasium besuchen, werden wesentlich seltener straffällig als Haupt- oder Förderschüler – egal, welcher Nationalität sie angehören.

Viele Hauptschüler sprechen von sich als einer „Opfergeneration". Natürlich ist es einfach, von der eigenen Verantwortung abzulenken, indem man sich als Opfer tituliert, dennoch ist diese Bezeichnung auch nicht gänzlich unberechtigt. Schließlich ist Deutschland eines der Länder, in dem wie in kaum einem anderen Land die soziale Herkunft und beruflicher wie gesellschaftlicher Erfolg eng miteinander verbunden sind. Und so ist die Hauptschule mit dem Image des Versagens stigmatisiert, gilt der Abschluss an einer Hauptschule oft nur als Nachweis, gerade mal so dem Analphabetismus entkommen zu sein. Leider findet dieser Eindruck nicht selten auch seine Bestätigung, und so klagen viele Arbeitgeber, die eine Lehrstelle anzubieten haben, zu Recht, dass die Zahl der Bewerber, die trotz eines Schulabschlusses die Minimalanforderungen des Arbeitsmarktes nicht erfüllen können, ständig steigt. Es hapert bei vielen Schülern einfach an der Grundeinstellung zum Erwerbsleben, und die Schule allein schafft es einfach nicht, Tugenden zu vermitteln, die vom Elternhaus oft wieder über den Haufen geworfen werden.

Die Fakten sehen so aus: Zehn Prozent aller Schüler besuchen die Hauptschule, 56 Prozent von ihnen haben einen Migrationshintergrund. Nach dem Verlassen der Schule haben die Jugendlichen meistens wenig Chancen auf einen Ausbildungsplatz oder auf eine geregelte Arbeit. Jeder zweite Hauptschulabgänger bekommt keine Lehrstelle. Das ist unter den Schülern natürlich bekannt und fördert nicht gerade deren Zuversicht.

In der gängigen Variante der Hauptschule orientiert sich im Normalfall der Schwache am Schwachen und empfindet sich mangels Gegenbeispiel eben als normal. Leistung ist sogar verpönt und gilt als uncool. Dadurch werden enorme Ressourcen vergeudet, und damit meine ich vor allem auch die Ressource „engagierte Lehrer". Hier geht es um Akademiker, die durch die Mangelsituation, die sie vor Ort oft vorfinden – damit ist vor allem der Mangel an Lernwilligen gemeint –, permanent neue Wege finden müssen, um schwierigen Schülern Stoffe zu vermitteln und so wenigstens halbwegs den Eindruck zu gewinnen, die Zeit nicht komplett vergeudet zu haben.

Die Lehrerausbildung bereitet in den seltensten Fällen auf die Situation vor Ort vor, weil sie meist viel zu wenig praxisorientiert ist. Die Theorie steht viel zu lange an erster Stelle, und bis die Lehramtsstudenten zum ersten Mal mit der Praxis in Berührung kommen, vergeht viel zu viel Zeit. Das führt geradewegs zu der Notwendigkeit, die Lehrerausbildung zu reformieren, sie vom ersten Semester an mit mehr Praxisnähe anzufüllen und die

Lehramtsstudenten nicht erst nach dem Grundstudium mit der Realität zu konfrontieren. Außerdem lässt sich durch diese Vorverlagerung leichter die Spreu vom Weizen trennen, weil dann diejenigen, die mit dem Lehrerberuf andere Ideen verbunden haben, ihren Irrtum erkennen und schleunigst den Studiengang wechseln können.

Schule kann die Eltern nicht ersetzen. Im Idealfall baut Schule auf dem Elternhaus auf und erweitert Stück für Stück den Horizont. Doch zu oft wird Schule als Verwahr- und Beschäftigungsanstalt missbraucht, die den Eltern mehr Zeit für sich selbst zu ermöglichen hat. In solch einem Fall steht die Schule völlig überfordert da, weil sie die Defizite der ihnen Anvertrauten nicht mehr ausgleichen kann. Und oft finden gerade männliche Schüler aus problematischen Familien schon in der Grundschule nicht die nötigen Vorbilder und Identifikationsfiguren – ganz einfach, weil viel zu wenige Männer den Beruf des Grundschullehrers ergreifen. Jungs brauchen aber Männer um sich herum, sie brauchen Rollenvorbilder auch aus dem eigenen Geschlecht. Wo Väter diese Rolle falsch oder ungenügend ausfüllen, könnten Lehrer durchaus frühzeitig ein Gegengewicht schaffen.

Hinzu kommen weitere Missstände. So verwechseln unsere Lehrpläne oft Wissen mit dem leblosen Anhäufen von Daten, die den Weg in die Köpfe der Schüler erst gar nicht finden. Wissen braucht Emotion und Kreativität, um im Alltag zur Anwendung zu kommen. Erst wenn das geschieht, fällt es leichter, die Notwendigkeit von Schule und Lernen auch denen näherzubringen, die von ihren Eltern nicht die nötige Vorbereitung auf die Schule erhalten haben. Vor allem in den Hauptschulen wird nach meiner Erfahrung gerade auch die musische Bildung zu sehr vernachlässigt. Dabei ist der Wert des Musischen bei der Lernförderung längst bewiesen, was aber leider kaum zu praktischen Folgen führt. Die direkten Erfordernisse der Wirtschaft scheinen da höher zu rangieren.

Überhaupt zementiert unser Schulsystem nachweislich soziale Unterschiede und damit Frustration und Ohnmacht, anstatt eine breite Palette verschiedenster Möglichkeiten zu vermitteln. Immer wieder werden lang und breit Vorschläge diskutiert, die sich mit der sinnvollen Auflösung des dreigliedrigen Schulsystems beschäftigen und stattdessen eine Gemeinschaftsschule favorisieren. Diesen Vorstoß kann ich aus meinen eigenen Erfahrungen heraus nur unterstützen.

Es geht bei der Gemeinschaftsschule nicht um die Etablierung eines niedrigen Niveaus, sondern um die nachweislichen Vorteile von Gruppendynamik, die sich positiv auch auf die schwächsten Glieder einer Kette auswirkt und diese zu größerer Leistung motiviert. Das geschieht gewiss nicht immer, aber eben so oft, dass die Quote an Totalversagern (oder sind es vielleicht nur Totalverweigerer?) für eine funktionierende Gesellschaft noch verträglich bleibt. Auch ein flächendeckendes Angebot von Ganztagsschulen, wie an anderer Stelle bereits beschrieben, wäre sinnvoll und würde dazu beitragen, Jugendkriminalität schon im Ansatz zu verhindern.

Eine Reform des Bildungswesens ist jedenfalls unvermeidlich, wenn wir wirklich etwas verändern wollen. Jedem Kind muss der gleiche Zugang zur Bildung ermöglicht werden, unabhängig von seiner sozialen Herkunft.

Letzte Rettung Strafvollzug?

„Durch den Vollzug der Jugendstrafe soll der Verurteilte dazu erzogen werden, künftig einen rechtschaffenen und verantwortungsbewussten Lebenswandel zu führen." So lautet der Paragraph 91, Artikel 1, des Jugendgerichtsgesetzes (JGG). Nachdem die Eltern versagt haben und die Schule völlig damit überfordert ist, die erzieherischen Defizite auszugleichen, greift schließlich der Staat massiv ein und beendet durch die Inhaftierung der Täter wenigstens zeitweise so manche Gewaltkarriere. Aber kann das wirklich die Lösung für das wachsende Gewaltproblem sein?

Der Foltermord, den einige Mitgefangene an einem jungen Häftling in der Justizvollzugsanstalt Siegburg verübt haben, rüttelte die Öffentlichkeit kurzfristig auf und gab einen schockierenden Eindruck davon, wie es in einem Gefängnis wirklich zugehen kann. Zugegeben, dieser Foltermord ist in seiner abscheulichen Monstrosität ein Einzelfall, aber eben ein möglicher. Und selbst wenn man von einem derartigen Gewaltexzess absieht, schwebt der Inhaftierte doch immer noch in der latenten Gefahr, von seinen Mithäftlingen attackiert zu werden. Im Knast zu sitzen heißt, sich auf das eigene Überleben zu konzentrieren. Freundschaften existieren nur so lange, wie man ein gemeinsames Ziel verfolgt. Es sind bloße Zweckgemeinschaften, die Mitgefühl und menschliche Schwächen von vornherein ausblenden. Klingt das ein wenig wie nach dem Leben außerhalb des Knastes? Stimmt, denn der Knast zeigt den Zustand unserer Gesellschaft wie durch ein Brennglas konzentriert, wobei er vor allem das Negative, das Feindliche und das Gewalttätige potenziert.

Tragischerweise denken viele Jugendliche tatsächlich, Knast sei „cool" und sie könnten sich einen Namen in „ihrem Block" machen, wenn sie einmal eingefahren sind. Manche Haftanstalten wollen dem entgegenwirken und haben deshalb eigene Abschreckungsprogramme ins Leben gerufen, durch die gefährdete Jugendliche die Realität im Knast kennen lernen sollen. Wie es aussieht, allerdings mit wenig Erfolg. „So ergibt sich insgesamt anhand der experimentellen Studien sehr eindeutig", schreibt 2006 die Fachzeitschrift Neue Kriminalpolitik, „dass eine kriminalpräventive Wirkung der Gefängniskonfrontationsprogramme nicht nachweisbar ist, vielmehr einiges für die Annahme entgegengesetzter Effekte spricht."

Überhaupt glauben an die abschreckende Wirkung von Haftstrafen eigentlich nur noch Wahlkämpfer und andere Populisten, die Vergeltung wichtiger finden als Verbesserungen. Experten wie der Vorsitzende des Deutschen Richterbundes, Christoph Frank, erklären: „Niemand kommt von einer derartigen Tat ab, weil sie stärker strafbewehrt ist." Professor Wolfgang Heinz, bis 2007 Lehrstuhlinhaber für Kriminologie und Strafrecht an der Uni Kostanz, sagt: „Harte Strafen stiften mehr Schaden als Nutzen. Nach wissenschaftlichen Erkenntnissen führen sie dazu, dass mehr Täter rückfällig werden." Tatsächlich ist es so, dass 80 Prozent der einsitzenden Jugendlichen nach ihrer Entlassung rückfällig werden.

Mir ist keine Studie bekannt, die belegen würde, dass härtere Strafen eine abschreckende Wirkung haben. Die meisten Taten werden in einem emotionalen Ausnahmezustand verübt. Ihnen liegt nur selten ein lang gehegter Plan zugrunde. So lässt sich auch ganz simpel erklären, warum die Strafen bei der Begehung einer Straftat wenig ins Kalkül gezogen werden. Oder haben es zum Beispiel die USA mit der Vollstreckung der Todesstrafe erreicht, Mord aus der Welt zu schaffen? In den USA sitzen pro

100.000 Einwohner mehr als 700 in Gefängnissen ein. Das Verhältnis in Deutschland beläuft sich dagegen auf gerade einmal 90 zu 100.000.

Abgesehen davon ist unser Strafvollzugssystem wenig dazu geeignet, die Gefangenen tatsächlich zu „bessern" in dem Sinne, wie es die Gesellschaft eigentlich erwartet. Die Gründe dafür sind vielfältig: Die wenigen Justizvollzugsbeamten, die den Gefangenen mit menschlicher Kompetenz und Respekt begegnen, stehen auf verlorenem Posten, denn die Mehrzahl ihrer Kollegen vollziehen ihren Dienst eher mit der inneren Einstellung eines Legebatterienaufsehers. Ganz zu schweigen von der hoffnungslosen Überlastung der Sozialarbeiter und Therapeuten, die schlichtweg viel zu wenige sind, um sich der wachsenden Zahl von Gefangenen mit schweren Störungen in ihrer Sozialisation adäquat widmen zu können.

So wird aus dem eigentlichen Auftrag des Strafvollzugs, der Resozialisierung des Täters, die uns als Gesellschaft vor weiteren Taten schützen soll, eine Hochsicherheitsverwahrung, in der kriminelle Karrieren oftmals gerade erst das richtige Know-how bekommen, um sich in Freiheit fortzusetzen und zu etablieren. Denn der Knast ist ein Kontakthof für die Gegengesellschaft.

Strafe sollte dazu führen, dass eine Tat nicht wiederholt wird. Wenn wir Zeitstrafen verhängen, dann bedeutet das schlicht, dass jemand nach Verbüßen seiner Strafe wieder auf freien Fuß gesetzt wird. Er wird wieder mit uns leben. Deshalb muss mit dem Inhaftierten das geschehen, was all die Jahre zuvor eben nicht geschehen ist. Jemand muss sich um ihn kümmern, denn sonst wird der Gefangene niemals über seine Täterschaft, seine Straftat und sein Opfer nachdenken, sondern wird sich stattdessen selbst als Opfer des Strafvollzugs begreifen, dem permanent Unrecht zugefügt wird. Und dieser fatale Kreislauf muss durchbrochen werden.

„Endstation Sehnsucht"

Aus dem Vorangegangenen wird deutlich, dass man der zunehmenden Jugendgewalt mit immer noch härteren Strafen nicht Herr werden kann. Denn die Ursachen dafür liegen woanders, sie liegen in schwierigen Elternhäusern, in zerrütteten Familien und sozial widrigen Gegebenheiten und Umständen. Wir sollten uns endlich auch eingestehen, dass das bloße Appellieren an die elterliche Verantwortung verhallen muss, solange wir als Gesellschaft das Profitdenken über alles stellen. Es ist unmoralisch, wenn Unternehmen Rekordgewinne vermelden und im gleichen Atemzug Entlassungen ankündigen. Das ist nichts anderes als eine unethische Abwälzung finanzieller Verantwortung auf die Allgemeinheit, die letztlich die Kosten zu tragen hat. Und es fördert das Versagen des Einzelnen, weil es unglaublich viel Kraft kostet, seinen eigenen Wert unabhängig vom Beitrag zum Bruttosozialprodukt zu bemessen und zu erkennen.

In Deutschland leben annähernd fünf Millionen Kinder unterhalb oder knapp über der Armutsgrenze. Und das sind lediglich die offiziellen Zahlen. Die Dunkelziffer liegt weitaus höher. Für Gandhi war Armut die schlimmste Gewalt, und selbst wenn man diese Anschauung nicht teilt, lassen sich die Zusammenhänge von Armut und Gewaltbereitschaft nicht leugnen. In Deutschland aus den unteren sozialen Schichten zu kommen bedeutet, von beinahe allen Aufstiegsmöglichkeiten ferngehalten zu werden, und das nur aufgrund seiner Herkunft, nicht wegen persönlicher Unfähigkeit.

Nelson Mandela schreibt im Vorwort zum WHO-Weltbericht

„Gewalt und Gesundheit": „Wir sind es unseren Kindern, den schwächsten Bürgern einer jeden Gesellschaft, schuldig, dass sie ein Leben ohne Gewalt und Furcht leben können. Deshalb müssen wir unsere Anstrengungen nicht nur unermüdlich auf Frieden, Gerechtigkeit und Wohlstand aller Länder richten, sondern diese Werte auch für die einzelne Gemeinschaft und für die Angehörigen derselben Familie anstreben. Wir müssen die Gewalt bei ihren Wurzeln packen. Nur so kann aus der erdrückenden Erblast des letzten Jahrhunderts eine warnende Lehre werden." Dies trifft den Punkt genau: Jede Entwicklung hat einen Ursprung. Um wirkliche Veränderungen auf den Weg zu bringen, muss man an diesen Ausgangspunkt zurückkehren und dort derartige Maßnahmen treffen, dass unerwünschte Entwicklungen wieder in positive Bahnen gelenkt werden.

Das bedeutet, dass wir Eltern in die Lage versetzen müssen, ihren Kindern Werte wie Menschlichkeit, Mitgefühl und Respekt gegenüber jedermann, auch gegenüber dem scheinbar Fremden, als Vorbilder vorzuleben und derart in die Erziehung einfließen zu lassen, dass der Nachwuchs diesen Lebensentwurf als erstrebenswert für sich betrachtet und sein eigenes Handeln an diesen Maximen orientiert.

Es wird so oft hervorgehoben, dass unsere Gesellschaft mehr Toleranz braucht. Ich glaube aber, dass wir wieder mehr Respekt voreinander brauchen, Respekt im Sinne von: eine andere Meinung der eigenen als gleichwertig anzuerkennen. Toleranz bedeutet, etwas zuzulassen, was ich eigentlich gar nicht will. So spricht man zum Beispiel auch davon, einen Schmerz zu tolerieren, will damit aber gewiss nicht die Freude über dessen Anwesenheit zum Ausdruck bringen.

Respekt heißt hingegen, sich die Mühe zu machen, den anderen verstehen zu wollen, sich in ihn in der Hoffnung hineinzuversetzen, etwas Neues kennen zu lernen und vielleicht sogar

Gemeinsamkeiten zu entdecken, die dem Fremden das Beängstigende nehmen.

Gewalt ist für Jugendliche so lange eine Option menschlichen Handelns, solange ihnen in ihrem Leben keine kreativen Alternativen für ihre Aggressionen, sprich: ihre verständlichen Wünsche nach Selbstverwirklichung, vermittelt werden. Das ist eine originäre Aufgabe elterlicher Erziehung. Insofern ist Gewalt ein Phänomen, das sich verhindern lässt, das weder ans Geschlecht, die Ethnie noch an die soziale Herkunft gebunden ist, sondern meist auf eine verfehlte oder gar nicht vorhandene Erziehung zurückgeht.

Kindern muss beigebracht werden, dass Aggression und Angst untrennbar zum menschlichen Überlebensrepertoire gehören und ein zusammenhängendes Begriffspaar sind, das wir wieder offensiv in unser Leben integrieren müssen. Die meisten Menschen wissen ganz genau, was Angst bedeutet. Umso unsinniger ist es, dieses elementare Gefühl voreinander zu verbergen. Wenn sich Eltern trotz eigener Defizite – seien sie materiell oder emotional – von Anfang an dazu durchringen könnten, das Wohl ihrer Kinder über die eigene Scham zu stellen, und professionelle Hilfe in Anspruch nehmen würden, dann könnten auch andere Institutionen wie Schule und Jugendamt frühzeitig genug mit einbezogen werden, um gemeinsam dem Wohle des Kindes zu dienen.

Wir wissen eigentlich längst, was nötig wäre, um eine Gesellschaft aufzubauen, die Gewalt nicht mehr aus sich selbst heraus produziert. Dieses Ziel zu erreichen ist jede Anstrengung wert. Und damit aus dieser „Endstation Sehnsucht" keine Sackgasse wird, brauchen wir auch die Tugend der Zivilcourage. Wir müssen einschreiten, wenn wir Ungerechtigkeit begegnen, wir müssen helfen, wenn wir Schwäche entdecken, wir müssen handeln, wenn unser Menschsein gefordert

…ben und unseren Worten Taten

…h nicht geschlagen geben.
…ung bewusst sein, dass sie
…das Sprungbrett für deren
…Fels in der Brandung sein,
…dem Leben erschrecken und
…in die Erfahrungswelt ihrer
…deren Alltag interessieren,
…sie nicht einfach in den
…schieben. Sie müssen sich in
…eines jungen Menschen ein-
…ihm den Mut zu geben, neues
…bern.

…tlich nicht gelingt, ihre Kinder
…re Zukunft als Chance be-
…, bevor sie überhaupt an-
…ilfen zur Seite gestellt
…nken keine Utopien
…r Vertreter

Sprache des Schwächlings entl
friedvollen Miteinander muss
gehen.

ist. Wir müssen Zivilcourage le[...]
folgen lassen.

Wir brauchen Eltern, die sic[...]
Eltern müssen sich ihrer Verantwort[...]
den Weg für ihre Kinder ebnen und[...]
Zukunft sind. Eltern müssen der[...]
wenn ihre Söhne und Töchter vo[...]
Halt suchen. Eltern müssen sich[...]
Kinder einfühlen, müssen sich fü[...]
für deren Probleme. Sie dürfe[...]
Kindergarten und die Schule a[...]
jede einzelne wichtige Statio[...]
bringen, um ihn zu stärken u[...]
Terrain zu betreten und zu er[...]

Den Eltern, denen es offensich[...]
zu Menschen zu erziehen, die ih[...]
trachten und die nicht schon aufgebe[...]
gefangen haben zu leben, müssen H[...]
werden, die dafür sorgen, dass diese Geda[...]
bleiben. Wir als Gesellschaft und der Staat a[...]
unserer Gesellschaft müssen intervenieren, we[...] [...]nn [...]it geschieht. Wir dürfen nicht warten, bis uns die Sc[...]hla[...]en unser
Versagen vor Augen führen. Wir alle leben hier zusammen, egal
von woher wir gekommen sind, und jeder Einzelne von uns trägt
die Verantwortung dafür, dass unser Zusammenleben funktioniert.

Dazu müssen wir die Bildung vermitteln und verlangen, die
uns wieder zu einer gemeinsamen Sprache verhilft. Denn wenn
Sprache zu einem rudimentären Geröchel verkommt, wird
Sprachlosigkeit durch Gewalt ersetzt. Sprache ist die kulturelle
Schnittstelle einer sich wandelnden Gesellschaft, und Kultur das
Fundament eines jeden Miteinanders. Wir müssen Gewalt als die

arven. Und den Weg zu einem
ein jeder zunächst in sich selbst